AIDA Selection ist unser Entdeckerprogramm für Gäste, die Land und Leute auf einzigartige Weise und auf außergewöhnlichen Routen erleben möchten. Auch an Bord spielen die Kulturen, Geschichten und kulinarischen Spezialitäten der Reiseregionen eine große Rolle.

AUF ZU NEUEN WUNDERN

AIDAmira: neu in der AIDA Selection Familie

Das südliche Afrika mit all seinen Naturwundern steht schon seit Langem ganz oben auf der Wunschliste unserer Gäste. Ab Dezember 2019 können wir diesen Wunsch erfüllen – mit unserem vierten Selection Schiff AIDAmira.

Mit ihren großzügigen Außenbereichen und der Poollandschaft ist AIDAmira das perfekte Outdoor-Schiff. Nach der Premierensaison in Südafrika bereist sie ab Frühling 2020 die Inselwelt im östlichen Mittelmeer.

AIDA
SELECTION
Land & Leute
erleben

VOR UNS DIE WELT

WENN AUS WEITSICHT
WELTSICHT WIRD.

Willkommen an Bord einer Kreuzfahrtflotte,
die jedem Vergleich vorausfährt – mit kleinen individuellen
Schiffen und größter persönlicher Freiheit.

EDI TOR IAL

SEIT 14 JAHREN FÜR SIE AN BORD
Uwe Bahn und Johannes Bohmann

Es ist viel, was sich
bewegt

Seit 14 Jahren, liebe Leserinnen und Leser, gibt es dieses Jahrbuch nun. 14 Jahre, in denen wir vor allem über Wachstum, neue Formate und neue Ideen für den Urlaub auf dem Wasser berichten konnten. Doch nun hat sich der Blickwinkel geändert. Die wichtige – und richtige – „Fridays for Future"-Bewegung hat den Stein ins Rollen gebracht.

Sie hat die Kreuzfahrtbranche daran erinnert, dass Verantwortung für die Zukunft unseres Planeten dazugehört, wenn man ihn per Schiff erkunden will. Nicht nur heute, sondern auch noch morgen – und darüber hinaus. Schiffsemissionen, Landstrom, Flüssigerdgas: Mit Themen wie diesen beschäftigen wir uns deshalb in diesem Jahr verstärkt.

Zweierlei wird dabei deutlich. Zum einen: Technik ist kompliziert, einfache Antworten kennt sie nicht. Zum anderen aber auch: Es bewegt sich was. Es bewegt sich sogar viel. So viel, dass man mittlerweile sagen darf: Es wird Lösungen geben. Umsonst werden sie allerdings nicht zu haben sein.

Vergessen wir nicht: Fortschritt, einmal nicht über Wachstum definiert, sondern über Pionier- und Erfindergeist – auch das ist doch eine Eigenschaft, die der Kreuzfahrt schon immer gut zu Gesicht gestanden hat!

In diesem Sinne herzlichst Ihre

INHALT

BIG CITIES:
Mit dem Schiff von
Chicago nach Toronto

HAUTNAH DRAN:
Kurs auf Spitzbergen –
ein Abenteuer

CHECK-IN & REPORTAGEN

10 Die besten Schiffe des Jahres
Die Kreuzfahrt Guide Awards 2019

Check-in

12 Historie: wie die Schiffe wachsen
14 Technik: das große Lego-Puzzle
16 Kreuzfahrt statt Altersheim
18 Einmal um die ganze Welt …
20 Privater Luxus: Schiff im Schiff
22 Privatinsel mit anderem Konzept
24 Experten: kleine Schiffe im Eis
26 Typisch Meyer – seit 225 Jahren
28 Barrierefrei auf dem Fluss
30 Grüner kreuzen dank E-Motion

Reportagen Hochsee

34 Auf Großen Seen
Mit der Hamburg im Indian Summer

42 Sein Schiff
Mit Käpt'n Holm auf der Mein Schiff 2

48 Eisbär voraus
Spitzbergen mit der Hanseatic nature

54 AIDA gibt Gas
LNG-Schiff in Fahrt: die AIDAnova

60 King of Design
Adam Tihany und der Cunard-Neubau

64 Sanfte Inseln
Japan intensiv mit der Azamara Quest

70 Das Raumschiff
TransOceans Neue: Vasco da Gama

78 It's My Life!
Bon Jovi rockt die Norwegian Pearl

84 Nachhaltiger kreuzen
Die Debatte um die Emissionen

88 Schiff an die Steckdose!
Wie Landstrom funktioniert

INSELHÜPFEN:
Kanarentörn mit AIDAnova

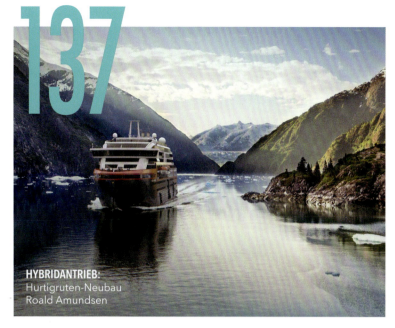

137

HYBRIDANTRIEB:
Hurtigruten-Neubau
Roald Amundsen

190

WESTLICHES
MITTELMEER:
Napoleon ist
auf Korsika
allgegenwärtig

INHALT SEEREISEN

SEESCHIFFE

96 Wer gehört zu wem?
Der Hochseemarkt im Überblick

98 Schiffsjungfern am Horizont
Die neuen Schiffe des Jahres 2020

102 Welches Schiff passt zu mir?
Wie Sie mithilfe unserer Porträts
Ihr persönliches Traumschiff finden

105 Seeschiffe im Porträt
Von AIDA bis TUI Cruises: 33 Reedereien
und 118 Schiffe unter der Lupe

ROUTEN & REVIERE

188 Nordeuropa
Nordsee, Baltikum und hoher Norden

189 Westeuropa & Kanaren
Atlantische Inseln und Gestade

190 Westliches Mittelmeer
Zwischen Italien, Spanien und Frankreich

192 Östliches Mittelmeer
Von Venedig über Athen bis Alexandria

194 Karibik & Mittelamerika
Türkise Paradiese unter Palmen

196 Nordamerika
Von Neufundland bis Miami

197 Südamerika
Zwischen Rio, Lima und Kap Hoorn

198 Pazifischer Ozean
Von Honolulu bis Down Under

200 Indischer Ozean
Von Kapstadt über Dubai nach Bali

202 Abfahrt vor der Haustür
Die deutschen Kreuzfahrthäfen

Titelfoto: George Giannakis; Fotos: Uwe Bahn (3), Peggy Günther (1), Hurtigruten (1)

208
STILLE TAGE
auf dem Nil

Fotos: Johannes Bohmann, Thomas Weiss

214
MAL KURZ NACH SPANIEN
Bei der Flussreise auf dem
Douro darf der Abstecher
nach Salamanca nicht fehlen

REPORTAGEN

208 Yalla, Habibis!
Mit einem Traditionssegler auf dem Nil

214 Fluss der Genüsse
Der A-ROSA-Neubau auf dem Douro

220 Heimatkunde
„Quer durch" von Köln nach Nürnberg

FLUSSSCHIFFE

224 Die Besten im Porträt
16 Veranstalter und die 20 beliebtesten
Flussschiffe aus aller Welt im Porträt

ROUTENKARTEN

254 Donau
Von Passau bis ans Schwarze Meer

256 Rhein & Rheindelta
Mit Mosel, Neckar, Main sowie den
Niederlanden und Belgien

258 Elbe, Havel & Oder
Dresden, Prag, Berlin – und weiter bis
zu den Inseln der Ostsee

259 Französische Flüsse
Rhône, Seine, Gironde – und der
Newcomer Loire

260 Russland & Ukraine
Auf der Wolga bis Moskau, auf dem
Don bis zur Krim

261 Flüsse in Asien
Fernost-Exotik: Jangtse, Mekong,
Irrawaddy, Ganges

263 Register
Alle Schiffe, alle Reedereien und Veranstalter

266 Impressum

267 Alle Seeschiffe auf einen Blick
Die komplette Preis- und Größenübersicht

VOR UNS DIE WELT

ES SIND DIE DETAILS, DIE DEN UNTERSCHIED MACHEN.

Willkommen an Bord einer Kreuzfahrtflotte,
die jedem Vergleich vorausfährt – mit kleinen individuellen
Schiffen und größter persönlicher Freiheit.

HAPAG $\frac{18}{91}$ LLOYD
CRUISES

NIEUW STATENDAM: Bestes Info- & Entertainment

MEIN SCHIFF 2: Bestes Sport- & Wellnessangebot

AIDA PRIMA: Bestes Schiff für Familien

EUROPA 2: Beste Gastronomie

HAMBURG: Bestes Routing

SEA CLOUD: Bester Service

DAHABEYAS AUF DEM NIL: Flussschiffe des Jahres

Kreuzfahrt GUIDE AWARD
Schiffe des Jahres 2019

DIE BESTEN SCHIFFE 2019: GEWINNER UND NOMINIERTE

Es gibt nicht *das* beste Schiff – *die* besten Schiffe nach definierten Kriterien aber schon. Mit den **Kreuzfahrt Guide Awards** werden sie seit 2008 jedes Jahr gekürt – von einer erfahrenen Jury aus Kreuzfahrt-Journalisten und Reise-Experten. In sieben Kategorien standen je vier Nominierte zur Wahl. Die Preisträger des Jahres 2019:

NIEUW STATENDAM
für das beste Info- & Entertainment
Nominiert waren:
AIDAnova / AIDA Cruises
Nieuw Statendam / Holland America Line
Norwegian Pearl / Norwegian Cruise Line
Symphony of the Seas / Royal Caribbean International

MEIN SCHIFF 2
für das beste Sport- & Wellnessangebot
Nominiert waren:
AIDAperla / AIDA Cruises
Celebrity Edge / Celebrity Cruises
Mein Schiff 2 / TUI Cruises
Norwegian Escape / Norwegian Cruise Line

AIDA PRIMA
als bestes Schiff für Familien
Nominiert waren:
AIDAprima / AIDA Cruises
Carnival Horizon / Carnival Cruise Line
Mein Schiff 1 / TUI Cruises
MSC Bellissima / MSC Cruises

SEA CLOUD
für den besten Service
Nominiert waren:
Crystal Symphony / Crystal Cruises
Regal Princess / Princess Cruises
Sea Cloud / Sea Cloud Cruises
Silver Muse / Silversea Cruises

EUROPA 2
für die beste Gastronomie
Nominiert waren:
Europa 2 / Hapag-Lloyd Cruises
Marina / Oceania Cruises
Seabourn Ovation / Seabourn Cruise Line
Seven Seas Explorer / Regent Seven Seas Cruises

HAMBURG
für das beste Routing
Nominiert waren:
Azamara Quest / Azamara Club Cruises
Hamburg / Plantours Kreuzfahrten
HANSEATIC nature / Hapag-Lloyd Cruises
Le Lapérouse / PONANT

DAHABEYAS auf dem Nil
als Flussschiffe des Jahres
Nominiert waren:
Amadeus Queen / Amadeus Flusskreuzfahrten
A-ROSA Alva / A-ROSA Flussschiff
Dahabeyas / Phoenix Reisen
Excellence Countess / Reisebüro Mittelthurgau

WIE DIE SCHIFFE
WACHSEN

//////////////////////////////

AUGUSTA VICTORIA: 145 METER
AIDADIVA: 252 METER
SPECTRUM OF THE SEAS: 348 METER

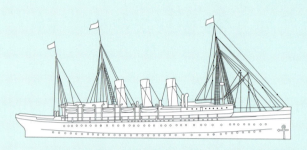

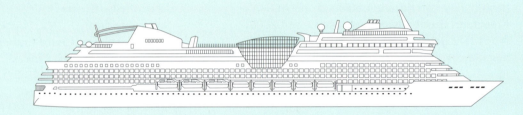

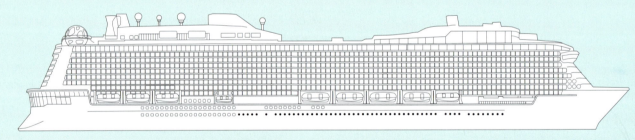

Fast 350 Meter lang ist die **Spectrum of the Seas** (Abb. unten), so lang wie ein ICE mit zwölf Waggons – einer der größten Cruiseliner, die es aktuell gibt. Aber was viele nicht wissen: So viel kleiner waren Passagierschiffe auch in früheren Zeiten nicht. Zumindest die Transatlantikliner des frühen 20. Jahrhunderts, deren letzte Nachfahrin heute Cunards **Queen Mary 2** ist, wiesen bereits erstaunliche Ausmaße auf. Der berühmteste von ihnen, die 1909 getaufte **Titanic**, war 269 m, die zwei Jahre ältere **Lusitania** 240 m und der deutsche Schnelldamfer **Imperator** (1913) 276 m lang. Kleiner indes war der als „erstes Kreuzfahrtschiff der Geschichte" geltende HAPAG-Dampfer **Augusta Victoria** – mit seinen 144,80 m Länge (Abb. oben).

Was aber sehr wohl ins Auge fällt: Moderne Schiffe wachsen in die Höhe. 13 Passagierdecks wie etwa bei der **AIDAdiva** (Abb. Mitte), 16 sogar bei der Spectrum und ihren Oasis-Class-Schwestern (S. 166) sind nichts Besonderes mehr – sieben Decks hatte die Titanic, drei die Augusta Victoria. Aber auf ihr reisten 1899, auf der ersten Kreuzfahrt der Geschichte, auch nur 241 Passagiere. Auf der Spectrum sind es 5.500 … JB ///

Illustration: Klaus Niesen

PIONIERE FÜR NACHHALTIGKEIT

MS Roald Amundsen – das weltweit erste Hybrid-Expeditionsschiff

Kein anderes Reiseabenteuer kann mit einer Expeditions-Seereise in die Antarktis mithalten: den kältesten, trockensten, höchsten und saubersten Kontinent der Erde. Erleben Sie die besondere Spannung, wenn Sie den beeindruckenden Eisbergen nahekommen, isolierte wissenschaftliche Stationen besuchen und Wildtiere wie Pinguine, Robben und Wale in ihrem natürlichen Lebensraum beobachten.

MS Roald Amundsen bringt Sie mit revolutionärer grüner Technologie ans Ziel. Zum ersten Mal in der Geschichte führt Sie ein Schiff mit hochmodernem Hybridantrieb tief in die Antarktis – den entlegensten Kontinent der Erde. Auf Ihrem unvergesslichen Abenteuer mit MS Roald Amundsen folgen Sie den Spuren der Pioniere – und werden dabei selbst zum Entdecker.

Jetzt im Reisebüro buchen oder Tel. (040) 874 090 65
Hurtigruten GmbH · Große Bleichen 23 · 20354 Hamburg

DAS GROSSE
LEGO-PUZZLE

WIE WERDEN DIE KREUZFAHRTRIESEN VON HEUTE
EIGENTLICH GEBAUT? AUS „BLÖCKEN"! UND IN EINEM
GIGANTISCHEN PUZZLE AUS BIS ZU 90 TEILEN

//////////////////////////////

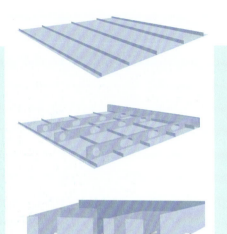

15 Millionen Einzelteile. 65, 75 oder sogar bis zu 90 Blöcke. Schiffbau ist heute ein Meisterwerk an Koordination, Produktionstechnik und minutiöser Planung. Noch bis in die 1950er-Jahre wurde mit Schablonen aus Leichtholz gearbeitet, mit Kreide beschriftet. Doch dann verdrängte die maschinelle Produktion das manuelle Kunst-Handwerk. Seit gut 30 Jahren ist der Blockbau das alles beherrschende Baukonzept.

Auf der Meyer Werft in Papenburg, die gerade ihr 225-jähriges Jubiläum feiert (S. 26), kann man besichtigen, wie das funktioniert. Im Laserzentrum entstehen millimetergenau zugeschnittene Stahlpaneele, sie werden – wie in den Zeichnungen links dargestellt – zu Sektionen verschweißt. Aus den Sektionen wachsen Blöcke heran, bis zu 800 Tonnen schwer und in Turmbauweise aufeinandergestapelt. Besonders schwer ist die Kommandobrücke, leicht sind dagegen die Kabinenblöcke, die erst später ihre Inneneinrichtung erhalten.

„Das ist wie ein Lego-Baukasten", sagen sie dazu auf der Meyer Werft. Nur in etwas anderen Dimensionen – und hoch automatisiert: Bevor eine einzige Stahlplatte fertig ist, haben Großrechner das gesamte Schiff schon als Modell vorgebaut. Dann erst beginnt 1:1 die Produktion. RW ///

AUF DER PANEELSTRASSE entstehen die Blöcke. In der Vorstufe werden zugeschnittene Stahlplatten zu Sektionen verarbeitet. Acht bis zehn Sektionen bilden einen Block. Unten: der Bauplan der AIDAnova. Sie besteht aus 89 Blöcken

Illustration: Klaus Niesen

KREUZFAHRT VON IHRER GRANDIOSESTEN SEITE ERLEBEN.
DAS IST MSC *GRANDIOSA*.

Erleben Sie unverwechselbare Momente auf einer einzigartigen Reise. Staunen Sie über einen berauschenden Sonnenaufgang bei Nacht – mit dem Cirque du Soleil at Sea und zwei exklusiven Shows an Bord. Erfahren Sie höchsten kulinarischen Genuss dank des eigens kreierten Menüs von Sternekoch Harald Wohlfahrt. Lassen Sie sich inspirieren vom französischen Meister Edgar Degas und einer exklusiven Ausstellung mit Originalen seiner berühmten Ballerinas. All das und zahlreiche einzigartige Momente mehr: Das ist MSC **Grandiosa**.

#GreatnessAtSea #MSCGrandiosa

MAMA LEE lebt seit 13 Jahren auf der Crystal Serenity. Langeweile kennt sie nicht

KREUZFAHRT STATT ALTERSHEIM

Hätten Sie's gedacht: Dauergast auf einem Schiff zu sein, kostet nicht mehr als die Unterbringung in einer Seniorenresidenz.

Lee Wachtstetter lebt auf der **Crystal Serenity**. Seit 13 Jahren fährt sie quasi ununterbrochen der Sonne hinterher. Und damit ist die 90-Jährige nicht einmal allein: Zwei weitere Passagiere haben ihr Haus gegen eine Kabine auf dem Luxuskreuzer eingetauscht. Lee Wachtstetter folgt dabei einem Wunsch, den ihr Mann auf dem Sterbebett an sie richtete: „Don't stop cruising." Dem kam „Mama Lee", wie sie von der Besatzung genannt wird, gern nach: Für eine Million US-Dollar verkaufte sie ihr Haus – und ging an Bord. Wie viele Reisen sie inzwischen gemacht hat, weiß sie nicht mehr. Anfangs erkundete sie noch all die Länder, die das Schiff anläuft, inzwischen aber bleibt sie meistens an Bord und tanzt vielleicht ab und zu noch mit einem der Gentleman Hosts – galante Herren, die von der Reederei zur Unterhaltung allein reisender Damen engagiert werden.

Mama Lee ist kein Einzelfall: Auch auf der **Queen Elizabeth 2** lebte bis zu deren Außerdienststellung eine Dame dauerhaft, anstatt nur gelegentlich an Kreuzfahrten teilzunehmen. Eine Idee, die verfängt? Bei der Crew genießen die wohlhabenden Reisenden jedenfalls einen Sonderstatus, und bei gesundheitlichen Problemen steht der Bordarzt bereit. Doch das Überraschendste ist wohl: Laut einer US-Studie liegen die Preise für eine Dauerkreuzfahrt noch nicht einmal über den Kosten für eine Altersheimunterbringung.

Kein Wunder, dass immer mehr Unternehmen an der Idee der schwimmenden Seniorenresidenz feilen. Das deutsche Start-up TED-cruises will in Kürze ein Hochseeschiff mit gerade mal 250 Gästen lancieren, das mehrere Tage in jedem Hafen liegen soll, damit die pflegebedürftige Klientel stressfrei reisen kann. Im Sommer soll der barrierefreie Cruiser in Europa unterwegs sein, im Winter auf Weltreise gehen. Auch ein Flussschiff ist für 2020 in Planung.

Als Vorbild dient sicher das Apartmentschiff **The World**, das 2003 startete, also schon 16 Jahre alt ist: Dessen Fahrplan wird von seinen 142 Eigentümerfamilien bestimmt. Aber was, wenn man den Nachbarn nicht leiden kann? Dann vielleicht doch lieber ein klassisches Kreuzfahrtschiff mit regelmäßig wechselndem Publikum, so wie bei Mama Lee. PG ///

WOHNORT MIT BLICK: Wer auf einem Kreuzfahrtschiff zu Hause ist, genießt täglich ein neues Panorama vor der Kabinentür

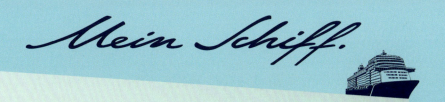

Mach mal blau. Mit mehr Platz zum weniger Tun.

Rückzugsorte, Sonnendecks, 25-Meter-Pool.

TUI Cruises GmbH · Heidenkampsweg 58 · 20097 Hamburg · Deutschland

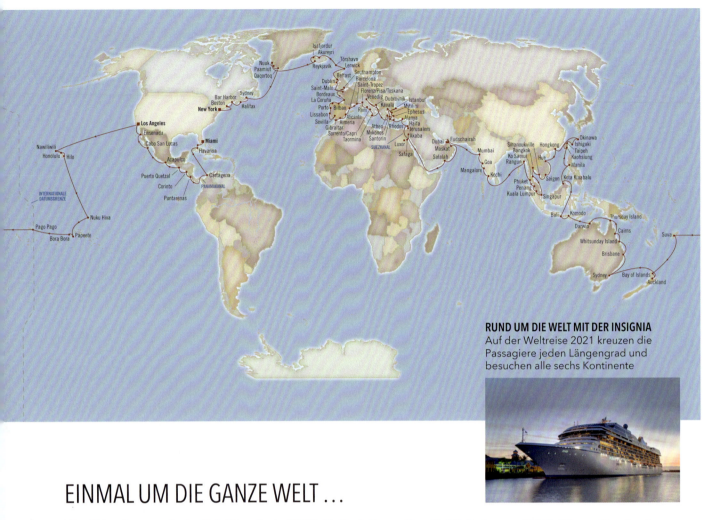

RUND UM DIE WELT MIT DER INSIGNIA
Auf der Weltreise 2021 kreuzen die Passagiere jeden Längengrad und besuchen alle sechs Kontinente

EINMAL UM DIE GANZE WELT …

Was für viele unerschwinglich klingt, ist in Wirklichkeit ein Bestseller: die Weltreise per Schiff. Diverse Reedereien bieten sie an, u. a. Oceania Cruises: 2021 begibt sich die **Insignia** auf eine sechsmonatige Sehnsuchts-Route

39.000 Seemeilen über 44 Meeresgebiete und 100 Häfen in 44 Ländern – das sind die beeindruckenden Eckdaten einer Weltreise von Oceania Cruises. Das „Once in a lifetime"-Erlebnis mit der Insignia beginnt am 9. Januar 2021 in Miami und führt in 180 Tagen in westlicher Richtung rund um den Globus, um am 9. Juli 2021 in New York zu enden. Vor der großen Fahrt wird das Schiff überholt und bietet den Globetrottern dann 342 neu gestaltete Suiten und Kabinen als komfortables Zuhause auf Zeit.

125 UNESCO-Welterbestätten stehen im Fahrplan, und trotz des straffen Programms bleibt das Schiff an Highlight-Destinationen wie Bora Bora, Hongkong, Saigon, Singapur, Dubai, Luxor, Jerusalem, Venedig, Lissabon, Sevilla und Bordeaux auch über Nacht. In Yangon und Istanbul haben die Gäste sogar drei Tage Zeit für Erkundungsstreifzüge. Fünf exklusive Landausflüge sind im Reisepreis enthalten.

Dazu zählt ein Besuch des Resorts von Star-Tenor Andrea Bocelli – inklusive Konzert seines Sohnes Matteo.

Weltreisen sind das klassische Winterprogramm kleinerer Kreuzfahrtschiffe. Auf der **Astor** von Transocean erfahren Reiselustige die ganze Welt, ohne einmal in den Flieger steigen zu müssen: Die Weltreise 2020/21 führt in 128 Tagen von Hamburg nach Bremerhaven. Ab/bis Hamburg, aber mehr als doppelt so lang sind die **Europa**-Passagiere von Hapag-Lloyd Cruises unterwegs: Ihre Globusumrundung 2020/21 dauert ganze 274 Tage. Die günstigste Alternative ist eine 121-tägige Tour der **Albatros** von Phoenix Reisen im Winter 2019/20. Und bei Cunard können die Gäste im Januar 2021 zwischen einer kürzeren und einer längeren Route wählen: entweder vier Kontinente in 99 Tagen mit der **Queen Mary 2** ab/bis Southampton oder 112 Nächte mit der **Queen Victoria** ab/bis Hamburg. PG ///

AIDA'S FINEST:
Auf dem obersten Deck in einer Panorama-Suite wohnen, den illuminierten Pool vor der Tür. Seit der AIDAprima gibt es diese Option

NOBLE REFUGIEN: Pool im „Haven" der Norwegians (o.), Topsail Lounge im „Yacht Club" von MSC (M.) und eine Princess Suite auf Cunards Queen Victoria (u.)

SCHIFF IM SCHIFF

Privater Luxus auf großen Schiffen: „Schiff im Schiff"-Konzepte finden ihre Anhänger

Butlerservice, edle Lounges, Champagner satt: Einige Reedereien bieten auf ihren Schiffen getrennte Bereiche für Passagiere an, die exklusiv und luxuriös reisen, auf die Entertainment-Angebote eines modernen Megaliners aber nicht verzichten möchten. Norwegian Cruise Line lockt mit „The Haven", MSC mit dem „Yacht Club", TUI Cruises lädt betuchte Gäste in die „X-Lounge" und AIDA aufs „Patio Deck" und in die „AIDA Lounge". Gemeinsam ist allen: Es handelt sich um komfortable Oasen mit dem Flair einer Luxusyacht – wofür natürlich entsprechend tiefer in die Tasche gegriffen werden muss. Dafür erhält man statt Gedrängel am Buffet und Liegestuhl-Wettbewerb separate Pools und Whirlpools, Fitnessbereiche, Lounges und Restaurants. Und in der Regel viel mehr Platz: Im „Haven" der Norwegians sind die größten Suiten über 600 Quadratmeter groß.

Bewusst einer Tradition folgt hier übrigens die Cunard Line: Ihre „Queens" haben das historische Konzept der Mehrklassengesellschaft an Bord der Transatlantik-Liner nie aufgegeben. Allerdings liegen die Suiten der ersten Klasse nicht Seite an Seite, sondern über das ganze Schiff verteilt – immer dort, wo es am schönsten ist. Wie bei den anderen Luxuskonzepten gilt aber auch hier: Die Suiten-Gäste haben Zugang zu einem Verwöhnbereich, der nur ihnen zugänglich ist. Und der alles verspricht, wovon anspruchsvolle Gäste träumen.   JB ///

Wo das Exklusive stets inklusive ist

Manchmal steht sie nahezu still, für einen wunderbaren Augenblick. Dann wiederum stürmt sie eilig voran und verfliegt: die Zeit, die wie ein Fluss immer in Bewegung ist. Als Gast von VIVA Cruises reisen Sie stets in Ihrem eigenen Tempo und geniessen jeden Tag neue Perspektiven – mit bestem Komfort, persönlichem Service und unserem einzigartigen VIVA All-Inclusive.

VIVA All-Inclusive

- Legerer Lifestyle mit internationalen Gästen
- Perfektes Crew/Gäste-Verhältnis
- Lichtdurchflutete Kabinen mit elegantem Interieur und stets gefüllter Mini-Bar
- Gourmet-Restaurants mit exquisiten Speisen und hochwertigen Getränken
- Exklusive Beauty-Produkte von Rituals
- WLAN

NEUE PALMEN FÜR OCEAN CAY
100 Kilometer östlich von Miami hat
MSC Cruises eine Karibikinsel wieder
in ein Naturparadies verwandelt

PRIVATINSEL MIT ANDEREM KONZEPT

Privatinseln im Reedereibesitz – das ist in der Karibik nichts Neues.
Neu ist der Ansatz, mit dem MSC Cruises jetzt eine Insel entwickelt

Immer mehr Kreuzfahrtschiffe konkurrieren um die Liegeplätze in beliebten Destinationen. Kein Wunder, dass immer mehr Reedereien in der Karibik mit Privatinseln eigene Alternativen im Wettstreit um die besten Anlegeplätze
entwickelt haben. Royal Caribbean International fährt nach
Coco Cay und Labadee, NCL macht auf Great Stirrup Cay
fest, die Disney Cruise Line auf Castaway Cay und die Holland America Line auf Half Moon Cay.
Seit Kurzem steuert auch das Familienunternehmen MSC
Cruises eine eigene Karibikinsel an, die zuvor erst einmal in
ein vorzeigenswertes Reiseziel verwandelt werden musste.
Das Ocean Cay MSC Marine Reserve ist nämlich ein ehemaliges Sandabbaugebiet auf den Bahamas und war eine
traurige Einöde mit 7.500 Tonnen Metallschrott.

Nachdem der Müll fachgerecht entsorgt worden war, diente
ein Umweltgutachten als Grundlage für die Renaturierung:
Die Reederei pflanzte an Land knapp 80.000 neue Pflanzen,
Meeresbiologen siedelten in einem 165 Quadratkilometer
großen Reservat rund um die Insel 400 neue Korallenkolo-
nien an. In einem Labor an Land erforschen die Wissenschaftler nun robuste Korallenarten und informieren auch
interessierte Gäste über die Meeresbiologie.
Ansonsten entspannen sich die Passagiere auf drei Strand-
kilometern, betreiben Wassersport oder erkunden mit Kajaks und Paddelbooten die Gewässer. MSC hat sich verpflichtet, die Insel nachhaltig zu betreiben und möglichst wenig
Müll zu produzieren. Das lobenswerte Projekt zeigt, dass
Kreuzfahrt der Natur sogar helfen kann. *PG ///*

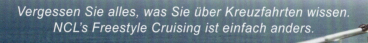

SCENIC ECLIPSE:
Der 2019 getaufte Neubau einer australischen Reederei wartet mit einer Menge Luxus und Eisklasse auf. Doch die Konkurrenz zieht in Kürze nach

ALTERNATIVEN IM EIS Auch die Crystal Endeavor (o.) bietet ab 2020 Luxus pur. Solider reist man mit der Hondius (M.) oder den Seglern von Oceanwide (u.)

KLEINE SCHIFFE IM EIS

Mehr als 20 neue Expeditionsschiffe starten in den nächsten Jahren – mit viel Luxus an Bord

Die Expeditionskreuzfahrt ist das Boomsegment der Branche. Während Reisen zu den Polen noch vor einigen Jahren eher unkomfortabel waren, setzen die Reedereien und Veranstalter nun auf neue, komfortable Schiffe. So hat etwa die 2019 gestartete **Hondius** von Oceanwide Expeditions geräumige Suiten an Bord und ermöglicht Kajakfahrten im Eis. Sie bekommt 2021 eine Schwester namens **Janssonius**, ebenfalls für 174 Passagiere.

Richtig luxuriös wird es an Bord der **Scenic Eclipse** von Scenic Luxury Cruises & Tours: Die 2019 gestartete „Entdeckeryacht" hat nicht nur zehn Restaurants und einen großen Wellnessbereich an Bord, die Passagiere können die Naturpanoramen auch vom Helikopter oder im U-Boot genießen. Und selbstverständlich gibt es in allen 114 Verandasuiten einen Butlerservice.

Crystal Cruises wartet 2020 ebenfalls mit einer Expeditionsyacht mit Eisklasse auf: Die **Crystal Endeavor** wird Raum für 200 Passagiere bieten, die in mindestens 33 Quadratmeter großen Kabinen wohnen – und ebenfalls mit einem Helikopter ins Eis fliegen können.

Auch auf dem Flottenneuzugang von Quark Expeditions – der **Ultramarine** – gibt es Helikopter. Und die französische Reederei Ponant hat nach bereits sechs neuen Expeditionsschiffen für 2021 sogar einen Eisbrecher angekündigt, der bis zum Nordpol vordringen kann: die **Commandant Charcot**. PG ///

TYPISCH MEYER

Seit 225 Jahren bauen sie Schiffe an der Ems – und seit 1983 Kreuzfahrtschiffe. Im Weltmarkt spielt die Meyer Werft in der Ersten Liga

So oder ähnlich beginnen moderne Legenden: Es war einmal eine kleine Werft, die lag irgendwo im Nirgendwo, abseits der großen Häfen und Städte. Seit Generationen war sie in Familienhand, baute sie unbedeutende kleine Schiffe, und außerhalb von Fachkreisen war sie eher unbekannt. Dann fing diese Werft an, immer größere Schiffe zu bauen – vor allem Kreuzfahrtschiffe –, und bald waren es die modernsten ihrer Art. Und während andere Werften für immer ihre Tore schließen mussten, wuchs die kleine Werft immer weiter – und feiert nun am 28. Januar 2020 ihren 225. Geburtstag. Eine Chronik, die den Weg der Werft durch die 225 Jahre dokumentiert, erscheint im Januar 2020 bei planet c.

Was eine Handvoll Männer damals begann, ist heute ein internationaler Werftenverbund: Die Neptun Werft Rostock, die auf Flussschiffe spezialisiert ist, gehört seit 1997 zum Konsortium – und seit 2014 auch die vormalige STX Werft im finnischen Turku. An allen drei Standorten zusammen beschäftigt das Unternehmen heute über 7.000 Mitarbeiter, über 3.500 davon am Stammsitz in Papenburg. Dort sind in den 225 Jahren über 800 Schiffe entstanden – zuletzt stolze 50 Kreuzfahrtschiffe. Stammkunden sind Royal Caribbean,

MANNSCHAFTSGEIST: Belegschaftsfotos damals und heute. Oben Ausdocken der Spectrum of the Seas

AIDA, Celebrity, Disney und die Norwegian Cruise Line; zuletzt hinzugekommen sind Neubauten für Saga Cruises aus Großbritannien und Silversea aus Monaco. In der Branche gilt die Meyer Werft als Qualitätsgarant und Innovationstreiber, nicht zuletzt auch bei der Suche nach umweltfreundlicherer Technologie. Nach den ersten LNG-Schiffen der Welt forscht man an der Ems zur Brennstoffzelle. Und wenn der Durchbruch diesbezüglich in fünf oder vielleicht auch erst zehn Jahren gelingt, wird man wohl wieder einmal sagen: „Typisch Meyer". RW/JB ///

Fotos: Meyer Werft/Michael Wessels (2); Hermann Wagener (1)

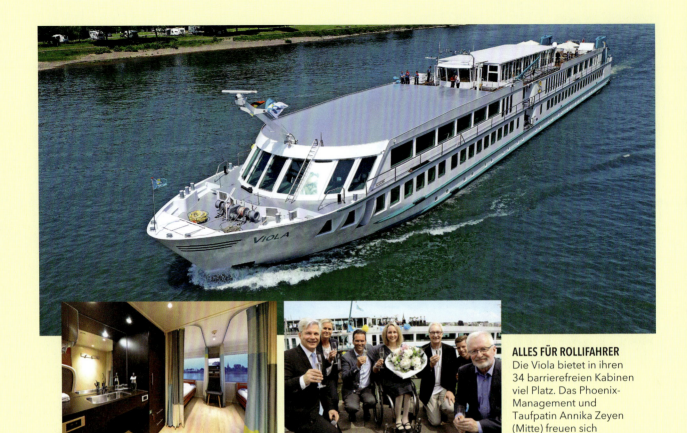

ALLES FÜR ROLLIFAHRER
Die Viola bietet in ihren 34 barrierefreien Kabinen viel Platz. Das Phoenix-Management und Taufpatin Annika Zeyen (Mitte) freuen sich

BARRIEREFREI AUF DEM FLUSS: VOILÀ, VIOLA!

Bisher waren Flusskreuzfahrten für Rollstuhlfahrer so gut wie unmöglich. 2019 stellte Phoenix Reisen jedoch das erste barrierefreie Rheinschiff in Dien

Bereits seit Jahren hatte Johannes Zurnieden, Gründer von Phoenix Reisen, einen Wunsch: Er wollte Menschen Flusskreuzfahrten ermöglichen, die aufgrund ihrer körperlichen Konstitution nicht so einfach verreisen können. Eine knifflige Aufgabe, schließlich gilt es dabei viel zu beachten: Wie sorgt man auf einem Flussschiff mit eingeschränkten Platzverhältnissen für Barrierefreiheit? Wie muss eine Kabine ausgestattet sein, damit sie für Rollstuhlfahrer kompatibel ist? Gemeinsam mit der Reederei Rivertech tüftelte das Phoenix-Team an einer idealen Lösung, und so konnte das Herzensprojekt realisiert werden.

Ehemals für das niederländische Rote Kreuz im Einsatz, bietet die Viola nach ihrer Renovierung 34 Kabinen mit extrabreiten Türen, höhenverstellbaren Betten, unterfahrbaren Waschbecken und befahrbaren Duschen. Mitreisen-

de Begleitpassagiere haben ihre eigenen Kabinen. Der Malteser Hilfsdienst stellt ehrenamtlich medizinisches Personal an Bord, und mit Runa Reisen hat der Bonner Reiseveranstalter einen Profi in Sachen Rollstuhlreisen als Kooperationspartner gewonnen.

Neben den etwas anders geplanten Räumlichkeiten hat die Viola alle Annehmlichkeiten eines normalen Flusskreuzfahrtschiffs an Bord: Restaurant und Panoramasalon, Friseur und Sonnendeck. Davon konnte sich im Juni 2019 auch die prominente Taufpatin überzeugen: Paralympics-Medaillengewinnerin Annika Zeyen brachte das Schiff in Bonn auf den Weg. Und Johannes Zurnieden denkt schon wieder weiter: In Zukunft möchte er auch Passagiere mit anderen Behinderungen, etwa Menschen, die dauerhaft liegen nüssen, an Bord willkommen heißen. PG ///

Im Hafen von Palma de Mallorca

Original CEWE FOTOBUCH
von Katrin Fischer
CEWE FOTOBUCH Kundin

„E-MOTION" – EIN DURCHBRUCH AUF DEM FLUSS

Die Rostocker Flussreederei A-ROSA arbeitet am Umweltschutzstandard: 2021 soll das erste Schiff
mit dieselelektrischem Antrieb und einer Batterie im Bauch auf dem Rhein starten

Nicht nur Hochseeschiffe, auch die kleineren Flussschiffe stehen in Sachen Umweltschutz vermehrt in der Kritik. Einer der Hauptvorwürfe: Wenn die Flusskreuzer während ihrer Liegezeiten im Zentrum beliebter Städte ihre Motoren laufen lassen, tragen sie zur Luftverschmutzung bei. Daran will die **A-ROSA Flussschiff GmbH** aus Rostock arbeiten und hat das erste E-Motion Ship der Branche entwickelt.

Das Rheinschiff soll 2021 mit einer dieselelektrischen Antriebsanlage starten. Neben dem Dieselmotor kann auch eine Batterie mit einer Speicherkapazität von 1,2 Megawattstunden den Generator an Bord betreiben. So sollen die Motoren jederzeit im effizientesten Betriebspunkt gefahren und jeder Liter Diesel bestmöglich genutzt werden.

Bei der Anfahrt auf Städte stellt der Maschinist die Antriebsart einfach auf Batteriebetrieb um. Auf diesem Weg ist das Schiff komplett treibstoff- und emissionsfrei unterwegs. Während der Liegezeit kann der Batteriespeicher über Landstromanschlüsse wieder aufgeladen werden. Mit dieser Technik setzt A-ROSA einen neuen Umweltstandard in der Flusskreuzfahrtbranche.

Eine Neuerfindung ist diese Technik übrigens nicht: Bereits vor 80 Jahren gab es U-Boote, die mit elektrischem Antrieb unterwegs waren. Ihre Batterieleistung reichte für sechs bis acht Stunden elektrische Fahrt.

Auch die Hochseekreuzfahrt tüftelt aktuell am Batteriebetrieb: Mit der **Roald Amundsen** startete 2019 der erste Expeditionskreuzer mit dieselelektrischem Antrieb. Und **AIDA Cruises** arbeitet mit einem Batteriehersteller aus Norwegen daran, Lithium-Ionen-Speichersysteme an Bord der Kussmundflotte zu integrieren. Das erste Schiff soll bereits 2020 eine Batterie bekommen. Allerdings ist der Energieverbrauch auf einem Hochseeschiff natürlich viel höher als auf einem Flussschiff, so dass Batterien hier eher eine Unterstützung als ein alternativer Antrieb sind.

Große Hoffnungen setzt die Branche auf die nächste Stufe der Technologie – die Brennstoffzelle. Diese Antriebsform wurde übrigens ebenfalls bereits vor Jahrzehnten im Rahmen der U-Boot-Technik getestet. PG ///

INNENANSICHT: Gemütliche und moderne Kabinen

HOCHSEE
REPORTAGEN

AUF GROSSEN SEEN

WAS HABEN CHICAGO, DETROIT UND TORONTO GEMEINSAM? SIE LIEGEN
NICHT AM MEER – UND SIND TROTZDEM KREUZFAHRTZIELE. DIE HAMBURG HAT
SIE IM PROGRAMM, UND ZWAR ZUR BESTEN REISEZEIT: DEM „INDIAN SUMMER"

VON UWE BAHN (TEXT & FOTOS)

REISEAUFTAKT: Chicago, die Millionenmetropole am Michigansee

SPEZIALISTIN: Dank ihrer geringen Größe kann die Hamburg – hier an der Pier in Detroit – die Großen Seen befahren

LEGENDE: Das Motown Studio in Detroit, in dem die größten Soul-Hits aller Zeiten aufgenommen wurden, ist heute ein Museum

R

Rot-gelb-braun ist das Laub – schon steigt in den Reisebüros das Fieber: Es ist „Indian Summer" in den USA und in Kanada, wo der Oktober die „high season" ist. Und zwar für eine Kreuzfahrt auf den Großen Seen.

Doch nur wenige Schiffe können das – die Hamburg ist eines davon. Sie kann dieses Revier zwischen Lake Michigan und Lake Ontario befahren. Sie hat die richtigen Maße für die Schleusen, die wir auf dem Weg von Chicago nach Montreal passieren. In der drittgrößten Stadt der USA beginnt die Seenfahrt. Das letzte Mal war ich mit der Hamburg auf Borkum, nun gehe ich in Chicago an Bord. Das Schiff kommt

ganz schön herum. Ziele in aller Welt: eine der großen Stärken der Hamburg.

Wir fahren eine Teiletappe der großen Indian-Summer-Reise, sind später angereist als die anderen Passagiere. So bleibt uns in Chicago leider nur Zeit für einen Bus-Quickie. Genug, um zu ahnen, dass es sich lohnt, ein paar Tage hier zu verbringen. Chicago ist bekannt für Jazz, für Blues – und für organisiertes Verbrechen. Von alldem ist auf der Hamburg nichts zu finden. Der Cruise Terminal liegt südlich der Stadt. Als wir ihn verlassen, verschwindet die Sonne hinter der Skyline. Der Lake Michigan könnte auch ein Meer sein, so uferlos wirkt er schon bald nach dem Ablegen. Flächenmäßig ist er so groß wie Nordrhein-Westfalen und Mecklenburg-Vorpommern zusammen.

Bunte Blätter an den Bäumen sollten nicht der einzige Grund sein, um diese Kreuzfahrt zu buchen. Sie ist auch eine

YOUR WORLD.
YOUR WAY.
your moment.

IHRE WELT ERWARTET SIE

Afrika, Alaska, Asien, Australien und Neuseeland, Kanada und Neuengland, Karibik und Panamakanal, Mittelmeer, Nordeuropa, Südamerika, Südpazifik, Transozeanisch

Für manche ist es das Fünf-Sterne-Abendessen zu Beginn der Reise, das mit zahlreichen, unerwarteten Aromen verführt. Für andere ist es die Reise zu einem exotischen, einsam entlegenen Hafen. Und für Sie sind es die kleinen Dinge. Entdecken Sie Ihren Moment.

GENIESSEN SIE DIE FEINSTE KÜCHE AUF SEE AN BORD UNSERER PERSÖNLICHEN UND LUXURIÖSEN SCHIFFE.

OLife CHOICE®

Inklusive:
Flug* und Internet

Wählen Sie zusätzlich zwischen:
KOSTENLOSE - Landausflüge
KOSTENLOSES - alk. Getränkepaket
KOSTENLOSES - Bordguthaben
Zusatzleistungen verstehen sich pro Kabine

*Weitere Informationen finden Sie unter
OceaniaCruises.com/terms.

WEITERE INFORMATIONEN UNTER +49 2222 33 00,
BESUCHEN SIE WWW.OCEANIACRUISES.COM/KREUZFAHRTGUIDE
ODER IN JEDEM GUTEN REISEBÜRO

ERLEBNIS: Nasswerden gehört bei der Bootstour zu den Niagarafällen dazu

fantastische Städtereise: In einer Woche erleben wir Chicago, Detroit, Toronto und Montreal. Dazu noch die Niagarafälle und die „Thousand Islands"-Passage. Echte „Seens-Würdigkeiten".

Es beginnt allerdings bescheiden. Auf Traverse City folgt am nächsten Tag ein Hafen, der zu Recht in keinem Reiseführer auftaucht: Alpena, der Ort mit dem gewissen Nichts im Nordosten des Bundesstaates Michigan. Die Lady im örtlichen Infocenter gesteht, dass die Hamburg das einzige Kreuzfahrtschiff in diesem Jahr ist. Wir wandern die Main Street rauf und runter, deren Hotspots ein Beerdigungsinstitut und eine tote Katze am Straßenrand sind. „Dead Cat Village" werden wir den Flecken fortan nennen. Der Indian Summer ist hier schon sehr fortgeschritten und freut sich, bald im depressiven November zu münden. Da hilft auch der blaue Himmel nicht. „Dead Cat

Village" versprüht eine Trostlosigkeit, in der Trump vermutlich auf treue Gefolgschaft bauen kann.

Mit Windsor erreichen wir die erste kanadische Stadt. Per Bus soll es wieder in die USA gehen, denn auf der anderen Seite des Flusses liegt Detroit, unser Ziel für heute. Das bedeutet: erneute Einreise, erneute Passkontrolle. Der dafür zuständige US-Grenzer hätte auch in Helmstedt/Marienborn ein gutes Bild abgegeben. „Wie viele Stunden haben Sie in der Grundschule gefehlt?" Diese Frage habe ich vermisst. Sonst wollte er alles wissen. Zur Erinnerung: Wir wollen in ein demokratisches Land einreisen. Das tun wir dann auch. Wir besuchen Detroit, die Motor City: kein Hochglanzerlebnis, aber authentischer amerikanischer Alltag hautnah.

Unser Ziel in Detroit ist ein kleines Einfamilienhaus am West Grand Boulevard, in dem Musikgeschichte geschrie-

ben wurde. Als wir vor der Fassade stehen, können wir es kaum glauben: Dies ist die Heimat von Motown, dem legendären Plattenlabel. Die größten Soul-Hits der Sechziger- und frühen Siebzigerjahre wurden hier produziert, hier im „Studio A" von Berry Gordy, dem Motown-Macher. Michael Jackson, Stevie Wonder, Diana Ross – sie alle sangen auf diesen paar Quadratmetern ihre Welthits ein. Das Haus ist seit 1985 ein Museum, aber der Soul ist immer noch spürbar. Und wieder einmal bin ich der Kreuzfahrt dankbar: Ohne sie wäre ich wohl nie an diesen Ort gelangt.

Von nun an findet der Indian Summer vor allem auf Ahornblättern statt – wir bleiben in Kanada. Passieren den Durchbruch für die Schifffahrt zwischen Lake Erie und Lake Ontario: den Wellandkanal. Acht Schleusen hat das Nadelöhr. Hundert Meter Höhenunterschied werden dabei auf einer Strecke

REISEN MIT NATIONAL GEOGRAPHIC
ENTDECKEN SIE DIE ANTARKTIS

Erkunden Sie die wilden und unberührten Orte unserer Welt auf unseren Expeditions-Kreuzfahrten, von den eisigen Buchten der Antarktis mit ihren weißblauen Eisbergen bis zur entlegenen und geheimnisvollen Osterinsel. Reisen Sie an Bord von PONANTs umweltzertifizierter Flotte kleiner Schiffe, mit denen Sie der Wildnis und ihren Bewohnern näherkommen als auf größeren Schiffen. Die Expeditionskreuzfahrten von National Geographic sind durch ihre sorgfältige Auswahl ebenso aufregend und unterhaltsam wie lehrreich. Überzeugen Sie sich selbst und kommen Sie mit an Bord!

EXPEDITIONS

+49 8921 093 644
WWW.NATGEOREISEN.DE

ERLEBNISREISEN | EXPEDITIONS-KREUZFAHRTEN | GRUPPENREISEN

ACHT SCHLEUSEN AUF 43 KILOMETERN: Die Hamburg passiert den Wellandkanal, das Nadelöhr zwischen Eriesee und Ontariosee

von 43 Kilometern überwunden. Der Kanal verhindert, dass wir mit der Hamburg die Niagarafälle hinunterfahren müssen. Die erreichen wir am nächsten Tag mit dem Bus von Toronto aus. Auf die Idee kamen auch noch andere. Entsprechend dicht ist die Infrastruktur aus Fast-Food-Ketten und Erlebnisgastronomie, von „Hard Rock Cafe" bis „Margaritaville". Natürlich, Niagara ist ein Pflichtausflug, doch er lohnt sich wirklich – auf alle Fälle sozusagen. Live zu erleben, wie die Wassermassen hier an der Schnittstelle von den USA und Kanada über Felsen in die Tiefe stürzen – das schlägt jedes YouTube-Video.

Von Toronto aus nimmt die Hamburg Kurs auf Montreal, unsere Endstation. Dabei erleben wir dort, wo der Ontariosee endet und zum Trichter für den St.-Lorenz-Strom wird, die schönste Passage der ganzen Tour: Wir kreuzen durch die „Thousand Islands". Tat-

INDIAN SUMMER: Im Herbst färbt sich das Laub intensiv. Deshalb ist der Oktober der beste Zeitpunkt für diese Reise

sächlich ragen Tausende Inseln hier aus dem Wasser; wir fühlen uns an die Schärengärten vor Stockholm erinnert. Ein Eifriger hat nachgezählt und ist auf 1.864 Eilande gekommen. Auf einigen stehen prächtige Anwesen, kleine Fluch-

ten für Nordamerikas Millionäre. In dieser Gegend soll vor rund hundert Jahren jenes Salatdressing erfunden worden sein, das seither ihren Namen trägt: „Thousand-Island-Dressing".

Unser Dressing für den Abend heißt: Anzug. Im Restaurant hat sich alles zum Gala-Dinner versammelt. Die Hamburg ist noch einer der Klassiker der Kreuzfahrt, der solche Traditionen bewahrt. Und bei dem die Priorität auf „Route" und nicht auf „Rutsche" liegt. Und damit es im Rennen bleibt, wird das Schiff im März 2020 kräftig renoviert: Rezeption und Weinstube werden komplett umgestaltet, eine neue Poolbar kommt hinzu, und die Kabinen auf Deck 4 und 5 erhalten absenkbare Panoramafenster. Warum keine Balkone? Das Schiff könnte dann nicht mehr die Großen Seen befahren: Es wäre zu breit für die Schleusen im Wellandkanal. Und das wäre ein Jammer. ///

TRANSOCEAN
KREUZFAHRTEN

Hallo Herr Weber

– schön, dass Sie wieder da sind.

▶ Herr Weber und seine Frau kommen immer wieder zu uns. Genau wie 60% unserer Gäste. Warum? Weil sie persönliche Betreuung und deutsche Ansprache schätzen. Weil sie spannende Ziele statt Standard-Destinationen suchen. Und weil sie überschaubare, moderne Schiffe einer Massenabfertigung vorziehen. Empfehlen Sie uns den "Webers" in Ihrem Bekanntenkreis. Man wird Ihnen dankbar sein.

Telefon +49 (0) 69 800 871 650

Rathenaustr. 33 · D-63067 Offenbach · eine Marke der South Quay Travel & Leisure Ltd · Purfleet, Essex, UK

60% Wiederholer-rate

www.transocean.de

SEIN
SCHIFF

VOR GENAU ZEHN JAHREN HAT TUI CRUISES SEIN ERSTES SCHIFF IN
DIENST GESTELLT – EINEN UMBAU EINES CELEBRITY-SCHIFFS. MITTLERWEILE
GEHÖREN SECHS NEUBAUTEN ZUR FLOTTE. AUF DEM NEUESTEN, DER MEIN
SCHIFF 2, WAR UWE BAHN (TEXT & FOTOS) IM MITTELMEER UNTERWEGS.
ES WAR AUCH EINE ABSCHIEDSTOUR

//////////////////////////

MEIN-SCHIFF-MOMENTE: Der rund ums Schiff laufende Joggingtrack (oben) wird am Abend zum Catwalk. Das Ziel auf Korsika ist die malerische Inselhauptstadt Ajaccio (Mitte). Ein persönlicher Höhepunkt gerade dieser Reise ist für viele die Fragestunde mit dem Kapitän im Theater (unten)

E

Ein Kapitän verlässt die Brücke. Nicht irgendeiner. Kjell Holm ist *der* Kapitän von TUI Cruises. Wenn einer „Mein Schiff" sagen darf, dann er. Jedes in der Flotte ist „sein Schiff", denn er hat sie alle in Dienst gestellt. Ohne ihn wäre die Erfolgsgeschichte vielleicht anders geschrieben worden. Der Finne ist die Seele der Seefahrt unter TUI-Flagge. „Es ist meine drittletzte Fahrt", erzählt er. „Ich werde bald siebzig."

Jetzt, wo Sie diese Zeilen lesen, ist er bereits im Ruhestand. Und siebzig. Verschmitzt und gütig lächelnd sitzt er mir gegenüber, voller Dankbarkeit, dass er über 50 Jahre zur See fahren konnte. Seit 1982 ist er Kapitän, und seit 2009 steht er auf der Brücke der TUI-Cruises-Schiffe. Von Beginn an also. „Das war eine lustige Taufe mit Ina Müller", schwärmt er in nahezu perfektem Deutsch von der Premiere damals in Hamburg. Die Sängerin hatte das Schiff auf Plattdeutsch getauft und während der feierlichen Zeremonie eine Zote nach der anderen rausgehauen. Kostprobe: „Ich hätte echt ein Problem, ein blödes Schiff zu taufen!" Sie fand es zum Glück nicht blöd, und die Flasche zerschellte – wie geplant – am Rumpf. Eine große Episode deutscher Kreuzfahrtgeschichte begann.

Die ersten beiden TUI-Schiffe waren sanierte Altbauten aus der Flotte von Celebrity Cruises. Nun fahren wir zehn Tage durchs westliche Mittelmeer auf der neuen Mein Schiff 2, dem aktuellen Neubau. Kjell Holm ist stolz auf „sein Schiff". Seine Frau Michelle ist bei ihm, sie bewohnen gemeinsam die Captain's Suite, wenige Walkie-Talkie-Meter von der Brücke entfernt. Kjell Holm ist der

Reederei dankbar, dass Michelle all die Jahre mit ihm reisen durfte.

Bei allen Neubauten war sein Know-how gefragt. Und seine Muttersprache, denn alle TUI-Cruises-Schiffe sind im finnischen Turku entstanden. Die Werft ist mittlerweile eine Tochter der Papenburger Meyer Werft. Mein Schiff 2 wurde dort sogar früher fertig als geplant. Die Geschichte dieses Neubaus im eisigen finnischen Winter erzählt Kjell Holm nicht nur mir, sondern allen Passagieren, die zu seinem Vortrag im Theater erschienen sind. So wie er dort auf der schwimmenden Bühne steht, könnte er auch gut einen Chefarzt in einem Klinikum abgeben. Kompetenz, Vertrauen, Verantwortung – das strahlt er aus. Nicht die schlechtesten Attribute für seinen Beruf. Am Abend dann Fotosession am Pool. Der Kapitän wird zum Popstar, jeder will ein Erinnerungsbild mit ihm.

Wir liegen in Ajaccio auf Korsika. Kapitän Holm hat Mein Schiff 2 eingeparkt und sich mit seiner Frau auf eine Radtour begeben. Wir erkunden den Ort zu Fuß und entdecken dann, nur 15 Gehminuten vom Terminal entfernt, den Stadtstrand Saint-François. Kristallklares Wasser. Abkühlung, die bei über 30 Grad im Mittelmeerhochsommer guttut. Der Pool an Bord ist meist überfüllt, obwohl er die stolze Länge von 25 Metern hat.

Mein Schiff 2 ist trotz ihrer Größe relativ entspannt. Auch durch das Prinzip „Premium Alles Inklusive". Auch wenn „alles" eben längst nicht mehr „alles" ist: Für die Craft-Beer-Verkostung in der „Ebbe & Flut"-Bar zahlt man 15 Euro – für den Brotback-Workshop in

„Weizenmehl, Vollkornmehl, Trockenhefe – und Salz und Wasser. Der Rest ist Timing beim Artisanbrot."

der „Manufaktur" 25 Euro. Immerhin wissen wir jetzt, wie das köstliche „Artisanbrot" hergestellt wird. Nämlich aus gerade mal drei Zutaten: 945 g Weizenmehl, 455 g Vollkornmehl, 3,5 g Trockenhefe. Ach ja, und Salz und Wasser. Der Rest ist Timing.

Auch die Spezialitätenrestaurants sind keineswegs inkludiert. Als da wären: das exzellente Surf & Turf-Steakhouse, das deftig-deutsche Gästezimmer und der – leider durchschnittliche – Borditaliener Cucimare. Das fällt umso mehr auf, wenn man gerade von einem kulinarischen Landgang aus La Spezia oder Rom zurückgekehrt ist. Eine erstaunliche Qualität tischen dagegen die beiden Atlantik-Restaurants Klassik und Mediterran auf. Für über 1.300 Passagiere werden hier die Gänge der verschiedenen Menüs serviert. Das Volumen meistern Service und Küche mit Bravour – dazu in sehr stilvollem Design. Überhaupt ist das Interieur ein großes Plus der Mein Schiff 2. Auch

FÜR LEIB & SEELE: Auf Deck 14 wird Volleyball gespielt, auf dem Aqua-Deck lockt der 25-Meter-Pool. Und der absolute Renner in der „Manufaktur" ist das köstliche Artisanbrot (unten)

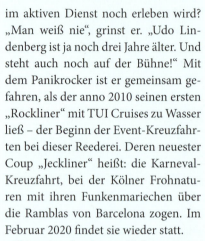

FÜRS ALBUM:
Auf dieser Fahrt wollen alle noch ein Bild mit Kjell Holm. Auf Korsika ist Napoleon allgegenwärtig (oben rechts). Bilderbuchtauglich ist aber auch der Stadtstrand von Ajaccio

wenn es letztlich nur Farben und Formen sind, die sie von der baugleichen Mein Schiff 1 unterscheiden.

Und: Sportiv geht es zu auf der Mein Schiff 2. Der Joggingparcours ist länger als eine Sportplatzrunde, hat sogar eine Steigung von 6,7 Prozent. Mehr als die 4,5 Prozent einer Flasche Pils, die hier abtrainiert werden kann. „Sportarena" heißt die großzügige Multifunktionshalle auf Deck 14. Basketball, Fußball, Volleyball – hier geht alles. Die Spielfläche ist klimatisiert und überdacht. Nicht nur wegen der Wetterunabhängigkeit: Im Heck hinterm Schornstein liegt ja nicht der gesündeste Platz auf einem Kreuzfahrtschiff …

„Ich glaube, die Norweger sind auf einem guten Weg", erklärt Kjell Holm zum damit angerissenen Thema. Für ihn weist die Hybrid-Technologie den Weg in eine emissionsärmere Zukunft; die Forschung dazu treiben seine Freunde aus den Fjorden ja voran. Dass das dringend notwendig ist, daran lässt der Kapitän keinen Zweifel. Was er davon

> „Käpt'n Kjell, ich werde Sie vermissen. Mit keinem bin ich lieber gefahren."

im aktiven Dienst noch erleben wird? „Man weiß nie", grinst er. „Udo Lindenberg ist ja noch drei Jahre älter. Und steht auch noch auf der Bühne!" Mit dem Panikrocker ist er gemeinsam gefahren, als der anno 2010 seinen ersten „Rockliner" mit TUI Cruises zu Wasser ließ – der Beginn der Event-Kreuzfahrten bei dieser Reederei. Deren neuester Coup „Jeckliner" heißt: die Karneval-Kreuzfahrt, bei der Kölner Frohnaturen mit ihren Funkenmariechen über die Ramblas von Barcelona zogen. Im Februar 2020 findet sie wieder statt.

Ibiza ist der letzte Hafen unserer Tour – und ihr Highlight, wenn auch ein sehr hochpreisiges. Doch die weißen Gassen von Ibiza-Stadt haben sich trotz der Touristenströme ihre Individualität bewahrt. Eine fast franchisefreie Zone, in der noch der eine oder andere Alt-Hippie seine Retro-Textilien verkauft. Immer von einem kleinen Touch Piraterie und Freibeutertum umweht.

Kjell Holm hat in seinen 50 Jahren Seefahrt fast die ganze Welt gesehen. Wenn er und Ehefrau Michelle „sein Schiff" verlassen, werden sie in ihre Wahlheimat Australien gehen. Und auf Reisen, zu Kreuzfahrten auf dem Land, mit dem eigenen Wohnmobil. Da würde ich glatt trampen, wenn ich wüsste, er sitzt am Steuer. Käpt'n Kjell, ich werde Sie vermissen. Mit keinem bin ich öfter und lieber gefahren als mit Ihnen. Ahoi und von Herzen alles Gute. Ich schicke Ihnen diesen KREUZFAHRT GUIDE zu. Wie versprochen. ///

EISBÄR
VORAUS!

DIE HANSEATIC NATURE EROBERT FÜR HAPAG-LLOYD CRUISES
NEUE REVIERE. WIR WAREN AUF DER ERSTEN GEPLANTEN
SPITZBERGENUMRUNDUNG DABEI – UND DANN KAM ALLES ANDERS …

VON PEGGY GÜNTHER (TEXT & FOTOS)

BESTE AUSSICHTEN: Ob vom gemütlichen Sonnendeck oder auf den gläsernen Balkonen – die Passagiere der HANSEATIC nature haben die Natur immer im Blick

D

„Der soll sich jetzt mal bewegen", sagt die Passagierin und zupft an ihrer Mütze. Der Eisbär liegt rund 200 Meter vom Schiff entfernt, alle viere von sich gestreckt. „Der schläft", sagt ihr Nachbar auf dem Nature Walk im Bug der HANSEATIC nature. „Aber vielleicht lauert er da auch vor dem Atemloch einer Robbe", bringt sich ein Dritter ein. So eine Eisbärbeobachtung ist wirklich spannend. Man kann den Blick kaum abwenden, könnte man doch eine Regung des mächtigen Raubtiers verpassen.

„Die meisten Eisbären sieht man ab dem 80. Breitengrad", weiß Expeditionsleiterin Heike Fries. Und tatsächlich:

MODERNE TECHNIK: Das HANSEatrium ist Vortragsraum, Bar und Kinosaal – mit wechselnden Natur- und Lichtpanoramen. Diese gibt es auch live am Bug auf dem Nature Walk

Kaum hat die HANSEATIC nature diese magische Grenze geknackt, zeigt sich den Passagieren der erste Bär der Reise. Zunächst ist er noch weit entfernt, viele brauchen lange, um den kleinen gelben Punkt im Fernglas zu fokussieren. Doch das Schiff pirscht sich immer weiter heran, bis das Tier schließlich mit bloßem Auge zu erkennen ist. „Wohl genährt", freut sich Biologe Dr. Wolfgang Wenzel. Das sei nicht selbstverständlich. Aber in diesem Sommer gibt es viel Meereis. Und wo viel Meereis ist, da kann der Bär gut jagen.

Tiefrot ist die Eiskarte im Nordosten Spitzbergens. Das entspricht einer Meereisabdeckung von neun Zehnteln. Und der Nordwind treibt noch mehr Eis von den Polen herunter. Aus der ersten geplanten Spitzbergenumrundung der HANSEATIC nature wird nichts. Einige enttäuschte Gesichter zeigen sich im HANSEatrium, als Kapitän Thilo Natke seinen Passagieren die Lage präsentiert. Die HANSEATIC nature habe zwar die höchste Eisklasse für Passagierschiffe, doch im Eis brauche man immer einen Notausgang.

Thilo Natke muss es wissen. Er fährt seit 30 Jahren ins Eis. Die letzten 20 Jahre hat er auf der alten Hanseatic verbracht, konnte jede Regung des Schiffs im Schlaf interpretieren. An die neue, größere HANSEATIC nature müsse er sich erst einmal gewöhnen, gibt der Niedersachse ganz offen zu. Doch die ersten Stunden im Eis haben ihn bereits überzeugt. Mit viel Kraft drang das Schiff durch das erste Eisfeld kurz vor dem 80. Breitengrad. Am Rumpf knackte und donnerte es, riesige Eisplatten teilten sich wie von Zauberhand und gaben den Blick auf das dunkelblaue Wasser darunter frei. Der Schiffsbauch

vibrierte, aber schob sich unbeeindruckt mit einer ansehnlichen Geschwindigkeit weiter voran. „Softeis", kommentierte Natke anschließend trocken. „Vermutlich nur 50 bis 70 Zentimeter dick und einjährig." Die HANSEATIC nature könnte mehr … Aber immerhin, wir sind als erstes Schiff der Saison bis in den Raudfjord gelangt, wo wir den schlafenden Eisbären eine ganze Nacht unter der Mitternachtssonne beobachten konnten.

„Ich habe mich heute Nacht gefragt, ob es 12.30 Uhr mittags oder nachts ist", lacht eine Erstkreuzfahrerin. Dass sie gleich für ihre erste Seereise eine Expedition gewählt hat, findet sie nicht besonders mutig. „Hier oben fährt kein Bus", sagt sie ganz pragmatisch und

zuckt mit den Schultern. Und selbst als die See gegen Ende der Reise rauer wird und sie zwei lange Tage nur noch in der Kabine verbringt, bereut sie ihre Entscheidung nicht im Geringsten. „Ich wollte einmal Eisbären sehen", sagt sie und lächelt. Sechs Bären haben die Passagiere der HANSEATIC nature während ihrer zehntägigen Spitzbergenreise vor die Linse bekommen – eine sehr gute Ausbeute.

„Für die Gäste ist die Zeit im Eis wichtig", sagt auch Expeditionsdirektorin Ulrike Schleifenbaum. Sie fährt seit 2000 zur See, erst zwölf Jahre auf der Europa, dann an Bord der Expeditionsschiffe. „Hier muss ich viel kurzfristiger planen", erklärt sie den Reiz der Expeditionsreisen. „Was morgen geschieht, steht gerade einmal grob fest." Trotz schlechten Wetters oder ungünstiger Eislage noch ein attraktives Programm zusammenzustellen ist nicht immer einfach. Doch die Voraussetzungen an Bord der HANSEATIC nature sind ideal. Auf dem Nature Walk im Vorschiff ist man der Natur fast genauso nahe wie im Zodiac. Und im Heck wartet mit der Ocean Academy ein einzigartiges Wissenszentrum zum Selbststudium und zum Zusammentreffen mit den Lektoren. Sechs Wissenschaftler begleiten die Spitzbergenreise: zwei Geologinnen,

zwei Biologen, ein Glaziologe und ein Sozial- und Wirtschaftshistoriker. „Im Prinzip war die Arktis die dritte Richtung der Kolonialisierung", erklärt Prof. Dr. Ingo Heidbrink die geschichtliche Bedeutung der Region. „Vereinfacht gesagt: Die Spanier und Portugiesen entdeckten die neue Welt, die Briten und Niederländer gingen Richtung Jamestown, und Barents wollte eigentlich nur den Weg in den Pazifik finden und traf dabei auf Spitzbergen." Kohleabbau und Waljagd machten die karge Region interessant genug für eine Besiedelung.

Und auch heute, in Zeiten des schmelzenden Meereises, weckt der Archipel dank reicher fossiler Bodenschätze erneut Begehrlichkeiten.

Gleichzeitig wächst bei den Passagieren ein neues Bewusstsein für den Klimawandel, der sich in Spitzbergen schneller vollzieht als irgendwo sonst. Die Temperatur steigt doppelt und dreifach im Vergleich zum kontinentalen Klima. Und auch wenn wir in diesem Sommer recht viel Meereis verzeichnen, wird es insgesamt von Jahr zu Jahr weniger. Der Lebensraum des Eisbären schmilzt unter seinen Pfoten. Und so liegt der letzte Bär der Reise auch relativ weit im Süden auf einem Phyllit-Felsen statt auf einer Eisscholle. Das Bild macht nachdenklich und ändert vielleicht auch das Bewusstsein mancher Passagiere. Denn wie sagte doch Jacques Cousteau? „Man kann nur schützen, was man kennt und liebt." ///

FASZINIERENDE NATUR: Das Stängellose Leimkraut richtet sich nach der Sonne aus, ebenso wie die Walrösser

MEIN START-UP BIETET KEINE SATTEN GEWINNE, ABER SATTE MENSCHEN.

Die Welt ist voller guter Ideen. Lass sie wachsen.

MISEREOR
IHR HILFSWERK

DZI
Spenden-
Siegel

Landwirtin Aminata Compaoré verbessert mit guten Ideen und viel Tatkraft den Anbau von Zwiebeln und anderen Gemüsesorten in ihrem Dorf in Burkina Faso. Jede Spende hilft Menschen wie Aminata, sich selbst zu helfen. Ihre Geschichte unter: **www.misereor.de/aminata**

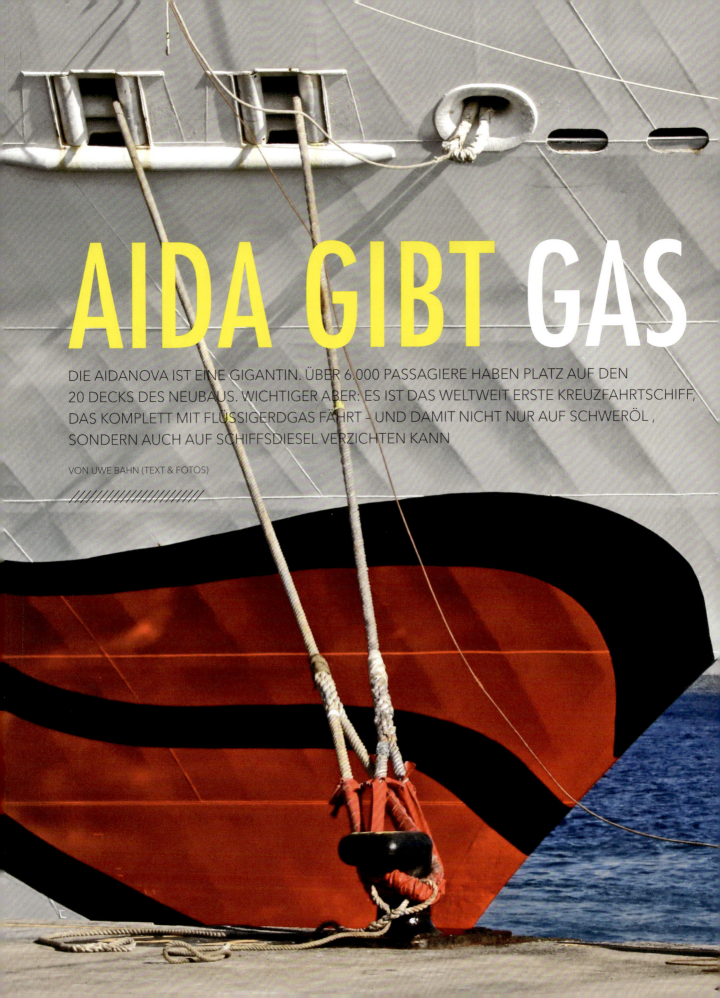

AIDA GIBT GAS

DIE AIDANOVA IST EINE GIGANTIN. ÜBER 6.000 PASSAGIERE HABEN PLATZ AUF DEN
20 DECKS DES NEUBAUS. WICHTIGER ABER: ES IST DAS WELTWEIT ERSTE KREUZFAHRTSCHIFF,
DAS KOMPLETT MIT FLÜSSIGERDGAS FÄHRT – UND DAMIT NICHT NUR AUF SCHWERÖL ,
SONDERN AUCH AUF SCHIFFSDIESEL VERZICHTEN KANN

VON UWE BAHN (TEXT & FOTOS)

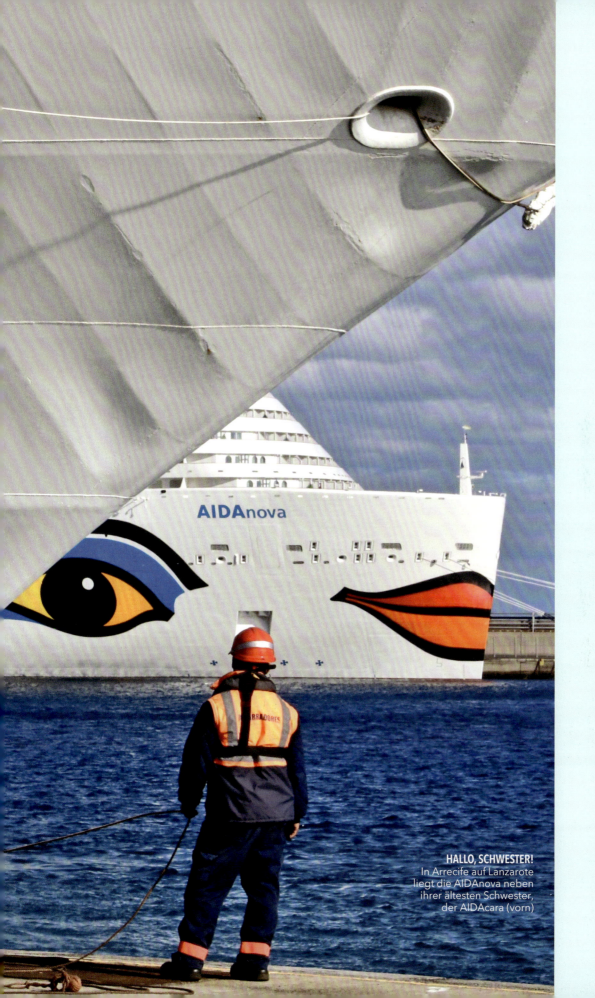

HALLO, SCHWESTER!
In Arrecife auf Lanzarote
liegt die AIDAnova neben
ihrer ältesten Schwester,
der AIDAcara (vorn)

N

Nova – das als Info für alle Nichtlateiner – heißt „neu". Sie ist schon gewaltig, die „Neue", wie sie da am Terminal auf Teneriffa liegt. Fast unscheinbar klebt die größte Innovation an der Steuerbordseite: die Coral Methane, ein kleines Tankschiff. Es kommt aus Rotterdam und bringt den alternativen Treibstoff, der auch ein Signal für mehr Nachhaltigkeit in der Kreuzfahrt sein soll: LNG, Flüssigerdgas. 7.500 Kubikmeter davon hat der kleine Tanker an Bord. Das reicht für vier Wochen Kanaren-Kreuzfahrt mit der AIDAnova, dann wird wieder gebunkert. Durch LNG verringert das Schiff die Emission von CO_2 um 20 Prozent, Stickoxide um 80 Prozent und den Ausstoß von Rußpartikeln und Schwefeloxiden um 100 Prozent. Körperlich spürbar für alle, die sich im Heck des Schiffs auf den Außendecks aufhalten.

LNG scheint derzeit die einzige Alternative zu Schweröl und Schiffsdiesel zu sein. Die Zukunft könnte beim Hybridantrieb oder der Brennstoffzelle liegen. Aber momentan käme

ein Kreuzfahrtschiff mit einem Akku nicht mal von Fuerteventura nach Lanzarote. Und so fährt die AIDAnova mit LNG, weil sie ja auch noch Madeira und Gran Canaria auf dieser wöchentlichen Route anläuft. Im Sommer heißt der Fahrplan Mittelmeer, dann wird in Barcelona das LNG getankt. Die Rostocker Reederei hat mit LNG ein – notwendiges – Zeichen gesetzt. Für die ganze Kreuzfahrt.

Was ist noch neu auf dem Neubau? Eine Menge in Sachen Entertainment. Zum Beispiel die Rock Box Bar im Heck auf Deck 7 – sie ist der gelungene Gegenentwurf zum Unterhaltungsmainstream. Wie viele Takte Trostlosigkeit ich schon auf Kreuzfahrtschiffen ertragen habe, kann ich gar nicht mehr sagen. Die Bordcombos spielten nicht, sie spulten ihr Programm ab. Eine schwarz- oder blondlockige Sängerin las vom Notenständer Zeilen ab wie „You're my heart, you're my soul" – und tanzte dazu hüftsteif, in Gedanken schon beim Feierabend. Neben ihr klöppelte ein schnurrbärtiger Keyboarder mit vorn zu kurzen und hinten zu langen Haaren den Soundteppich. Meist auf einer Yamaha-Funktionsorgel, auf der er „Hammond", „Trompete" und „Beat" einstellen konnte. Und irgendwo zwischen den schwarzen und weißen Tasten gab es sicher auch die Potpourri-Taste „P 2". Daneben ein Gitarrist, auch hinterm Notenständer, mit einer Fender-

SCHWIMMENDE TANKSTELLE: In Puerto de la Cruz wird die AIDAnova betankt. Mit LNG, dem derzeit umweltfreundlichsten Treibstoff

Stratocaster. Er musizierte so, dass es meine Vorstellungskraft komplett überforderte, dass auf genau dieser Klampfe Mark Knopfler damals „Sultans of Swing" gespielt hat.

Auch bei AIDA habe ich das musikalische Grauen erlebt. Mehr als einmal. Und nun bin ich hier auf der nova und erlebe etwas anderes. Die Rock Box Bar auf Deck 7: potpourrifreie Zone. Schon der Eingang ist anders: Ich gehe durch einen Tunnel aus Speakern, aus Lautsprechern. Keine echten, einfach nur originelles Design. Und dann bin ich drin in der Rock Box, die ein bisschen so ist wie die Rockkneipe Zwick in Hamburg. Der Anteil tätowierter Gäste ist hier um ein Vielfaches höher als in den Kuschelmuscheln rund um den Beach Club. Und was hier von der Bühne kommt, klingt so gar nicht nach AIDA: „Sweet Child o' Mine" von Guns n' Roses. Oder „Immigrant Song" von Led Zeppelin. Die Decke der Rock Box ist von Traversen durchzogen, von denen die Strahler hängen, die für das Licht sorgen, das der Rock 'n' Roll braucht. Es ist so, als wollte AIDA hier mal richtig schmutzig sein. Trotz Flüssiggas. Aber vielleicht grölen sie bei AC/DC statt „TNT" ja irgendwann „LNG".

Okay, der Rock Box fehlt natürlich noch das „Abgelebte". Es ist noch einen Hauch zu clean, das Schiff ist jetzt gerade mal ein Jahr alt. Ein paar an den Wänden zerschellte Bierfla-

POTPOURRIFREIE ZONE: Die Rock Box Bar auf Deck 7 ist nicht für Fans von Schlager- oder Aufzugsmusik. Hier regiert ganz klar der Rock 'n' Roll

TROPFEN ODER PANTOFFELTIERCHEN? Was auch immer – das Innendesign der AIDAnova ist frisch, fröhlich und insgesamt stimmig

schen, ein paar Fernet-Branca-Flecken auf dem Boden würden dem Ambiente guttun. Pitch Wise, die Rockband auf der Bühne, geht gut los. Der Sänger röhrt irgendwo zwischen Bad Company und Deep Purple. Das macht er gut, auch wenn das iPad als Teleprompter herhalten muss und er ein paar Zeilen zu viel abliest. Egal. Es rockt, die Leute spüren die Leidenschaft. AIDA, das ist mein Hotspot auf eurem neuen Schiff. Und bitte: Ihr müsst nicht jede Nacht ausfegen. Lasst die Leute die Theke vollkritzeln! Kontrollierte Sachbeschädigung – und die Rock Box bekommt noch mehr Leben.

Ein weiteres Highlight liegt ein Deck tiefer: das Studio X. Ein Fernsehstudio, bei dem manche bei ProSieben oder RTL feuchte Augen bekommen. Und so erzählt Studioleiter Foad Naddafi nicht ohne Stolz: „Wir produzieren hier das Frühstücksfernsehen, das jeden Morgen auf alle Kabinen übertragen wird." Aber auch Fernsehklassiker wie „Wer wird Millionär" entstehen auf See und sehen dem Original an Land täuschend ähnlich. Nur dass der Moderator eben nicht Günther Jauch heißt und die Passagiere keine Million gewinnen können. Dafür gibt es den Publikumsjoker: Alle Gäste bekommen ihr TED-Gerät für die Ab-

stimmung. Immerhin 450 Plätze hat das Fernsehstudio zur See. Heimischer kann man sich kaum fühlen als mit der vertrauten TV-Sendung aus dem Wohnzimmer.

Gastronomisch fährt die nova so ziemlich alles auf, was trendy ist, von Streetfood bis Teppanyaki. Der Show-Japaner ist Teil der Asia-Meile, die geschmackvoll mit künstlichen Kirschblüten verziert ist. Das Design des Schiffs wirkt frisch und stimmig. Trotz seiner Größe wirkt es durch geschickte Architektur auch kleinteilig.

Neu ist auch die Werft. Nicht mehr im japanischen Nagasaki, wie die beiden AIDAs davor, sondern im deutschen Papenburg wurde gebaut. Also eher ein Comeback, denn die gesamte Sphinx-Klasse kam ja schon im Emsland zur Welt. Neu ist auch, dass die Meyer Werft nicht pünktlich abgeliefert hat – die AIDAnova ging verspätet auf Jungfernfahrt. In den weltweiten Werften werden eben momentan viele Kreuzfahrtschiffe zusammengeschraubt. Vielleicht zu viele.

Auch die Kussmund-Flotte wächst weiter: Nach der kleinen AIDAmira (die aber ein Umbau ist) kommen 2021 und 2023 zwei weitere LNG-Neubauten: AIDA gibt Gas. ///

FULL HOUSE bei der AIDA-eigenen Version des Fernsehklassikers „Wer wird Millionär". Auf dem Pooldeck ist es derweil – leer …

WILLKOMMEN AN BORD
DER MÖGLICHKEITEN

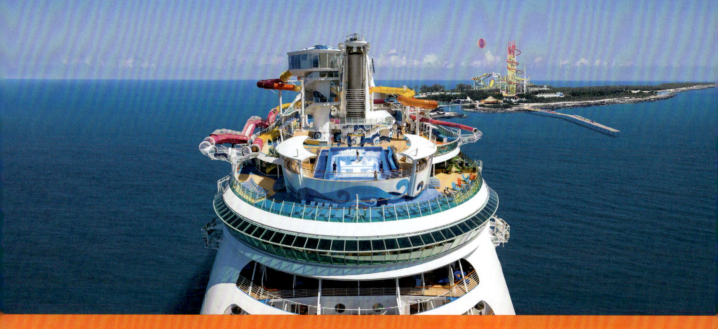

Sie wollen an Bord und an Land täglich etwas Neues erleben?
Mit unseren actionreichen Bordattraktionen, spektakulären Broadway-Musicals in Originallänge und unseren erholsamen Wellnessbereichen wird Ihre Kreuzfahrt genauso abwechslungsreich wie die Reiseziele, die Sie besuchen.

Gleich informieren & buchen:
0800 / 724 0345 | www.RoyalCaribbean.de | In Ihrem Reisebüro

RCL Cruises Ltd. Zweigniederlassung Bremen | Hillmannstraße 2a | 28195 Bremen | Reiseveranstalter der beworbenen Schiffe ist entweder (a) Royal Caribbean Cruises Ltd. in Miami, Florida oder (b) ihre Tochtergesellschaften RCLCruises Ltd. oder RCL (UK) Ltd. im Vereinigten Königreich. Bremen ist Handelsvertreter und Absatzmittler der Royal Caribbean International und Celebrity Cruises.

KING OF DESIGN

CUNARD BAUT EINE NEUE QUEEN! 2022 SOLL SIE STARTEN. ADAM D. TIHANY,
EINER DER BEKANNTESTEN DESIGNER DER SZENE, WIRD SIE GESTALTEN.
IM INTERVIEW MIT JOHANNES BOHMANN ERKLÄRT ER SEINE PLÄNE

Herr Tihany, Sie sind der Kopf eines Teams renommierter Designer, das die neue Cunard-Queen gestalten soll …
Ja, als Kreativdirektor bin ich so was wie ein Filmproduzent oder Regisseur. Ich versuche zuerst mal herauszufinden, welche Story das neue Schiff erzählen soll. Dann engagiere ich die Hauptdarsteller – unsere drei Partnerfirmen –, die zu der Story passen. Simon Rawlings vom David Collins Studio und Terry McGillicuddy von Richmond International stehen für das Britische an der Geschichte – und Sybille de Margerie für das raffiniert Französische. Jeder von ihnen macht, was er am besten kann: David Collins schafft das Atrium, die Grand Lobby, die Queens-Grill-Suiten und das Hauptrestaurant. Richmond

kümmert sich um das Theater und neue Entertainment-Flächen auf den Außendecks. Und Sybille de Margerie hat die Shops, das Spa und *den* Vorzeigebereich des Schiffs, den legendären Queens Room. Ich wirke bei allem intensiv im Hintergrund mit. Wie ein Regisseur, der seine Schauspieler führt.

Sie sind alle als Hoteldesigner bekannt, weniger für Kreuzfahrtschiffe. Was qualifiziert Sie?
Die Tatsache, dass wir die Visionen mitbringen, die Cunard braucht, um fit für die nächste Generation zu werden. Dabei spielen unsere Hotelerfahrungen eine enorme Rolle. Wir wissen, dass es beim Design nicht zuerst um Materialien oder Beleuchtung geht – sondern um die Geschichte, die erzählt wird.

Was ist bei Schiffen anders?
Wie im Hotel geht es zuerst mal um Gastfreundschaft. Aber Schiffe verbinden mit Reiseerlebnissen, das ist ein großer Unterschied zum Hotel. Abgesehen davon, dass das Schiff sich bewegt, muss man Gegebenheiten berücksichtigen wie niedrigere Deckenhöhen … und begrenzte Budgets. Außerdem kann man sich bei Schiffen keine Fehler erlauben. Da alles aus Stahl gebaut ist, muss man bei jeder Entscheidung sehr vorsichtig sein. Wenn sich herausstellt, dass man irgendwas am falschen Platz untergebracht hat, kann man es nicht mehr ändern. Aber der wichtigste Unterschied ist ein psychologischer: Kreuzfahrtgäste sind an ihrem Platz gefangen. Anders als im Hotel bleiben sie da,

Erleben Sie das Gefühl
Neues zu entdecken.

Mit unseren Expeditionen machen Sie Ihre Kreuzfahrt zu einem echten Abenteuer. Wählen Sie Ihre eigene, außergewöhnliche Route und erleben Sie mit uns ferne Orte, die Sie nie vergessen werden, z.B. die unnachahmlichen Weiten der Antarktis, die wilde Schönheit Grönlands oder unvergessliche Dschungelnächte am Wasser des Amazonas.

Grönland

Auf dem Amazonas

Skizze Suite mit Infinity-Fenster

MS HAMBURG
erstrahlt ab Mai 2020 im neuen Glanz
– u.a. mit neuen Infinity-Fenstern

PLANTOURS Kreuzfahrten • Eine Marke der Plantours & Partner GmbH
Martinistraße 50 – 52 • 28195 Bremen • www.plantours-kreuzfahrten.de

MS HAMBURG
Für Weltentdecker und Genießer.

DAS DESIGN-QUARTETT: Simon Rawlings, Adam D. Tihany, Sybille de Margery und Terry McGillicuddy (v. l. n. r.) gestalten die vierte Queen der Cunard Line

wo sie sind, tage-, manchmal wochen- oder sogar monatelang. Deshalb müssen wir Räume schaffen, in denen Gäste mit den unterschiedlichsten Erwartungen auch gern lange bleiben.

Was ist Luxus für Sie?

Luxus heißt, dass man meine Erwartungen vorausahnt, erfüllt und idealerweise übererfüllt. Ob an Land, zur See oder in der Luft: Luxus heißt Komfort. Je weniger man sich um Details kümmern muss, desto entspannter kann man das Erlebte genießen.

Was sind die wichtigsten Veränderungen beim Design von Kreuzfahrtschiffen in den letzten zehn Jahren?

Weltweit eine neue Fokussierung auf die Reise als echtes Erlebnis, das kann man ganz klar sagen. Das Erlebnis steht heute mehr denn je im Zentrum – und dazu kann und soll das Design, von dem man umgeben wird, beitragen. Man will heute nicht nur ein schwimmendes Hotel, man will Inspiration und Bereicherung. Und: den individuellen Zuschnitt, „customization" auf Englisch. Das heißt, man erwartet ganz selbstverständlich, dass eigene Ansprüche erfüllt werden. Das ist ein Trend, der sich noch

verstärken wird, da bin ich mir sicher.

Ihre letzten Coups waren die Seabourn-Yachten Encore und Ovation. Werden wir Seabourn-Ideen auf dem Cunard-Neubau sehen?

Seabourn Encore und Ovation waren eine Evolution, keine Revolution. Über die Hälfte des Seabourn-Publikums sind ja Stammgäste, und für die war es wichtig, dass sie ihre Schiffe wiedererkennen. Sie waren glücklich, dass sie alles vorfanden, wie sie es kannten. Ihr gewohnter Stuhl stand am gewohnten Platz – dass er ein anderes Design hatte, fiel erst auf den zweiten Blick auf. Kurzum: Das Grundgefühl war dasselbe geblieben, und was verändert worden war, beeinträchtigte die Erwartungen nicht. Und genau das können wir auf Cunard übertragen: Auch da gibt es ja eine treue Stammkundschaft, die wir mit dem neuen Schiff abholen müssen. Auch und gerade beim Design.

Die **Traditionsmarke der Kreuzfahrtwelt zu modernisieren ist eine Herausforderung. Ist es auch ein Risiko?**

Da stimme ich nicht ganz zu. Ja, Cunard steht für ein reiches Erbe, aber doch nicht nur für Tradition. Cunard, das

heißt Gastfreundschaft, Freizeitgenuss, Luxus, Charisma – und auch Abenteuer. Und dank dieser Identität bietet Cunard einen Komfort, der die Gäste willkommen heißt – und ihnen zugleich das Gefühl vermittelt, dass man mit der Zeit geht und innovativ ist und nach vorn schaut. Insofern ist es tatsächlich eine Herausforderung: Wir möchten sicherstellen, dass der authentische Cunard-Spirit an jedem Platz auf dem neuen Schiff spürbar ist und bleibt.

Wie werden Kreuzfahrtschiffe Ihrer Meinung nach in zehn oder 20 Jahren aussehen?

Da die Kreuzfahrt weiter wachsen und das Reisen prägen wird, glaube ich, dass Schiffe – egal ob Ozeanriesen oder kleine Yachten – eine zentrale Rolle spielen werden bei der Entwicklung umweltfreundlicher und kulturbewusster Reisekonzepte. Schauen Sie sich doch nur den Nachfrageboom bei den Expeditionsschiffen an: Ich glaube, dieses Segment wird weiter wachsen. Und dabei die Art und Weise, wie man Regionen unseres Globus erlebt, die beängstigend schnell verschwinden, federführend prägen. ///

SANFTE
INSELN

JAPAN IST EIN ZURÜCKHALTENDES LAND, DAS SICH DEM BESUCHER
NICHT SOFORT ERSCHLIESST. GUT, WENN MAN GENUG ZEIT
ZUM KENNENLERNEN MITBRINGT – SO WIE AUF EINER ZWEIWÖCHIGEN
UMRUNDUNG MIT EINEM KLEINEN SCHIFF WIE DER AZAMARA QUEST

VON PEGGY GÜNTHER (TEXT & FOTOS)

„AZAMAZING EVENING":
kostenloser Landausflug
für die Gäste in Busan

V

Vollkommen synchron erscheinen die Bewegungen des Pärchens, das um sieben Uhr morgens auf dem Promenadendeck der Azamara Quest Tai-Chi praktiziert. Das japanische Meer rauscht am dunklen Schiffsrumpf vorbei, in der Ferne zeichnen sich Landkonturen am Horizont ab. Noch sind die holzvertäfelten Flure und öffentlichen Bereiche an Bord menschenleer, die größtenteils US-amerikanischen Passagiere starten entspannt in den Tag. Aber richtig voll wirkt das Schiff mit maximal 700 Gästen ohnehin nie. Zum einen, weil es so klein ist, zum anderen sind die Passagiere sehr viel an Land unterwegs. Denn bei Azamara – der kleinen Luxusmarke von Royal Caribbean – steht die Destination im Fokus.

Ganze 14 Tage veranschlagt die Reederei für die Japanumrundung mit einem Abstecher nach Südkorea, mehr als jeder andere Anbieter. Beim Übernachtaufenthalt in Busan findet zudem ein „Azamazing Evening" statt, ein exklusiver Ausflug, an dem alle Passagiere kostenlos teilnehmen können. In einem Kulturzentrum der südkoreanischen Metropole präsentieren Tänzer und Musiker ihr Können, gefolgt von einer eindrucksvollen Taekwondo-Darbietung. Auch an Bord dreht sich alles um die Destination: Im Hauptrestaurant können die Passagiere allabendlich ein anderes japanisches Gericht probieren, und beim Entertainment kommen lokale Gastkünstler zum Zug. Ein harmonisches Rundumprogramm, das bei der Annäherung an ein Land hilft, das sich nicht auf Anhieb erschließt.

So zurückhaltend sind die Japaner, so bescheiden und höflich, dass sich das Puzzlebild ihrer feinsinnigen Kultur nur langsam zusammensetzt: Im Samurai- Viertel von Kanazawa lerne ich, dass ein Raum nur mit Blumen und einem Bild an der Wand komplett ist und dass man sogar Nägel in Holzbalken hinter kleinen Kunstwerken verstecken kann. Dass Tee kein Getränk ist, das man in der Gemeinschaft trinkt, sondern die rituellen Schritte zum Aufbrühen eine Art der Meditation darstellen.

In den zahlreichen japanischen Gärten kommt die Seele zur Ruhe. Man kann gar nicht genug bekommen von diesen Oasen der Ruhe und der visuellen Perfektion. Neben öffentlichen Wandelgärten gibt es auch private Naturparadiese, die nur zum Ansehen gedacht sind, wie der von Chieko Noguchi. Sie lädt mich in Akita zu einer Schale Tee in ihr Haus ein, bei der ich den Blick auf perfekt gestutzte Bonsaibäume und steinerne Laternen genießen darf. Einen Teil der Gartenarbeit erledige sie noch selbst, erzählt die 86-Jährige, während sie sich geschmeidig über den mit Reisstrohmatten ausgelegten Boden ihrer Wohnung bewegt. Die Fächer einer wunderschön verzierten Lackdose geben kleine Süßigkeiten preis, die ich vor dem Matcha probieren soll. So schmecke der traditionell aufgerührte Pulvertee angenehmer. Warum sie mich einfach so in ihren Privatbereich geleitet hat? Weil sie bei ihren Auslandsreisen ebenfalls gute Erfahrungen gemacht habe, lacht sie.

Eine so wertvolle Erfahrung kann man nur in einer der kleinen Städte machen, die die Azamara Quest aufgrund ihrer überschaubaren Größe anlaufen

OVERNIGHT IN KOBE
mit einem Lichter-
spektakel über der
prachtvollen Skyline

BETENDER BUDDHA
Der Senso-ji-
Tempel im Stadtteil
Asakusa ist Tokios
ältester und bedeu-
tendster Tempel

HERZLICHER EMPFANG
in jedem Hafen. Und
japanische Genüsse
an Land wie an Bord

JAPAN INTENSIV: Neun Häfen besucht die Azamara Quest in Japan. Eine Route, die kein anderes Schiff bietet

kann. Sie bilden einen reizvollen Kontrast zu den Metropolen: In Tokio wundern wir uns über das geordnete Chaos auf Kreuzungen, wo alle Fußgängerampeln gleichzeitig auf Grün schalten und es trotzdem keine Kollisionen gibt. In Kobe nutzen wir den Übernachtaufenthalt für eine Fahrt mit dem schnellsten Zug der Welt in die ehemalige Kaiserstadt und sehen am Abend noch einen Tanzwettbewerb an der Promenade. Und in Hiroshima kehren wir nach dem Besuch der Gedenkstätte zum Atombombenabwurf sehr nachdenklich zum Schiff zurück.

Innehalten können die Passagiere auf ihrer eindrucksvollen Reise in zahlreichen stillen Orten des Glaubens: Shintoismus, Buddhismus, Katholizismus – die religiöse Vielfalt im Land ist erstaunlich. „Wir Japaner sehen das nicht so eng", sagt eine Mitreisende an

Bord der Azamara Quest. „Zur Geburt besuchen wir einen Schrein, zur Hochzeit gehen wir in die Kirche und beim Tod in den Tempel." Mana würde sich selbst als Katholikin bezeichnen, reist aber durch das Land, um rote Stempel an Tempeln und Schreinen zu sammeln – Goshuin sind eine Art Glücksbringer. Die Reise mit dem Kreuzfahrtschiff ist für die Tokioterin eine praktische und kostengünstige Alternative, einen Teil der 80 Millionen Schreine im Land zu besuchen.

Enthusiastisch winkt sie ihren Landsleuten beim Ablegen des Schiffes in Kanazawa zu, die ein farbenprächtiges Spektakel am Ufer veranstalten: Dutzende Tänzer legen eine synchrone Performance hin, dazwischen schwenken starke Männer und kleine Jungen riesige Flaggen. In jedem Hafen werden die Passagiere fröhlich willkommen ge-

heißen oder verabschiedet – die Menschen scheinen sich noch ehrlich über die Besucher mit dem „big ship" zu freuen. Dass die Azamara Quest im globalen Vergleich ein eher kleines Schiff ist – für viele sicher unvorstellbar. Und die Passagiere sind dankbar für den warmherzigen Empfang – als Reminiszenz an eine Zeit, als Kreuzfahrt noch kein Massentourismus war. ///

ABSTECHER: Ein Anlauf in Südkorea komplettiert die außergewöhnliche Reise

GEORDNETES CHAOS
Wie der Verkehr in Tokio ohne große Kollisionen funktioniert, bleibt uns Fremden ein Rätsel

DAS
RAUM-
SCHIFF

MIT DER VASCO DA GAMA HAT TRANSOCEAN 2019 SEINE
FLOTTE AUF VIER SCHIFFE ERWEITERT. DER NEUZUGANG
HAT EINE MENGE PLATZ UND EINE BEWEGTE GESCHICHTE
HINTER SICH. UWE BAHN (TEXT & FOTOS) WAR AN BORD

//////////////////////////////////

71

OSTSEEPERLE: In Kopenhagen führt der Stadtspaziergang zum Schloss Amalienborg

PER BOOT UND ZU FUSS: In Göteborg kann man mit der Fähre die Schärengärten erkunden – oder zur Markthalle spazieren und ein kühles Blondes kosten

F

Für TransOcean habe ich ein Herz. Schließlich war es ihre Astor, die mir die Welt eröffnet hat, anno 2002. In Nassau auf den Bahamas begann die erste Kreuzfahrt meines Lebens. Wir fuhren nach Florida, New Orleans, Mexiko, Guatemala, Honduras, Belize und Jamaika. Alles in zwei Wochen. Faszinierend, fand ich. So richtig hip war die Form des Reisens allerdings damals noch nicht: Zu der Zeit machten viele eine Kreuzfahrt, die es schon im Kreuz hatten. Ich war einer der jüngsten Passagiere. Das hat sich schlagartig in den Jahren verändert. Aber diese Reise vergesse ich nie, denn die Astor war meine „erste Liebe" zur See und TransOcean deren Elternhaus. Mein Wegweiser auf den Wellen.

Nun stehe ich am Ostseekai in Kiel wieder vor einem Schiff von TransOcean, der Vasco da Gama. Unter ihrem Namen am Heck steht „Nassau", und meine Erinnerungen an die erste Kreuzfahrt werden wieder wach. Zu der Zeit fuhr die Vasco da Gama bereits auf den Weltmeeren als Statendam für die Holland America Line. 2015 wurde sie an P & O verkauft und hieß dann

Pacific Eden. Und am 9. Juni 2019 begann in Bremerhaven ihre dritte Kreuzfahrtkarriere – Sängerin Annett Louisan taufte das Schiff auf den Namen, den sie nun hat: Vasco da Gama. Der Portugiese entdeckte bekanntlich den Seeweg nach Indien rund um das Kap der Guten Hoffnung. Das Routing des nach ihm benannten Schiffs ist etwas anders: Von Frühjahr bis Herbst fährt es im Norden für deutschsprachige Gäste – und in der Wintersaison im australischen Markt.

Nein, spektakulär ist die Vasco da Gama nicht. Sie hat keinen Aquapark, keine Eislaufbahn, keine Autoscooter. Auch keine 18 Restaurants, in denen gespeist werden kann. Und sie stand auch nicht in der Neubauliste des Jahres, ihr Stapellauf war bereits 1992. Aber sie hat klassischen Charme. Und: eine Menge Platz. In der Tonnage von 55.820 BRZ sind maximal 1.150 Gäste untergebracht. Das Passagier-Raum-Verhältnis ist also äußerst spendabel. Ein „Raumschiff" quasi. Andere Reedereien würden sicher eher knappe 2.000 Reisende auf diesen Decks verteilen. Hier muss niemand mor-

RUNDE SACHE: Ein Hingucker ist der Teppichboden in der Waterfront Bar. Unten: The Grill – kein Imbiss, sondern das Spezialitätenrestaurant an Bord

gens vor Sonnenaufgang seine Liege belegen. Er hat sogar die Auswahl zwischen zwei Schwimmbecken: dem Oasis Pool im Heck und dem überdachten zentralen Pool in der Schiffsmitte. Das Verdeck lässt sich öffnen, so dass die Vasco da Gama bei schönem Wetter als „Cabrio" fährt.

Die Sonne strahlt über Kiel – wir fahren offen. Zuerst nach Kopenhagen, später weiter nach Göteborg und wieder zurück. Kreuzfahrt-klassisch ist der erste Moment beim Betreten des Schiffes: Die Crew steht aufgereiht im Atrium, das über drei Decks reicht. Eine Menge Messing hat Holland America hier verbaut; diese Rezeption könnte auch aus einem älteren Grandhotel stammen. Aber Traumschiff-Klischee ist die Vasco da Gama trotzdem nicht. Es gibt durchaus chillige Ecken wie den „Blue Room" auf dem Upper Deck und vor allem „The Dome" auf dem obersten Deck. Nur für das Nightlife ist die Lounge viel zu schade. Durch die Panoramafenster ganz vorn im Bug haben die Passagiere „Kapitänsblick". Gerade wenn es durch Norwegens Fjorde geht, ein exponierter Platz.

Das Mobiliar in den Lounges und Restaurants hat den Zeitgeist ausgesessen und geht schon wieder als „retro" durch. Ebenso die „Hollywood's Show Lounge": In dem Bordtheater stehen Stühle mit Tischen auf dem gestreiften Teppichboden direkt vor der Bühne; die Sitzreihen haben eigene kleine Lämpchen. Jetzt noch Tischtelefone und die Vasco da Gama wäre das perfekte „Parship". Für die reifere Generation. Im Trockendock in Singapur

"Göteborg ist ideal für das Inselhopping durch den Schärengarten. Der ist zwar nicht so spektakulär wie in Stockholm, aber er lohnt sich auf eigene Faust. Mit der Tram-Linie 11 fahren wir nach Saltholmen."

KLASSISCHES PROGRAMM: Die Küchen-Crew präsentiert sich den Gästen am überdachten Pool. Unten: traditionell in Teak – das Promenadendeck der Vasco da Gama

wurde das Schiff teilrenoviert, bei einer weiteren Werftvisite stehen die Kabinen auf der To-do-Liste ganz oben. Sehr großzügig ist der Fitnessbereich im Bug des Lidodecks. Wer hier steppt und hantelt, der schaut aufs Meer hinaus. Bei meiner ersten Astor-Kreuzfahrt 2002 hieß der „Sport" an Bord Tontaubenschießen. Passagiere standen mit einer Flinte an der Reling und schossen auf fliegende Untertassen am Himmel. Etwas heikel, wenn man in politisch sensible Regionen fährt.

Dazu gehört Göteborg nicht. Der letzte Hafen der Tour ist ideal für das Inselhopping durch den Schärengarten. Der ist zwar nicht so spektakulär wie in Stockholm, aber er lohnt sich auf eigene Faust. Mit der Tram-Linie 11 fahren wir in 30 Minuten nach Saltholmen. Vom kleinen Küstenstädtchen geht es weiter mit der Schärenfähre Nr. 281 nach Donsö und Vrångö.

Die „Light-Version" dann am Abend mit der Vasco da Gama. Sie hat ein weiteres Highlight, das allerdings ein wenig vom Goodwill des Kapitäns abhängt: Das Vordeck am Bug ist eine riesige Freifläche, die begehbar ist. Und so treffen sich alle Passagiere ganz vorn zum Ablegen in Göteborg und die Fahrt durch die Inselwelt.

Danach das Dinner. Kulinarische Klimmzüge darf man auf der Vasco da Gama nicht erwarten. Es gibt drei Waterfront-Restaurants mit Menüauswahl, zwei Spezialitätenrestaurants und den Buffetbereich „Club Bistro" mit solider Kost. Die internationale Crew wird noch ein paar Seemeilen brauchen, um sich auch bei der deutschsprachigen Klientel verständlich zu machen.

Dazu hat sie ab April 2020 dann wieder viel Zeit: Dann startet die Vasco da Gama in ihre zweite Saison mit acht Abfahrten ab Bremerhaven und vier Starts ab Kiel. Mit ihrem Charme und ihrer Großzügigkeit wird sie sich ihre Stammkundschaft erfahren. Das Schiff ist eine Bereicherung für den deutschen Kreuzfahrtenmarkt. Es müssen ja nicht immer Neubauten mit 4.000 Passagieren sein. ///

SCHIFFBAUER AUS LEIDENSCHAFT

Seit sieben Generationen werden auf der MEYER WERFT
Papenburg Schiffe gebaut – zuletzt fast 50 Kreuzfahrtschiffe.
Am 28. Januar 2020 feiert das immer noch im Familienbesitz
befindliche Unternehmen seinen 225. Geburtstag.
Der Journalist und Schifffahrtshistoriker Roland Wildberg
legt dazu die aktuelle Firmenchronik vor – eine Fundgrube
für alle Schiffsfans und Kreuzfahrtbegeiserte.

225 Jahre
MEYER WERFT

die Chronik
von planet c

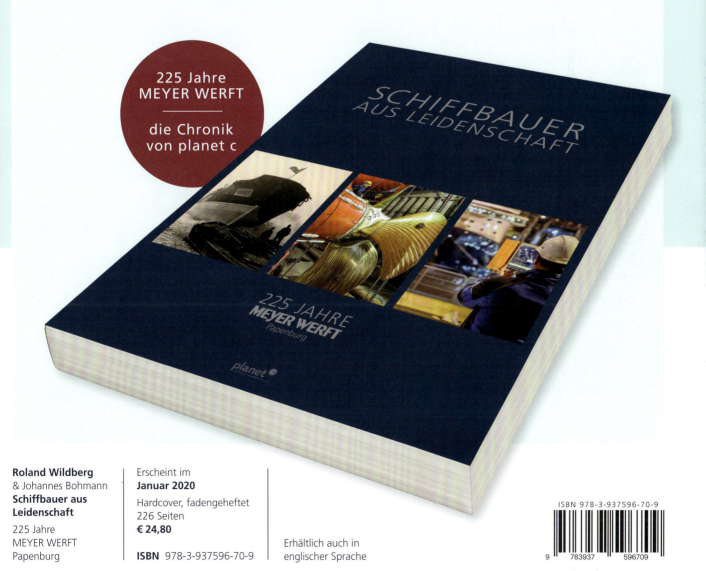

Roland Wildberg
& Johannes Bohmann
**Schiffbauer aus
Leidenschaft**
225 Jahre
MEYER WERFT
Papenburg

Erscheint im
Januar 2020

Hardcover, fadengeheftet
226 Seiten
€ 24,80

ISBN 978-3-937596-70-9

Erhältlich auch in
englischer Sprache

ISBN 978-3-937596-70-9

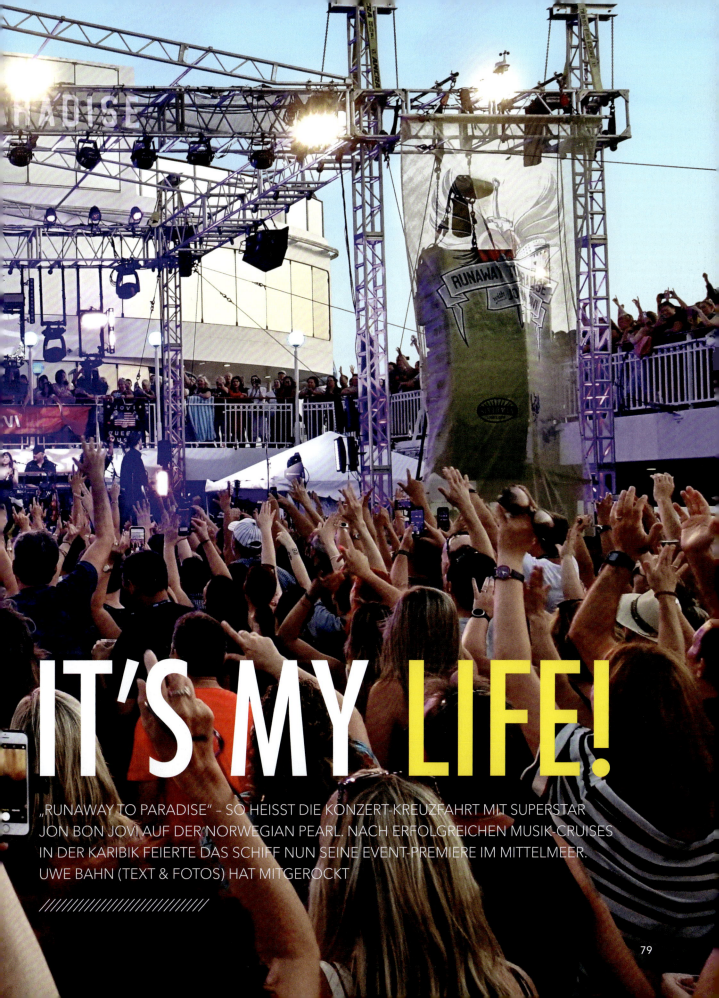

IT'S MY LIFE!

„RUNAWAY TO PARADISE" – SO HEISST DIE KONZERT-KREUZFAHRT MIT SUPERSTAR JON BON JOVI AUF DER NORWEGIAN PEARL. NACH ERFOLGREICHEN MUSIK-CRUISES IN DER KARIBIK FEIERTE DAS SCHIFF NUN SEINE EVENT-PREMIERE IM MITTELMEER. UWE BAHN (TEXT & FOTOS) HAT MITGEROCKT

//////////////////////////////

WELCOME BACK! Jon Bon Jovi entert die Pearl in Palma – zum zweiten Mal schon auf dieser Reise …

I „It's my life" dröhnt es über das Deck. Fünf Tage wird der Song die Hymne auf der Norwegian Pearl sein. Der Soundtrack dieser besonderen Seereise mit Jon Bon Jovi. Sie beginnt in Barcelona und endet dort. Dazwischen sehen wir viermal Mallorca. Viermal? Dazu später mehr.

An der Gangway grüßen sich Gäste und Crew mit „High five" und klatschen sich ab. Rock ’n’ Roll! Das geht gleich munter im Atrium weiter. Auf der großen Indoor-Bühne steht DJ Dave und spielt alles, was Bon Jovi jemals erfolgreich in Rillen gepresst haben. Deren Karriere begann immerhin schon 1983, also noch im Schallplattenzeitalter.

Zwei Jahre später traf ich Jon Bon Jovi zum bisher einzigen Mal, vor einem Konzert in Hannover. Eigentlich wollte ich Kiss für NDR 2 interviewen, aber die bewarfen mich mit allem, was das kalte Buffet in der Garderobe hergab. Der Sänger der Vorgruppe „rettete" mich, damit ich überhaupt etwas auf meinem Tape hatte. So interviewte ich dann halt Jon Bon Jovi. Wenig später war er ein

Weltstar. Und nun sehe ich ihn nach so langer Zeit wieder. Er steigt allerdings erst auf Mallorca zu. Aber dazu – wie gesagt – später mehr.

Bis dahin gibt es ein volles Rahmenprogramm mit Karaoke, Meet & Greet, Rock-Yoga und vielen Konzerten. Slippery when wet heißt die Bon-Jovi-Coverband, die schon mal die riesige Poolbühne für das Original warm spielt. Die Norwegian Pearl ist vor ein paar Jahren perfekt für diese Eventreisen umgebaut worden. So ist das Sonnendeck eine durchgängige Open-Air-Fläche, auf der kei-

GITARREN IM DUTZEND braucht es für den Bon-Jovi-Sound. Irgendeiner ist deshalb immer gerade beim Stimmen

FIT BLEIBEN: Auch Rockmusik-Fans achten heute auf die Gesundheit. Jeden Morgen gibt's auf der Tour eine Runde Leibesübungen

LUFT SCHNAPPEN und Stille genießen – beim Bummel über die Hafenmeile von Palma

ne Wasserrutsche die Sicht stört und kein Pool wichtige Konzert-Quadratmeter nimmt. Und die Künstler haben ihren eigenen Backstage-Bereich im „The Haven". Mit Pool, Sonnendeck und sogar Butlerservice. Auf regulären Kreuzfahrten wohnen hier die Suitengäste der Norwegian Cruise Line, jetzt ist es das „Artist Village".

Gebaut wurde die Norwegian Pearl 2006 auf der Meyer Werft in Papenburg. Schon da war eigentlich klar, dass sie im Dienste des Rock 'n' Roll fahren muss: Bei der geplanten Ems-Überführung wurde aus Sicherheitsgründen eine Freileitungskreuzung abgeschaltet. Durch diese Aktion fiel in weiten Teilen Westeuropas der Strom aus. Unplugged, sozusagen. „Black Pearl" lautet seitdem der Spitzname des Schiffs.

Es ist seit Jahren gut eingerockt: Kiss sind Stammgäste, sie waren schon neunmal mit ihren Fans auf Kreuzfahrt, auch Kid Rock sticht auf der Pearl regelmäßig mit seinen Fans in See. Verantwortlich für das alles ist die Firma Sixthman aus Atlanta, Georgia. 2001 begann die Agentur mit den „Festivals auf See", diese Tour ist Cruise Nr. 130. Anthony Diaz, der Chef von Sixthman, arbeitete vorher beim Radio und beim Fernsehen, jetzt kümmert er sich mit seinen 62 Mitarbeitern um die rund 2.000 Gäste und die Künstler. Und das macht Sixthman mit Leidenschaft, Herz und größter Professionalität. Ganz ausverkauft ist

die Bon Jovi Cruise nicht, die Anreise für die Stammkunden aus Amerika ist etwas beschwerlicher als die in die Karibik. Dort hat Bon Jovi bereits im Frühjahr das Schiff gerockt, nun also die Premiere von „Runaway to Paradise" im Mittelmeer.

Und das zeigt sich an diesem Tag sehr launisch: Ein Unwetter setzt das Pooldeck unter Wasser, Licht und Ton müssen zusätzlich gesichert werden. Anthony Diaz muss das Konzert von Bon Jovi am Abend ins Theater verlegen. Logistischer Stress, den Sixthman aber mit Bravour meistert. Doch wie kommt der Star an Bord? Nicht mit dem Tender- oder Lotsenboot, nicht mit dem Hubschrauber. Nein, Jon Bon Jovi lässt sich von der Norwegian Pearl im Hafen von Palma abholen! Und dann geht es hinaus auf See. Das Kreuzfahrtschiff wird ihn auch abends wieder nach Palma zurückbringen. Auch am nächsten Tag. „We turned a cruiseship into an Uber car", versucht Bruder und Manager Matt Bongiovi die Dekadenz wegzulächeln. Dieser „Shuttleservice" dürfte geschätzte 100.000 Dollar gekostet haben.

Abends dann der „Storyteller-Set" von Bon Jovi persönlich. „I brought the rain to Spain", begrüßt er gut gelaunt die Fans im „Stardust Theatre". In zwei Unplugged-Konzerten beantwortet er zwischen den Songs die Fragen seiner Fans. Ein junges Mädchen steht im Publikum auf

BAD IN DER MENGE: Auch wenn er nicht rund um die Uhr mit den Fans an der Bar hockt – den Austausch mit seinen Verehrern mag er durchaus

UNPLUGGED ist er genauso gut wie elektrisch. Findet auch Anthony Diaz von Sixthman

und singt ihm ihre Version von „It's My Life" vor. Tosender Applaus. So nah kommt ihm kaum einer seiner 25 Millionen Facebook-Follower.

Das macht die Magie einer Eventreise aus, auch wenn dieser Star nicht an Bord schlafen möchte. „Kiss und Kid Rock sitzen abends noch mit den Fans an der Bar. Jon ist nicht der Typ für so etwas", erklärt Matt das Seelenleben seines Bruders. Der bevorzugt ein ruhiges Dinner an Land. Heute im Restaurant Vandal in Palmas angesagtem Viertel Santa Catalina.

Am nächsten Abend rockt er dann „elektrisch" bei bestem Wetter die Poolbühne mit seiner Zweitband Kings of Surburbia. Bon-Jovi-Klassiker wie „You Give Love a Bad Name" wechseln ab mit Rock-Klassikern wie „Honky Tonk Woman". Und natürlich singt er „It's My Life" – die Fans feiern ausgelassen auf der Pearl. Nach der Show reihen wir uns die Schlange in der Spinnaker Lounge auf Deck 13 ein, wo wir die Fotosession mit Jon Bon Jovi gebucht haben. Hinter einem schwarzen Vorhang steht er frisch geduscht und geföhnt. Mit jedem ein kurzer Smalltalk, lächeln, die Kamera klickt, es blitzt – dann ist der nächste Passagier an der Reihe. Ein Woche später können wir die Fotos online downloaden.

Es ist nicht nur das „große Kino", das diese Reise besonders macht, es sind auch Details wie die „Bon-Jovi-

Galerie". Auf Deck 6 und Deck 7 sind in mobilen Vitrinen Erinnerungsstücke aus der Karriere des Mannes ausgestellt, vom Bühnendress bis zu Gitarren und goldenen Schallplatten. Am letzten Abend wird das Atrium wieder zum Hotspot. In der „Jam Session" rocken die Musiker durch die 80er-Jahre, und der Chor der Bon-Jovi-Fans singt so laut, dass er es in seinem Hotel auf Mallorca hören müsste: „It's my life – it's now or never! /////

COOLER MUSIKDAMPFER: Die Norwegian Pearl, hier im Hafen von Palma de Mallorca, ist auf Eventreisen spezialisiert. Ihre Außendecks wurden eigens dafür umgebaut

KREUZFAHRTEN CLEVER ONLINE BUCHEN BEI E-HOI

Nur bei e-hoi: Beste Preise und exklusive Angebote

Wer clever ist, bucht Kreuzfahrten bei e-hoi! Wir bieten Ihnen exklusive Vorteile sowie die garantiert besten Preise – viele unserer Angebote können Sie nur bei e-hoi buchen!

Mit unserer Produktlinie **e-hoi hin & weg** präsentieren wir Ihnen weltweite Kreuzfahrtpakete mit zahlreichen Inklusivleistungen und zusätzlichem Komfort wie beispielsweise einen deutschsprachigen Reiseleiter an Bord oder spannende Vorprogramme.

TIPP E-HOI FLUGPAKETE:
Kreuzfahrten inkl. Flug zu tagesaktuellen Bestpreisen

NACHHALTIGER KREUZEN

AB JANUAR 2020 GELTEN WELTWEIT STRENGERE GRENZWERTE FÜR DEN
SCHWEFELGEHALT IN SCHIFFSTREIBSTOFFEN: 0,5 PROZENT DÜRFEN ES
MAXIMAL NOCH SEIN. DIE REGELUNG IST TEIL DES SEIT 1973 STÄNDIG ERWEITERTEN
MARPOL-ÜBEREINKOMMENS DER INTERNATIONAL MARITIME ORGANIZATION (IMO),
EINER SONDERORGANISATION DER UNO

VON FRANZ NEUMEIER

SCRUBBER filtern bis zu 99 Prozent der
Schwefeloxide sowie bis zu 60 Prozent Ruß
und Feinstaub aus den Emissionen. Am
Schornstein sichtbar bleibt vor allem Wasser-
dampf, der bei der Filterung entsteht

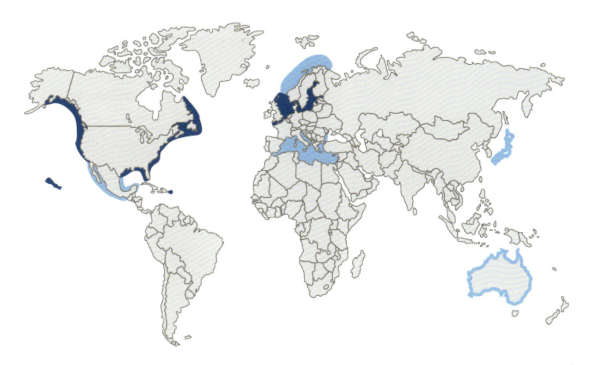

EMISSION CONTROL AREAS nennt man die Schutzzonen, in denen nur Treibstoff mit einem Schwefelgehalt von maximal 0,1 Prozent erlaubt ist. Bisher sind nur Nord- und Ostsee sowie die nordamerikanischen Küsten ECAs – weitere (hellblau) sind in Planung

Der „Sulphur Cap 2020" ist von besonderer Bedeutung, denn bisher waren auf hoher See 3,5 Prozent erlaubt, nur in einigen Schutzzonen gilt seit 2015 eine 0,1-Prozent-Grenze, nämlich in den Emission Control Areas (ECA) Nordamerika, Nord- und Ostsee sowie seit 2010 in EU-Häfen. Die Reedereien erfüllten diese Anforderung in den ECAs primär durch Umschalten auf schadstoffärmere, aber deutlich teurere Kraftstoffe wie Marinediesel (MDO), Marine Gasoil (MGO) oder schwefelreduziertes Schweröl.

Etwa zwei Drittel der Kreuzfahrtschiffe wurden inzwischen mit Filteranlagen (AEP, „Scrubber") ausgestattet. Für die übrigen Schiffe und vor allem für kleine Expeditionsschiffe rechnen sich die schadstoffärmeren Kraftstoffe. Nur für Neubauten relevant ist Flüssiggas (LNG), das nahezu keine Partikel und Schwefeloxide und etwa 80 Prozent weniger Stickoxide entstehen lässt. Vorreiter AIDA nutzt LNG auf der AIDAprima (2016) und der AIDAperla (2017) im Hafen, auf der AIDAnova (2018) permanent. Weitere LNG-Neubauten folgen bei Costa und ab 2020 unter anderem bei MSC Cruises, Royal Caribbean, TUI Cruises, Carnival, Princess Cruises oder P&O.

Detaillierte IMO-Vorschriften gibt es auch für Abwasser, Bilge- und Ballastwasser sowie für die Mülltrennung und -entsorgung. Die Kläranlagen auf neuen Kreuzfahrtschiffen sind mittlerweile auf einem höheren Standard als so manche

Kläranlage an Land. Und in der Ostsee verschärft das HELCOM-Abkommen aller Anrainerstaaten ab Juni 2021 die Abwasserregeln noch weiter.

Geregelt wurde im Jahr 2000 auch der erlaubte Ausstoß an Stickoxiden (NOx). Die seit 2016 geltende Stufe 3 („Tier III") bezieht sich auf Neubauten mit Kiellegung seit 2016 und betrifft die nordamerikanische ECA, ab 2021 auch Nord- und Ostsee sowie den Ärmelkanal. Die Grenzwerte sind so streng, dass sie den Einbau von SCR-Katalysatoren oder andere technische Maßnahmen erfordern. Die Europa 2 sowie die TUI-Cruises-Neubauten zählten zu den ersten Schiffen mit solchen Katalysatoren.

Keine Grenzwerte gibt es für Partikelemissionen, das heißt Feinstaub und Ruß. Der Einsatz von MDO/MGO statt Schweröl würde sie um 60 bis 70 Prozent reduzieren. Einsatzfähige Partikelfilter für große Schiffsmaschinen gibt es aber bislang nicht. Ein Scrubber filtert jedoch als Nebeneffekt einen Teil der Partikel aus dem Abgasstrom.

Die größte Herausforderung aber ist und bleibt der CO_2-Ausstoß. Denn egal wie sauber ein fossiler Kraftstoff verbrennt, nicht-klimaneutrales CO_2 entsteht dabei immer in etwa gleichem Maße, lediglich bei LNG ist es etwas weniger. Regeln gibt es bislang nicht, die EU verlangt aber immerhin eine genaue Mengenerfassung. Kurzfristig lässt sich CO_2 durch eine höhere Energieeffizienz reduzieren – sprich:

Foto: Franz Neumeier; Quelle Karte: IFPEN

VORREITER: Als eines der ersten Schiffe erhielt die Europa 2 (o. l.) 2013 einen SCR-Katalysator. Die 2020 startende Costa Smeralda (u. l.) wird mit LNG betrieben. Und die Roald Amundsen (2019; oben) hat Hybridantrieb

weniger Kraftstoffverbrauch, was zugleich den übrigen Schadstoffausstoß reduziert und die Betriebskosten senkt. Deshalb drehen Werften und Reedereien schon seit vielen Jahren mit zahllosen Einzelmaßnahmen an der Energieeffizienz, von LED-Beleuchtung überall auf dem Schiff über verbrauchsmindernde Rumpfanstriche bis hin zum patentierten Luftblasenteppich unter dem Rumpf. Ergebnis all dieser Maßnahmen: Der Treibstoffverbrauch liegt bei aktuellen Neubauten teils um 20 bis 30 Prozent niedriger als bei kaum zehn Jahre älteren Schiffen. Und eine ganz simple Maßnahme ist es, langsamer zu fahren; viele Reedereien haben ihre Fahrpläne entsprechend angepasst.

Auch ganz neue Ansätze machen Schiffe effizienter: Als erstes Hybrid-Kreuzfahrtschiff mit Dieselmaschine und Akkus ging 2019 die Roald Amundsen von Hurtigruten in Dienst. Seadream plant diese Technik für einen Neubau 2021, die AIDAperla wird 2020 in recht großem Maßstab mit Akkus nachgerüstet. Zudem plant Hurtigruten ab 2020 den Einsatz von Biogas (LBG) aus Fischabfällen.

Noch immer Zukunftsmusik ist die Brennstoffzelle. Eine Erprobung in kleinem Stil findet bei Royal Caribbean aber bereits statt. Bis Großanlagen einsatzfähig sind und der nötige rechtliche Rahmen existiert, vergehen nach Expertenschätzung noch fünf bis zehn Jahre.

Wird CO_2 ebenso wie andere Schadstoffe langfristig komplett vermeidbar sein? Die Antwort ist in Fachkreisen bereits bekannt: Synthetisch erzeugte und damit nicht-fossile Kraftstoffe, produziert unter Einsatz von klimaneutraler Energie, sind der Weg. Auch LNG lässt sich auf diesem Weg produzieren. Großanlagen zur Produktion solcher Kraftstoffe fehlen aber noch weitgehend, ebenso wie die nötigen Kapazitäten an klimaneutraler Energie.

EINIGE WICHTIGE BEGRIFFE

AEP „Advance Emission Purification" oder „Advance Exhaust Gas Purification" – filtert bis zu 99 Prozent der Stickoxide (SOx) und bis zu 60 Prozent der Partikel

Dual-Fuel-Motor Dieselmotor, der sowohl Schweröl und Marinediesel als auch LNG nutzen kann

Hybridantrieb Kombination verschiedener Energiequellen, typischerweise Dieselmaschine und Akkus zur Effizienzsteigerung

LNG Liquefied Natural Gas, flüssiges Erdgas

LBG Liquefied Bio Gas, Biogas

NOx Stickoxide **SOx** Schwefeloxide

Partikel Feinstaub und Ruß, engl. „particulate matter"

SCR-Katalysator Selective Catalytic Reduction, ähnlich dem Katalysator für Dieselfahrzeuge, reduziert Stickoxide (NOx) um bis zu 90 Prozent

Scrubber Umgangssprachlicher Begriff für AEP

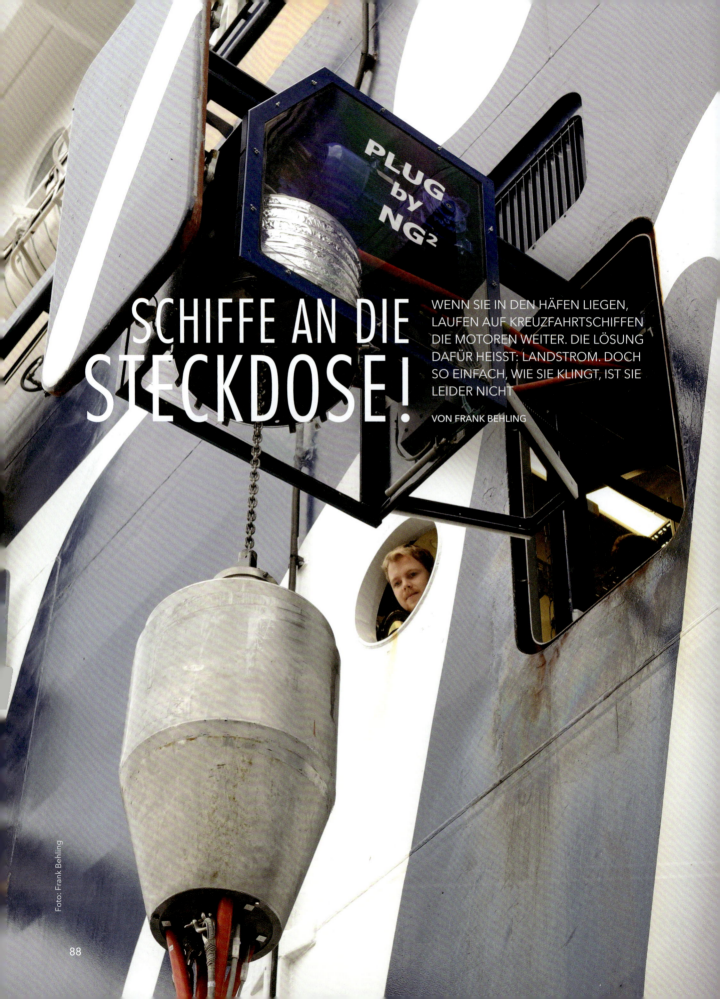

SCHIFFE AN DIE STECKDOSE!

WENN SIE IN DEN HÄFEN LIEGEN, LAUFEN AUF KREUZFAHRTSCHIFFEN DIE MOTOREN WEITER. DIE LÖSUNG DAFÜR HEISST: LANDSTROM. DOCH SO EINFACH, WIE SIE KLINGT, IST SIE LEIDER NICHT

VON FRANK BEHLING

PLUG by NG²

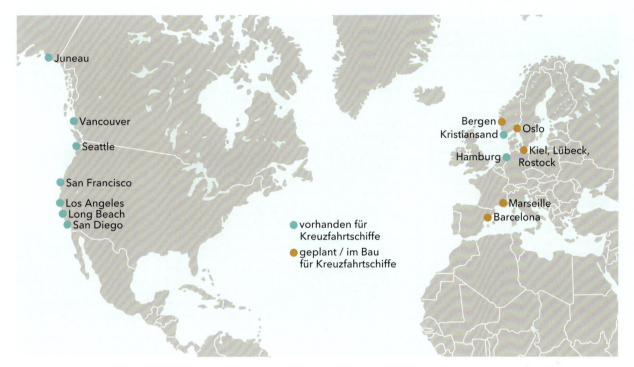

IN EUROPA gibt es für Kreuzfahrtschiffe Ende 2019 nur zwei Landstromanlagen – in Hamburg und Kristiansand. In mehreren europäischen Häfen, darunter Rostock, Kiel und Lübeck, sind aber weitere Anlagen geplant oder bereits im Bau

Es klingt so einfach. Kabel, Stecker, Schalter – und fertig ist der Stromanschluss fürs Traumschiff. „Schiffe an die Steckdose" fordern Politiker und Umweltschützer deshalb gern. Und setzen Kreuzfahrtschiffe nach vorn bei den polarisierenden Forderungen. Der Bau einer solchen „Steckdose" ist aber zumindest an Land alles andere als einfach. Kommt noch das deutsche Baurecht inklusive Bürgerbeteiligung und Anwohnerrechten dazu, sind Jahre allein für die Planung zu kalkulieren.

Die Häfen Lübeck, Kiel und Hamburg haben da Erfahrungen. Lübeck nahm 2008 die erste Steckdose gegen „stinkende" Schiffe in Betrieb – eine Anlage, die für drei Frachtfähren ausgelegt war. Ein Foto kursierte, von einem Seemann, der ein Kabel zum Schiff führt. Das aber ein Frachtschiff mit einem Bedarf von etwa einem Megawatt Leistung war …

Die drei Frachtfähren eines schwedischen Papierkonzerns blieben aber die einzigen Schiffe in Lübeck, die Landstrom bezogen. Erst 2012 folgte in Oslo die Color Line, deren Schiffe in einem geförderten Projekt in Oslo einen Anschluss erhielten. Als erste in Europa konnte die Anlage auch Schiffe mit einem Bedarf von zwei bis drei Megawatt oder mehr versorgen. Doch auch in Oslo blieb die Color Line lange einziger Landstromkunde. Es folgten weitere Landstromanlagen in Norwegen, Schweden und den Niederlanden – wo Strom aber auch deutlich billiger ist als Diesel.

Komplexe Herausforderungen gibt es aber auch auf Seiten der Technik. Wichtigster Grund: Die überwiegende Mehrheit der Schiffe auf der Welt ist auf das amerikanische Stromnetz ausgerichtet. Das heißt, sie haben ein Mittelspannungsnetz von elf Kilovolt bei 60 Hertz Frequenz – was sich auch auf die 110 Volt an der Endverbrauchersteckdose niederschlägt. In Europa sind die Stromnetze aber auf eine Mittelspannung von zehn Kilovolt und 50 Hertz ausgelegt. Die Transformation auf die Bordnetze bedarf also großer Umformerstationen mit Trafos. Wie so etwas aussieht, lässt sich gut in den Marinestützpunkten der Nato betrachten. Fast alle haben Landanschluss-Zentralen – gewaltige Anlagen, die auch Fregatten und Zerstörer während der Hafenliegezeiten ans Netz bringen. Die Nato hat von Sizilien bis zum Nordkap und von Alaska bis zum Bosporus einen Standard etabliert.

So weit ist man beim zivilen Landstrom noch lange nicht. Anders als beim Militär gilt für die Terminals der meist städtischen Hafengesellschaften in Deutschland das Baurecht für öffentliche Anlagen. In Kiel war die Realisierung noch recht einfach, da die Color-Schiffe für die in Mitteleuropa gebräuchliche Frequenz von 50 Hertz ausgerüstet sind. Fast zwei Jahre dauerten aber auch hier die Abstimmungen mit der Bauverwaltung, dem Netzbetreiber und dem Lieferanten.

Da kann man auf Schiffen einfacher vorgehen. Dem Kreuzfahrt-Branchenverband CLIA zufolge sind 88 Prozent der

VORREITER in Deutschland ist der Terminal Hamburg-Altona. Seit 2016 gibt es hier eine Landstromanlage, die AIDA Cruises nutzt. Durch die im Oktober 2019 beschlossene Senkung der EEG-Umlage werden andere Reedereien sehr bald folgen

Neubauten entweder für die Ausstattung mit Landstroman- schlüssen vorgesehen oder werden für eine Nachrüstung vorbereitet. Bei AIDA sind alle seit 2007 in Dienst gestellten Schiffe bereits heute für die Annahme von Landstrom ausge- rüstet. 2018 unterzeichnete AIDA Cruises zudem in Kiel und Warnemünde Abkommen zur umweltverträglichen Weiter- entwicklung der Kreuzfahrt.

Angesichts der „Stinkende-Schiffe-an-die-Steckdose"-For- derungen können die großen Reedereien deshalb längst mit Sachargumenten kontern. In Hamburg-Altona gibt es seit 2016 eine Landstromanlage von Siemens, die AIDA Cruises nutzt, wenn ihre Schiffe dort einen Liegeplatz bekommen. Wenn sie in Steinwerder südlich der Elbe liegen, geht das je- doch nicht, dort gibt es – noch – keinen Landstrom. Hinzu kommt: Durch die seit 2010 auf den Strompreis erhobene EEG-Umlage ist Landstrom zu Hochverbrauchszeiten teuer und für die Reedereien unwirtschaftlich.

Wie es besser geht, zeigt Nordamerika. An der Pazifikküs- te haben sich die Häfen der USA und Kanadas schon früh abgestimmt. 2004 ging in Los Angeles der erste Container- frachter an die Steckdose. 2006 folgten die ersten Kreuzfah- rer in Seattle. Ein Standard, wie er in Europa noch nicht denkbar ist.

Doch es kommt Bewegung in die Sache. Nicht zuletzt, weil Kreuzfahrtreedereien aktiv werden. „Wir müssen zu einer Versachlichung der Diskussion kommen", fordert Michael Thamm, Präsident der Costa-Gruppe, zu der auch AIDA ge- hört. Die Bereitschaft, in Nachhaltigkeit zu investieren, sei schließlich da: „Als Kreuzfahrtgesellschaften leben wir von einer intakten Umwelt."

Tatsächlich hat die Entwicklung im Oktober 2019 an Dy- namik gewonnen. In Kiel startete am 8. Oktober der Bau der europaweit derzeit größten Landstromanlage mit einer Leis- tung von 16 MVA für drei Kreuzfahrt-Liegeplätze; 15 Millio- nen Euro investiert der Seehafen hier. Und am 9. Oktober gab Hamburg den Bau von fünf weiteren Landstromanlagen bekannt, drei für Containerterminals mit neun Liegeplätzen und zwei Kreuzfahrtterminals mit drei Liegeplätzen. Das elektrifizierte Wettrüsten gipfelte dann am 10. Oktober in einer Absichtserklärung in Kiel: Bundeswirtschaftsminister Peter Altmaier unterzeichnete zusammen mit Vertretern aller Küstenländer ein Abkommen zur Senkung der EEG- Umlage ab nächstem Jahr um 80 Prozent. Gleichzeitig wurde ein 140 Millionen Euro schweres Förderprogramm für den Bau der Anlagen aufgelegt. Weitere Projekte sind in Rostock, Wismar und Bremerhaven geplant.

Fazit: Es ist plötzlich viel Bewegung in der Diskussion. „Unser Ziel ist es, ab der Saison 2020 bereits 60 bis 70 Schiffe während der Liegezeit mit Landstrom zu versorgen", sagt Kiels Hafenchef Dirk Claus. Und die Reedereien? Nach AIDA und Costa haben auch TUI Cruises und MSC die Nut- zung von Landstrom in den deutschen Häfen zugesagt. ///

www.e-hoi.de

Kreuzfahrten für jeden Geschmack

WER CLEVER IST, BUCHT KREUZFAHRTEN BEI E-HOI! DORT FINDEN SIE EIN GROSSES UND FACETTENREICHES ANGEBOT FÜR JEDEN GESCHMACK.

Zum Portfolio zählen unter anderem namhafte Reedereien, wie AIDA oder TUI Cruises, majestätische Segelschiffe sowie mondäne Flussschiffe. Profitieren Sie von exklusiven Sonderpreisen und von Kreuzfahrtpaketen inklusive Flug. Ob Familienurlaub, Eventkreuzfahrt, Erholungsurlaub als Alleinreisender, Schnupperkreuzfahrt oder Expeditionskreuzfahrt – bei e-hoi findet jeder die passende Kreuzfahrt.

Stars del Mar

Ein Highlight für die Fans von Livekonzerten und Partykreuzfahrten ist sicherlich die bereits vierte Auflage der Stars del Mar Kreuzfahrt. Vom 14.10. bis zum 18.10.2020 geht es mit der *Mein Schiff 5* von TUI Cruises ab Triest über Split und Kotor zurück nach Triest. Lassen Sie sich von einzigartigen Konzert-Höhepunkten verschiedener Top-Acts begeistern, und genießen Sie auch auf dieser Kreuzfahrt das „TUI Premium Alles Inklusive" Konzept.

e-hoi Flugpakete

Mit innovativer Technologie ermöglicht e-hoi es Ihnen, Kreuzfahrten mit inkludierten Flügen direkt ohne aufwendige Flugsuche zu buchen. Die Preise der Flüge sind tagesaktuell und werden mit dem Preis Ihrer Wunschkreuzfahrt in einem attraktiven Paket gebündelt.

Durch die e-hoi Flugpakete haben Sie eine Vielzahl an Vorteilen:

● Erhebliche Preisvorteile: e-hoi bietet Ihnen tagesaktuelle Flugpreise – so kommen Sie auch in den Genuss aktueller Rabattaktionen der Fluggesellschaften zum Zeitpunkt der Buchung.

● Flexible An- und Abreise: Sie haben die Möglichkeit, Ihre Anreise individuell zu gestalten. So können Sie bei der Flugauswahl das Reisedatum Ihren Wünschen entsprechend anpassen und Ihre Reise verlängern.

● Buchungskomfort: Die aufwendige Flugsuche nach passenden Flügen zu Ihrer Wunschkreuzfahrt übernimmt e-hoi für Sie. So haben Sie für die Bu-

chung von Kreuzfahrt und Flug nur eine Buchungsnummer und erhalten alle Informationen gebündelt von e-hoi.

● Jederzeit höchstmögliche Sicherheit: e-hoi steht Ihnen als Veranstalter der Reise 365 Tage im Jahr zur Verfügung, nicht nur bei Rückfragen. Wir kümmern uns auch bei Flugverspätungen oder -ausfällen um Alternativen.

e-hoi hin & weg

Die Veranstaltermarke e-hoi hin & weg steht für weltweite Traumkreuzfahrten mit vielen Inklusivleistungen (z. B. Flüge mit renommierten Airlines sowie Ausflüge und Transfers). Diese cleveren Rundumpakete sind nur bei e-hoi buchbar und bieten deutliche Preisvorteile gegenüber der Buchung der Einzelleistungen. Spannende Vor- und Nachprogramme sowie teilweise deutschsprachige Landausflüge und e-hoi Reise-

leiter sind je nach Reise inkludiert. Buchen Sie diese Kreuzfahrtpakete bei e-hoi zu einem einmaligen Preis-Leistungs-Verhältnis!

e-hoi Preisalarm

Buchen Sie Ihre Kreuzfahrt dann, wenn Ihnen der Preis zusagt! Auch das ist bei e-hoi möglich. Dank des Preisalarms werden Sie benachrichtigt, sobald es für Ihre favorisierte Kreuzfahrt eine Preisänderung gibt. So sichern Sie sich Ihre Wunschkreuzfahrt zum Wunschpreis!

Ihr persönliches Kundenkonto

In Ihrem persönlichen e-hoi Kundenkonto haben Sie die Möglichkeit, all Ihre Anfragen oder Buchungen auf einen Blick zu sehen und zu verwalten. Sie können zudem Ihre Bewertungen einsehen, neue Bewertungen verfassen und Ihr persönliches Profil verwalten. Wei-

terhin stehen Ihnen in Ihrem persönlichen Profil die gespeicherten Favoriten zur Verfügung. Außerdem haben registrierte Nutzer exklusiven Zugang zu unserer Preisalarm-Funktion.

e-hoi Sonderpreise

Bei e-hoi profitieren Sie immer wieder von attraktiven Sonderpreisen. Zeitlich limitiert, sind sie für bestimmte Anreisetermine, Pakete oder bei Buchung bis zu einem bestimmten Zeitpunkt gültig.

Kreuzfahrt-Videos

Entdecken Sie unsere Videos rund um die Kreuzfahrt. Erfahren Sie mehr über eine bestimmte Reederei, ein konkretes Schiff, ein Zielgebiet – oder holen Sie sich Tipps und Tricks für das Leben an Bord. e-hoi informiert Sie regelmäßig und nimmt Sie mit in die Welt der schwimmenden Hotels.

AIDA Cruises **105** /// Azamara Club Cruises **110** ///
Carnival Cruise Line **111** /// Celebrity Cruises **113** ///
Celestyal Cruises **115** /// Costa Kreuzfahrten **116** ///
Crystal Cruises **120** /// Cunard Line **122** ///
Disney Cruise Line **125** /// FTI Cruises **126** ///
Hansa Touristik **127** /// Hapag-Lloyd Cruises **128** ///
Holland America Line **133** /// Hurtigruten **135** ///
Iceland ProCruises **138** /// MSC Kreuzfahrten **139** ///
nicko cruises **143** /// Norwegian Cruise Line **144** ///
Oceania Cruises **148** /// Phoenix Reisen **151** ///
Plantours Kreuzfahrten **156** /// PONANT **158** ///
Poseidon Expeditions **160** /// Princess Cruises **161** ///
Regent Seven Seas Cruises **163** /// Royal Caribbean
International **165** /// Seabourn Cruise Line **169** ///
Sea Cloud Cruises **171** /// SeaDream Yacht Club **173** ///
Silversea Cruises **174** /// Star Clippers **176** ///
TransOcean Kreuzfahrten **179** /// TUI Cruises **182** ///

SCHIFFS
PORTRÄTS
SALZWASSER

DER MARKT

Vier Big Player teilen sich 95 Prozent des weltweiten Angebots an Hochseeschiffen: Carnival, Royal Caribbean, Norwegian und MSC Cruises. Dank zahlreicher Neubauten verschieben sich die Machtverhältnisse in den nächsten Jahren

CARNIVAL CORPORATION 48,1 %

Carnival, Holland America Line, AIDA, Princess, Cunard, Costa, Seabourn, P&O, P&O Australia

Knapp 300 Kreuzfahrtschiffe fahren derzeit über die Weltmeere, die meisten unter der Regie eines Großkonzerns. Mehr als 100 Schiffe gehen allein auf das Konto der **Carnival Corporation** aus Miami. Als erster Coup gelang dem Marktführer 1989 die Übernahme der Holland America Line. Neben der „Hausmarke" Carnival Cruise Line zählen inzwischen der italienische Big Player Costa, aber auch die Edelmarken

Cunard und Seabourn zum Portfolio. Eine Machtübernahme durch den größten Konkurrenten, Royal Caribbean, konnte 2003 durch den Einkauf von Princess Cruises verhindert werden. Zugleich verleibte sich Carnival auch P&O Australia und die bekannteste deutsche Marke ein: AIDA Cruises. Insgesamt stellt die Carnival Corporation zurzeit rund 252.686 Betten zur Verfügung, weitere 20 Schiffe sind bestellt.

Gigant Nummer zwei startete in den 1970er-Jahren als norwegische Gesellschaft: **Royal Caribbean Cruises**. 1997 kaufte das inzwischen amerikanisch-norwegische Unternehmen Celebrity Cruises, 2007 kam die Nobelmarke Azamara hinzu. Die französische Beteiligung Croisières de France ging 2017 in der spanischen Tochter Pullmantur auf. 2009 stieg Royal Caribbean mit 50 Prozent bei TUI Cruises ein, 2018

ROYAL CARIBBEAN CRUISES 26 %

Royal Caribbean International, Celebrity, Azamara, Pullmantur, TUI Cruises (50 %), Silversea (67 %)

NORWEGIAN CRUISE LINE HOLDINGS 11,2 %

NCL, Oceania, Regent Seven Seas

MSC CRUISES 10,2 %

ANDERE 4,5 %

kamen zwei Drittel der Anteile am monegassischen Luxusanbieter Silversea Cruises hinzu. Auf all seinen Schiffen kann der Konzern zurzeit rund 137.719 Betten anbieten. Geplant sind aktuell neun Neubauten plus drei Schiffe für TUI Cruises und fünf für Silversea Cruises.

Rang drei der Giganten halten derzeit die **Norwegian Cruise Line Holdings** aus Miami – mit den Marken Norwegian Cruise Line, Oceania und Regent Seven Seas. Das Konglomerat zählt aktuell rund 59.000 Betten, acht weitere Neubauten sind bestellt.

Der vierte große Player ist im Gegensatz zu den anderen nicht börsennotiert, sondern ein Familienunternehmen: **MSC Cruises** mit Sitz in Genf. Es gehört der Familie Aponte aus Neapel, die auch in der Containerschifffahrt ganz oben mitspielt. Aktuell zählt das Unternehmen 17 Schiffe mit rund 53.380 Betten. Doch der Investitionsplan sieht bis 2027 noch zwölf weitere Schiffe mit knapp 45.000 Betten vor. Damit wird MSC an die dritte Position des Weltmarkts aufrücken. Und dank einer neuen Schiffsklasse mit je 1.000 Passagieren an Bord will MSC auch neu ins Luxussegment einsteigen. Neben vielen großen kommen also auch viele kleine Neubauten. PG ///

NEUE SCHIFFE

24 NEUE HOCHSEESCHIFFE KOMMEN 2020 –
NEBEN EINIGEN MEGALINERN SIND AUCH
VIELE KLEINE, INDIVIDUELLE NEUBAUTEN
DABEI – EIN ÜBERBLICK

LUXUSHOTEL AUF HOHER SEE

Das Wachstum der Kreuzfahrtbranche lockt neue Player an:
Die Luxushotelkette **Ritz-
Carlton** tauft mit der **Azora**
die erste von drei Yachten mit
je 149 Balkonsuiten an Bord.
Das Passagier-Crew-Verhältnis
soll bei nahezu 1:1 liegen.
Sternekoch Sven Elverfeld
aus Wolfsburg bekommt ein
Restaurant an Bord. Höchst-
genüsse sind also garantiert …

BEKANNTE SILHOUETTEN

Auch 2020 starten wieder viele Schwestern
bereits bekannter Schiffe:

* **Fridtjof Nansen** Hurtigruten
* **Celebrity Apex** Celebrity Cruises (Foto)
* **Le Bellot** PONANT
* **Le Jacques Cartier** PONANT
* **Silver Moon** Silversea Cruises
* **World Voyager** nicko cruises
* **Enchanted Princess** Princess Cruises
* **MSC Virtuosa** MSC Cruises
* **Costa Firenze** Costa Crociere
* **Odyssey of the Seas** Royal Caribbean International

NEUE SEGEL AM HORIZONT

Die **Sea Cloud Spirit** wird 2020 das dritte Schiff für die Hamburger Reederei **Sea Cloud Cruises**. Der Dreimaster mit traditioneller Takelage und 4.100 Quadratmeter Segelfläche wird auch viel modernen Luxus bieten: Balkonkabinen, ein großzügiges Sonnendeck, Fitness, Spa und Wellness sowie eine Badeplattform inklusive Wassersportangeboten. Mit seinen maximal 136 Passagieren kreuzt der Neubau ab August im Mittelmeer, gefolgt von den Kanaren. Im November fährt er für die erste Karibiksaison über den Atlantik.

244

Meter lang und 64 km/h schnell ist die erste Achterbahn auf hoher See – zu erleben an Bord der **Mardi Gras** von Carnival Cruise Line.

ADULTS ONLY

Nach Weltraumflügen nun also Kreuzfahrten: Virgin-Gründer Richard Branson bringt mit **Virgin Voyages** seine Version einer „Modernen Romanze auf hoher See" in Fahrt. Die **Scarlet Lady** wird ein reines Erwachsenenschiff und fährt mit rund 2.700 Passagieren in die Karibik – inklusive Tattoostudio.

RAUM IM EIS

Mit 20.000 Tonnen wird die **Crystal Endeavor** die großzügigste Expeditionsyacht der Welt mit Eisklasse. Den 200 Passagieren stehen sechs Restaurants zur Verfügung. Der Neubau fährt nicht nur im Eis, sondern auch nach Asien, Australien/Neuseeland sowie Alaska. Zwei Schwesterschiffe sind geplant. **Crystal Cruises** erweitert damit erneut sein Kreuzfahrtspektrum, erst 2016 stieg die Reederei in das Segment der Flusskreuzfahrten ein.

TRENDZIEL GALAPAGOS

Gleich zwei Veranstalter planen mit Neubauten für die Galapagosinseln: Die Luxusreederei Silversea Cruises tauft die **Silver Origin** für bis zu 100 Passagiere. Und G Adventures hat den Katamaran **Reina Silvia Voyager** im Angebot, der Platz für bis zu 16 Gäste und zwei Kabinen für Alleinreisende bietet.

413

Quadratmeter misst die größte Suite an Bord der **Seven Seas Splendor** von **Regent Seven Seas Cruises**. Für 11.000 US-Dollar pro Tag bekommt man ein eigenes Spa, eine 120-Quadratmeter-Veranda mit 270-Grad-Blick und ein 200.000-US-Dollar-Bett …

UND SONST SO?

Bereits im Oktober 2019 startete **La Belle des Océans** für den französischen Flusskreuzfahrtanbieter **Croisi-Europe**. Dabei handelt es sich um das ehemalige Expeditionsschiff **Silver Discoverer** von **Silversea Cruises**. Damit wird das Expeditionssegment jedoch bei Weitem nicht kleiner: Zahlreiche neue eisgängige Schiffe fahren auf dem internationalen Kreuzfahrtenmarkt. Dazu zählen die **National Geographic Endurance** von **Lindblad Expeditions** für 126 Gäste und die **Ultramarine** von **Quark Expeditions** für 199 Gäste. Letztere hat zwei Helikopter für neue Perspektiven an Bord (Foto). Doch es geht auch größer: Der britische Veranstalter **P&O Cruises** bringt mit der **Iona** sein größtes Schiff für 5.200 Gäste in Fahrt. Der Neubau gehört zur Helios-Klasse, ist also eine Schwester von **Costa Smeralda** und **AIDAnova**. Und Anfang 2021 übergibt die Meyer Werft das erste Schiff der Global Class an die chinesische Reederei **Dream Cruises** – mit 204.000 Tonnen und mit Platz für bis zu 9.500 Passagiere.

WELCHES SCHIFF PASST ZU MIR?

Bei der Beantwortung dieser entscheidenden Frage sollen Ihnen die folgenden 100 Seiten helfen: 118 Hochseeschiffe in detaillierten Porträts

Weltweit gibt es heute über 300 Kreuzfahrtschiffe auf hoher See. Wir haben 118 ausgewählt, die für deutschsprachige Passagiere im Jahr 2020 von Interesse sind. Diese Schiffe betrachten wir im Detail, in von Fachjournalisten verfassten Porträts, mit allen wichtigen Daten, Fakten und Kennzahlen – und mit Bewertungen im „Profil", in dem in je sechs Kategorien bis zu fünf Punkte („Anker") vergeben werden. Diese Aufteilung ermöglicht Ihnen die Auswahl des Schiffs, das am besten zu Ihnen passt. Und sie ersetzt die – problematische – Bewertung mit einer „Gesamtnote" in „Sternen" oder Ähnlichem. Die Ankerpunkte definieren wir wie folgt:

INFOTAINMENT & ENTERTAINMENT

1 Anker	einfache Unterhaltung; Musik, Spiele etc.
2 Anker	Bordprogramme mit Künstlern und/oder Lektoren
3 Anker	gehobene Bordprogramme mit Künstlern und/oder Lektoren
4 Anker	professionelle Bordprogramme, Lektorate/ Vorträge; zusätzliche Angebote wie z. B. Diskothek, Kino o. Ä.
5 Anker	hochklassige Bühnenshows in großen Theatern; Lektorate/Vorträge; professionelles Equipment; viele Zusatzangebote

SPORT & WELLNESS

1 Anker	Gymnastik ohne spezielle Geräte
2 Anker	einfache Sportgeräte vorhanden; kein Wellnessangebot
3 Anker	Fitnessbereich und Wellnessangebot mit Betreuung; Pool(s) und Sauna vorhanden
4 Anker	Fitnessbereich und Wellnessangebot mit professioneller Betreuung; Zusatzangebote wie z. B. Joggingpfad, Spielflächen für Ballsport o. Ä.
5 Anker	hochklassig geführter Fitness-, Spa- und Wellnessbereich; großzügiger Pool bzw. Pool-Landschaft; Zusatzangebote wie Mountainbikes, Kletterwand, Golfsimulator o. Ä.

GASTRONOMIE

1 Anker	einfachstes Angebot in schlichtem Ambiente
2 Anker	solides Angebot ohne besonderen Anspruch
3 Anker	gutes Angebot in gepflegtem Ambiente
4 Anker	anspruchsvolles und vielfältiges Angebot in niveauvollem Ambiente
5 Anker	herausragendes Angebot auf Sterneniveau in exklusivem Ambiente

FAMILIENFREUNDLICHKEIT

1 Anker	für Kinder eher ungeeignet
2 Anker	für Kinder bedingt geeignet; keine speziellen Einrichtungen
3 Anker	Kinder willkommen; einfache Einrichtungen und/oder Aktivitäten für Kinder
4 Anker	Kinder willkommen; gute Einrichtungen und Aktivitäten mit professioneller Betreuung
5 Anker	Kinder willkommen; vorbildliche Einrichtungen und Aktivitäten mit professioneller Betreuung; Zusatzangebote wie z. B. Babysitter

SERVICE

1 Anker	nur passive Gästebetreuung
2 Anker	solider Service auf einfachem Niveau
3 Anker	guter Service in Restaurants, Kabinen und allen anderen öffentlichen Bereichen
4 Anker	freundlicher und professioneller Service; jederzeit aufmerksames und ansprechbereites Personal
5 Anker	perfekter Service – der Gast ist König

ROUTING

1 Anker	eine ganzjährig befahrene feste Route
2 Anker	zwei im Wechsel ganzjährig befahrene feste Routen in einem Fahrgebiet
3 Anker	im Wechsel ganzjährig befahrene feste Routen in unterschiedlichen saisonalen Fahrgebieten
4 Anker	ganzjährig wechselnde Routen in aller Welt, aber ohne neue und/oder besondere Häfen und Fahrgebiete
5 Anker	kreative Routen in aller Welt mit wenigen Wiederholungen und ungewöhnlichen Häfen und Fahrgebieten in jedem Jahr

MIT UNS SETZEN SIE AUF DAS RICHTIGE PFERD

Als international erfahrener Dienstleister im Hotel- und Crew-Management auf Kreuzfahrtschiffen des Premium-Segments dürfen wir auf langjährige Partnerschaften vertrauen.

Von der Konzeption und Planung über Einkauf und Logistik bis hin zur perfekten Umsetzung im täglichen Betrieb schaffen wir in enger Zusammenarbeit mit unseren Kunden reibungslose Abläufe und erstklassigen Service an Bord. Mit der richtigen Portion Leidenschaft, Engagement und Erfahrung sorgen die administrativen und logistischen Abteilungen an Land ebenso für größte Kundenzufriedenheit wie die sea chefs Crews an Bord der von uns betreuten Hochsee- und Fluss-Schiffe.

Setzen Sie auf das richtige Pferd – setzen Sie auf sea chefs!

sea chefs

SCHIFFE, DATEN, FAKTEN – HINWEISE ZU DEN PORTRÄTS

Auf den ersten Blick mag manches verwirrend erscheinen – doch die wichtigsten Kennzahlen eines Schiffs geben objektiv Auskunft über seine Stärken und Schwächen. Um Ihnen eine Hilfestellung zu geben, haben wir für Sie Profile erstellt. Wie man sie richtig deutet, erfahren Sie hier:

BRZ: Die Bruttoraumzahl bezeichnet die Größe der Schiffe. Früher sprach man von BRT (Bruttoregistertonnen), doch die Raumzahl ist präziser und wird daher auch im „internationalen Schiffsmessbrief" für jedes Schiff geführt

Passagiere: Soweit verfügbar, stehen hier zwei Werte. Der erste nennt die Gästezahl bei Standardbelegung aller Kabinen und Suiten, der zweite die Maximalbelegung, d. h. inklusive aller Zustell- und Oberbetten

Preis pro Nacht: Werte auf Basis einer Stichtag-Datenbankabfrage eines führenden Internetportals für Kreuzfahrten. Siehe dazu auch die hintere Buchinnenklappe

Profil: Zu den Kriterien siehe Seite 102.

PCR (Passenger Crew Ratio): Diese Kennzahl misst das Verhältnis zwischen Passagieren und Crew-Mitgliedern. Z. B. hier: Auf 1 Crew-Mitglied kommen 3,2 Passagiere. Spitzenwerte liegen bei 1,2 bis 1,6 – schlechte Werte bei 3,5 und höher

PSR (Passenger Space Ratio): Diese Kennzahl gibt Auskunft über den Platz, der einem einzelnen Passagier rein rechnerisch an Bord zur Verfügung steht. Dafür wird die Tonnage durch die Gästezahl (Standard-Vollbelegung) geteilt. Bei Werten unter 10 ist das Platzangebot sehr beengt, bei Werten über 40 sehr großzügig

Passagierdecks: Gezählt werden nur die Decks, die auch für Passagiere zugänglich sind, also keine reinen Crew- und Maschinendecks

DATEN & FAKTEN

BRZ 141.000		**Crew-Mitglieder** 1.346	
Länge 330,10 m		**PCR (Pass. pro Crew)** 3,2	
Breite 47,25 m		**PSR (Platzangebot)** 39,6	
Indienststellung 2013		**Passagierdecks** 17	
Bordsprache Englisch		**Restaurants** 9	
Passagiere 3.560/4.340		**Bars** 121	

Kabinen	1.780 (1.438 außen, 342 innen), davon 40 Suiten u. 306 Minisuiten mit Balkon, 360 Deluxe-Balkonkab., 732 Balkonkab.; Größen: 15–60 m²
Sport & Wellness	3 Pools, 6 Whirlpools, Fitnesscenter, Lotus Spa und Sanctuary für Erwachsene, Driving Range, Putting Green, Jogging
Info-/Entertainment	Showtheater, Casino, Nightclub, „Movies under the Stars", Bibliothek, Internetcafé, Kinderclub
Dresscode	meist leger, zwei formelle Abende
Preis pro Nacht	€ 81 bis € 587; Durchschn. € 162
Info	Princess Cruises München, Tel. (089) 51 70 34 50 www.princesscruises.de

PROFIL

Info-/Entertainment	⚓⚓⚓⚓⚪
Sport & Wellness	⚓⚓⚓⚓⚪
Gastronomie	⚓⚓⚓⚓⚓
Familienfreundlichkeit	⚓⚓⚓⚓⚪
Service	⚓⚓⚓⚓⚓
Routing	⚓⚓⚓⚓⚪

AIDA Cruises

Selection, Sphinx, Hyperion, Helios: In vier Klassen präsentiert sich die deutsche Nummer eins

1996 begann es: Mit der ersten **AIDA** (der heutigen **AIDAcara**) führte die **Deutsche Seereederei** aus Rostock die „Clubschiff"-Idee ein – und warf mit ihr (fast) alles über Bord, was bis dahin in der deutschen Kreuzfahrt etabliert war. Statt Service am Tisch gab es Buffets, Dresscodes wurden abgeschafft, man duzte die Gäste sogar. Dafür rückten Entertainment, Sport und Wellness ins Zentrum. Und mit dem Kussmund am Bug erhielten die 2003 unter das Dach der **Carnival Corporation** geschlüpften Schiffe ihr geniales Markenzeichen.

AIDA ist heute deutscher Marktführer, eine Position, die man durch immer wieder überraschende Ideen zu halten weiß. Dazu zählen das Theatrium und das Brauhaus zur See bei der **Sphinx-Klasse** oder der Beachclub unter einfahrbarem Foliendach, der die **Hyperion**-Schiffe zu Allwetter-Linern macht. Letztere setzten auch in der Umwelttechnik neue Standards, welche die **AIDAnova**, das erste Schiff der neuen **Helios-Klasse**, 2018 noch toppte: Es ist das weltweit erste Kreuzfahrtschiff, das ausschließlich mit Flüssigerdgas (LNG) betrieben wird. Gemeinsam mit der ausführenden Meyer Werft hat AIDA damit in Sachen Nachhaltigkeit eine Vorreiterrolle für die Branche übernommen (S. 54).

Aber auch die Oldies behält man im Blick: Als **AIDA Selection** betitelt, fahren die drei ersten AIDAs Routen abseits der Rennstrecken. Und mit der **AIDAmira**, die bisher als **Costa neoRiviera** in Fahrt war, ist Ende 2019 ein viertes „Selection"-Schiff hinzugekommen.

Schiff	Baujahr	Passagiere
AIDAcara	1996	1.180/1.340
AIDAmira	1997/2019	1.248/1.727
AIDAvita	2002	1.266/1.528
AIDAaura	2003	1.266/1.528
AIDAdiva	2007	2.050/2.500
AIDAbella	2008	2.050/2.500
AIDAluna	2009	2.050/2.500
AIDAblu	2010	2.194/2.500
AIDAsol	2011	2.194/2.500
AIDAmar	2012	2.194/2.500
AIDAstella	2013	2.260/2.250
AIDAprima	2016	3.286/3.300
AIDAperla	2017	3.286/3.300
AIDAnova	2018	5.200/6.600

AIDA-MOMENTE: glamouröse Taufen (hier: AIDAnova), blaue Stunde in der Lanai-Bar, Sport und Spaß im Four Elements

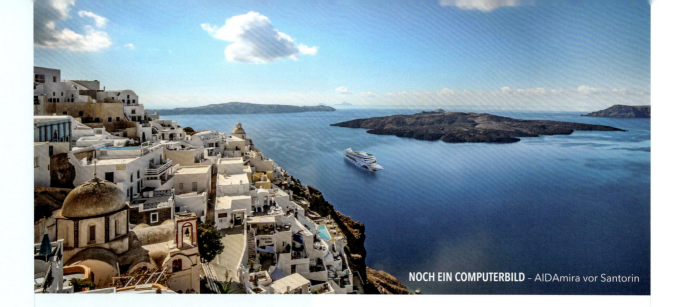

NOCH EIN COMPUTERBILD – AIDAmira vor Santorin

DATEN & FAKTEN AIDA CARA

BRZ 38.557	**Passagiere** 1.180
Länge 193,00 m	**Crew-Mitglieder** 370
Breite 27,60 m	**PCR (Pass. pro Crew)** 3,6
Indienststellung 1996	**PSR (Platzangebot)** 32,7
Renovierung laufend	**Passagierdecks** 11
Bordsprache Deutsch	**Restaurants/Bars** 3

Kabinen	633 (422 außen, 211 innen), davon 60 mit Balkon, 2 Suiten
Sport & Wellness	Pool, Golf, Basketball, Volleyball, Jogging, Tauchen, Biking, Fitnesscenter, Tischtennis, Mountainbikes für Landausflüge
Info-/Entertainment	täglich wechselnde Vorstellungen des AIDA-Show-Ensembles, Poolpartys, Livebands, DJ, Disco
Dresscode	leger bis sportlich-elegant
Preis pro Nacht	€ 78 bis € 573; Durchschnitt € 160
Info	AIDA Cruises, Rostock Tel. (0381) 20 27 07 22 www.aidaselection.de

PROFIL

Info-/Entertainment	⚓ ⚓ ⚓ ⚓ ○
Sport & Wellness	⚓ ⚓ ⚓ ⚓ ○
Gastronomie	⚓ ⚓ ⚓ ⚓ ◐
Familienfreundlichkeit	⚓ ⚓ ⚓ ⚓ ◐
Service	⚓ ⚓ ⚓ ○ ○
Routing	⚓ ⚓ ⚓ ⚓ ○

AIDA Selection cara, aura, vita & mira

„Selection" heißt das Motto für die kleinen AIDAs: Slow Cruising zu besonderen Zielen

Die heutige **AIDAcara** ist die Mutter der Kussmund-Flotte. In Turku gebaut, startete sie 1996, damals schlicht **AIDA** genannt; den Zusatz **cara** erhielt sie, als 2002/03 die fast baugleichen Schwestern **AIDAvita** und **AIDAaura** folgten. Bis zur Ankunft der Sphinx-Schiffe 2007 war das Trio der Inbegriff für die neue „Clubschiff"-Lässigkeit in der deutschen Kreuzfahrt; auch deshalb haben die für je rund 1.200 Gäste konzipierten Schiffe viele treue Fans. Und noch immer ist die **AIDAcara** Pionierin: Im Herbst 2017 ging sie als erstes AIDA-Schiff auf Weltreise; seit 2018 präsentiert sie gemeinsam mit aura, vita und der neu hinzugestoßenen **AIDAmira** das „Selection"-Programm: ganzjährig Kreuzfahrten abseits der gängigen Routen, mit kompetenten Lektoren und breitem, auch sportivem Landgangsangebot. So fahren cara und aura sogar im Februar nach Norwegen, die vita erkundet Südostasien und geht im Spätherbst ab/bis Hamburg auf Weltreise via Australien. Und das vierte Selection-Schiff, die von der AIDA-Mutter Costa übernommene **Costa neoRiviera**, ist als **AIDAmira** seit November 2019 rund um das südliche Afrika im Einsatz.

Fahrgebiete 2019

AIDAcara: im Winter Norwegen, im Sommer Nordeuropa, ab Herbst Kanaren. **AIDAaura**: Norwegen im Winter, Nordeuropa im Sommer, ab Herbst Weltreise ab/bis Hamburg. **AIDAvita**: Südostasien, Mittelmeer und Nordeuropa – und im Herbst Arabien und Südostasien. **AIDAmira**: südliches Afrika bis Mai, dann Mittelmeer ab/bis Korfu, ab Okt. wieder Südafrika.

DIE JÜNGSTE „SPHINX": die AIDAstella in der Ostsee

AIDA Sphinx-Klasse
diva, luna, bella, mar, sol, blu & stella

Sieben Schiffe, ein Konzept: Am Theatrium
in der Schiffsmitte erkennt man sie

Mit der glamourösen Taufe der **AIDAdiva** in Hamburg begann 2007 die Ära der neuen Sphinx-Klasse aus der Meyer Werft. 2008/09 gesellten sich **AIDAbella** und **luna** dazu; bis zur **stella** folgten noch vier weitere. Herzstück aller ist das Theatrium, ein Mix aus Marktplatz und Theater, wo (Vorteil für die Passagiere wie für die Reederei) während der Shows fleißig konsumiert werden kann. Das AIDA-Ensemble präsentiert hier (und auf einer Zweitbühne auf dem Sonnendeck) sein teils an TV-Formate angelehntes Programm; dazu zählen auch Kunstauktionen und die Vorstellung der Landausflüge. Auf **AIDAblu**, **sol**, **mar** und **stella** gibt es zudem eine Institution, die auf die deutsche Volksseele zielt: das Brauhaus, in dem bei Oktoberfestatmosphäre an Bord gebrautes „AIDA Zwickel" serviert wird. Ebenfalls neu bei dem Quartett sind das orientalische Buffetrestaurant East und der vergrößerte Spa-Bereich. Auf allen Sphinx-Schiffen ausgebaut wurde die Privatsphäre der Gäste: Fast die Hälfte der Kabinen hat einen Balkon (auf Anfrage mit Hängematte). Und wem es am Buffet zu voll ist, der findet gegen Aufpreis Alternativen im Gourmetrestaurant Rossini, in der Sushi-Bar und im Buffalo Steak House.

Fahrgebiete 2020

diva & luna: Karibik, Nordeuropa und US-Ostküste. **bella**: Südostasien, Nordeuropa, Mittelmeer. **mar & sol**: Mittelmeer, Nordeuropa, Kanaren. **blu**: Indischer Ozean & Mittelmeer. **stella**: Kanaren & Mittelmeer.

DATEN & FAKTEN AIDADIVA

BRZ 68.200		**Passagiere** 2.050/2.500	
Länge 252,00 m		**Crew-Mitglieder** 646	
Breite 32,20 m		**PCR (Pass. pro Crew)** 3,9	
Indienststellung 2007		**PSR (Platzangebot)** 32,2	
Renovierung laufend		**Passagierdecks** 13	
Bordsprache Deutsch		**Restaurants/Bars** 7/11	

Kabinen	1.025 (666 außen, 359 innen), davon 439 mit Balkon, 18 Suiten; Größen: 13,5–44 m²
Sport & Wellness	3 Pools, 4 Jacuzzis, Wellnessbereich, Behandlungskabinen/Spa-Suite, Golfabschlag, Volleyball, Jogging, Fitness, Tauchen, Biken
Info-/Entertainment	Theatrium mit täglich wechselnden Shows, Poolpartys, Livebands, DJ, Disco, Casino, Vorträge, Bord-TV und -Radio, 4-D-Kino
Dresscode	leger bis sportlich-elegant
Preis pro Nacht	€ 90 bis € 601; Durchschnitt € 101
Info	AIDA Cruises, Rostock Tel. (0381) 20 27 07 22 www.aida.de

PROFIL

Info-/Entertainment	⚓ ⚓ ⚓ ⚓ ⚓
Sport & Wellness	⚓ ⚓ ⚓ ⚓ ⚓
Gastronomie	⚓ ⚓ ⚓ ⚓ ○
Familienfreundlichkeit	⚓ ⚓ ⚓ ⚓ ⚓
Service	⚓ ⚓ ⚓ ○ ○
Routing	⚓ ⚓ ⚓ ○ ○

RENDEZVOUS: AIDAprima und die Elbphilharmonie

DATEN & FAKTEN AIDAPRIMA

BRZ 125.000	**Passagiere** max. 3.300
Länge 300,00 m	**Crew-Mitglieder** 900
Breite 37,60 m	**PCR (Pass. pro Crew)** 3,6
Indienststellung	**PSR (Platzangebot)** 37,9
2016 (prima), 2017 (perla)	**Passagierdecks** 16
Bordsprache Deutsch	**Restaurants/Bars** 12/18

Kabinen	1.643 in 14 versch. Kategorien (u. a. Verandakabinen, Familien-Suiten, Lanaikabinen mit Wintergarten); Größen 20–50 m²
Sport & Wellness	Wasserpark mit mehreren Pools, Organic Spa, Fitnesscenter, Eislaufbahn, Sportplatz, Joggingpfad, Kletterwand, Skywalk u. v. m.
Info-/Entertainment	Theatrium mit Lichtershows, Casino, LED-Shows, Livemusik, Vorträge, Kurse u. v. m.
Dresscode	kein vorgeschriebener Dresscode
Preis pro Nacht	€ 76 bis € 714; Durchschn. € 173
Info	AIDA Cruises, Rostock Tel. (0381) 20 27 07 22 www.aida.de

PROFIL

Info-/Entertainment	⚓ ⚓ ⚓ ⚓ ○
Sport & Wellness	⚓ ⚓ ⚓ ⚓ ⚓
Gastronomie	⚓ ⚓ ⚓ ⚓ ○
Familienfreundlichkeit	⚓ ⚓ ⚓ ⚓ ⚓
Service	⚓ ⚓ ⚓ ○ ○
Routing	⚓ ⚓ ◐ ○ ○

AIDA Hyperion-Klasse

Feste Wochenrouten ab Hamburg, Dubai oder La Romana: **AIDAprima** und **AIDAperla**

Bis zur **AIDAnova** waren die in Japan gebauten AIDA-prima und perla die größten deutschen Cruiseliner. Zu den Highlights dieser auch für schlechtes Wetter konzipierten Schiffe zählt der überdachte Beachclub auf Deck 15, zwar ohne echten Strand, dafür aber mit Palmen und Pool. Abends verwandelt er sich in eine Großraumdisco mit Livemusik, dann flimmern dort farbige Lichteffekte unterm UV-durchlässigen Foliendach. Innovativ auch das Lanaideck, eine nach oben offene Promenade mit vielen Außenplätzen, die fast rund um das Schiff reicht. Das Schiffsheck gehört den Familien; Four Elements heißt hier die drei Decks hohe Action-Zone mit Klettergarten, Pools und Wasserrutschen. Ganz das Gegenteil ist das Patiodeck, der Ruhebereich für Suitengäste und Bewohner der Panoramakabinen auf Deck 16. Ein Schmuckstück ist das (aufpreispflichtige) Organic Spa: Es dürfte führend auf den Meeren sein. Maßstäbe setzen die Schiffe auch bei der Umweltverträglichkeit. Sie können mit Flüssigerdgas betrieben werden und haben Landstromanschlüsse; zudem gleiten sie energiesparend auf einem Luftblasenteppich. Kritikpunkt: Auf den Restaurantdecks und in anderen öffentlichen Bereichen ist das Gedränge bei Vollbelegung manchmal groß.

Fahrgebiete 2020

AIDAprima: Dubai & Emirate bis Mai, dann Nordeuropa ab/bis Kiel, ab Okt. wieder Dubai. **AIDAperla:** Karibik bis April, dann via Kanaren zur Nordsee („Metropolen Westeuropas" ab/bis Hamburg oder Rotterdam), im Herbst Rückkehr in die Karibik.

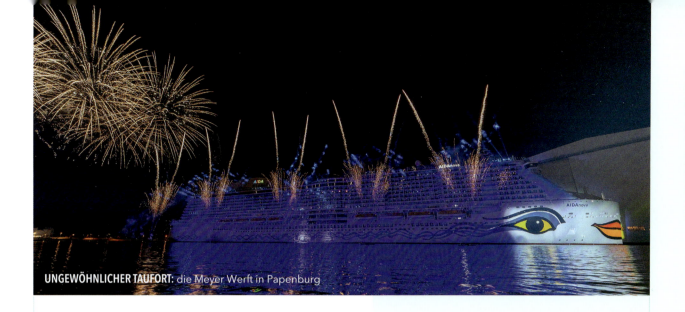

UNGEWÖHNLICHER TAUFORT: die Meyer Werft in Papenburg

AIDA Helios-Klasse: AIDAnova

Die AIDAnova ist das weltweit erste Schiff, das komplett mit LNG-Flüssiggas fahren kann

Sie ist das derzeit größte deutsche Kreuzfahrtschiff – und ein Meilenstein auf dem Weg hin zu umweltfreundlicherer Technologie. Denn als erstes Kreuzfahrtschiff weltweit kann die AIDAnova zu 100 Prozent mit LNG (Flüssigerdgas) betrieben werden, im Hafen und auf See; in ihrer Jungfernsaison hat sie bewiesen, dass es funktioniert. Gebaut wurde sie auf der Meyer Werft, wo für 2021 und 2023 zwei weitere Helios-Schiffe im Orderbuch stehen. Im August 2018 wurde die nova direkt vor der Dockhalle getauft – für Papenburg und die Werft ein epochales Event. Bei höchster Auslastung haben mehr als 6.500 Passagiere auf dem Neubau Platz. Sie können in 17 verschiedenen Restaurants speisen. Neu sind dabei eine Street-Food-Meile und das Churrascaria-Steakhouse, in dem auf offenem Feuer gegrillt wird. Auch einen Teppanyaki-Grill, in dem auf großen heißen Platten mit viel Show direkt am Tisch zubereitet wird, gibt es nun bei AIDA. Das bekannte Brauhaus hat auf der nova einen großen Biergarten mit Meerblick. Bekannte Features sind der Beachclub und das Theatrium, dessen Kapazität deutlich erhöht wurde. Das neue TV-Studio hat jetzt Platz für 500 Zuschauer, die dort Gameshows, Kochsendungen und Comedy verfolgen können. Neu ist auch der Ort für rockige Livemusik, die Rock Box Bar mit englischer Pub-Atmosphäre.

Fahrgebiete 2020

Bis April Kanaren und Madeira ab/bis Teneriffa oder Gran Canaria, danach westl. Mittelmeer ab/bis Barcelona oder Mallorca, ab November wieder Kanaren.

DATEN & FAKTEN AIDANOVA

BRZ 183.900	**Crew-Mitglieder** 1.500
Länge 337,00 m	**PCR (Pass. pro Crew)** 3,5
Breite 42,00 m	**PSR (Platzangebot)** 35,4
Indienststellung 2018	**Passagierdecks** 18
Bordsprache Deutsch	**Restaurants** 17
Passagiere 5.200/6.600	**Bars** 23

Kabinen	2.600 (1.880 außen, 720 innen) in 21 Kategorien, z. B. Innenkabine (10 m²), Verandakabine (22–32 m²), Penthouse-Suite (73 m²)
Sport & Wellness	Pools, Day Spa über 2 Decks mit Sauna, Tepidarium, Rasul, Massage etc., Wasserspaß im Four Elements, Fitnessstudio, Sportdeck, Joggingparcours
Info-/Entertainment	TV-Studio, „Mystery Room", Rock Box Bar, Beachclub, Theatrium mit wechselnden Shows, Disco
Dresscode	leger bis sportlich-elegant
Preis pro Nacht	€ 99 bis € 725; Durchschn. € 192
Info	AIDA Cruises, Rostock Tel. (0381) 20 27 07 22 www.aida.de

PROFIL

Info-/Entertainment	⚓ ⚓ ⚓ ⚓ ⚓
Sport & Wellness	⚓ ⚓ ⚓ ⚓ ⚓
Gastronomie	⚓ ⚓ ⚓ ⚓
Familienfreundlichkeit	⚓ ⚓ ⚓ ⚓ ⚓
Service	⚓ ⚓ ⚓
Routing	⚓ ⚓ ⚓

FERNE ZIELE: die Azamara Pursuit in den chilenischen Fjorden

DATEN & FAKTEN AZAMARA QUEST

BRZ 30.277	**Passagiere** 702
Länge 180,45 m	**Crew-Mitglieder** 408
Breite 25,46 m	**PCR (Pass. pro Crew)** 1,7
Indienststellung 2000	**PSR (Platzangebot)** 43,9
Renovierung 2019	**Passagierdecks** 8
Bordsprache Englisch	**Restaurants/Bars** 5/5

Kabinen	351 (325 außen, 26 innen), davon 200 mit Veranda und 46 Suiten mit Butlerservice; Größen: 14,7–73,7 m²
Sport & Wellness	Pool, zwei Whirlpools, The Sanctum Spa (u. a. Thalasso, Akupunktur, Hot Stone), Fitnessstudio und -kurse, Tischtennis
Info-/Entertainment	Showprogramme, Vorträge, Livemusik, Bibliothek, DJ, Karaoke, Gastkünstler, WLAN
Dresscode	sportlich-leger bis elegant
Preis pro Nacht	€ 147 bis € 1.243; Durchschn. € 346
Info	Azamara Tel. 0800 724 03 47 www.azamara.com

PROFIL

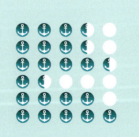

Info-/Entertainment	⚓⚓⚓⚓○
Sport & Wellness	⚓⚓⚓⚓○
Gastronomie	⚓⚓⚓⚓⚓
Familienfreundlichkeit	⚓⚓○○○
Service	⚓⚓⚓⚓○
Routing	⚓⚓⚓⚓⚓

Azamara Club Cruises

Drei stylishe Boutiquecruiser für besondere Erlebnisse – vor allem bei den Landprogrammen

Die 2007 gegründete Tochter des US-Konzerns Royal Caribbean konzentriert sich mit ihren drei Boutiqueschiffen der ehemaligen Renaissance-Flotte auf ungewöhnliche Routen: **Azamara Quest**, **Azamara Journey** und die 2018 neu hinzugekommene **Azamara Pursuit** kreuzen dort, wo die Großen nicht mehr hinkommen. Sie punkten mit langen Liegezeiten, Übernachtaufenthalten und einer kostenlosen exklusiven Abendveranstaltung an Land pro Reise – dem „AzAmazing Evening". Auch das kulinarische und kulturelle Angebot an Bord passt zu den angefahrenen Destinationen. Neben dem Hauptrestaurant, dem Buffetrestaurant und dem Poolgrill gibt es zwei Spezialitätenrestaurants gegen Zuzahlung. Die Azamara Pursuit war als erstes Schiff der Flotte ohne Casino unterwegs – ein mutiger Schritt angesichts des größtenteils US-amerikanischen Publikums. Auch auf der Quest wurde der Raum inzwischen zu einem gemütlichen Wohnzimmer namens „The Den" mit Pianobar und Landausflugsschalter umgestaltet. Die Journey folgt 2020. Viele Getränke sind bereits im Reisepreis inkludiert, darunter täglich wechselnde Weine. Einziger Wermutstropfen: Die Standardkabinen, vor allem deren Badezimmer, sind recht kompakt.

Fahrgebiete 2020

Pursuit: bis April Südamerika, dann Mittelmeer und Nordeuropa, ab Nov. Dubai/VAE. **Quest**: Südafrika, Dubai, Mittelmeer, Nordeuropa u. Südamerika. **Journey**: Südsee, Australien, Mittelmeer und Südafrika.

Carnival Cruise Line

Die Gründungsgesellschaft der heutigen Carnival Corporation ist ein Big Player in der Karibik

Die Carnival Cruise Line (CCL) ist eine der größten Kreuzfahrtreedereien der Welt – und die Erfinderin des Funship-Konzepts. Es wurde geboren, als das erste Carnival-Schiff, die **Mardi Gras**, 1972 bei seiner Jungfernfahrt auf eine Sandbank lief: Um die Gäste bei Laune zu halten, ließ Firmenchef Ted Arison sie rund um die Uhr unterhalten. Als Reminiszenz an die Anfänge ist **Mardi Gras** auch der Name des nächsten Neubaus (S. 99), der 2020 startet und erstmals bei CCL mit LNG angetrieben wird. Die derzeit 27 Schiffe sind überwiegend ab US-Häfen im Einsatz, sie bieten eine bunte Fantasiewelt und locken mit vielen Inklusivleistungen beim Essen, mit perfektem Entertainment, hervorragenden Kinder- und Jugendclubs und vielem mehr. Die meisten Gäste sind Nordamerikaner; alle Menükarten und Programme gibt es aber auch in deutscher Sprache. In Europa sind Carnival-Schiffe selten anzutreffen. Auch der jüngste Neubau **Carnival Panorama** kreuzt 2020 ganzjährig ab/bis Long Beach. Das aktuell älteste CCL-Schiff, die **Carnival Fantasy**, ist seit 1990 in Fahrt. In einem aufwendigen Programm unterzieht CCL die Flotte derzeit einer grundlegenden Renovierung. Zuletzt wurde die **Carnival Triumph** nach dem Umbau 2019 zur **Carnival Sunrise**. Die Flotte seit 2007:

Schiff	Baujahr	Passagiere
Carnival Freedom	2007	2.974/3.730
Carnival Splendor	2008	3.006/3.914
Carnival Dream	2009	3.690/4.630
Carnival Magic	2011	3.690/4.630
Carnival Breeze	2012	3.690/4.630
Carnival Sunshine	1996/2013	3.002/3.758
Carnival Vista	2016	3.954/4.700
Carnival Horizon	2018	3.954/4.700
Carnival Panorama	2019	3.954/4.700
Carnival Sunrise	1999/2019	2.984/3.873
Carnival Radiance	2000/2019	2.984/3.873
Mardi Gras	2020	5.200/6.500

FUN & ACTION auf der Carnival Dream. Darunter die Pionierin Mardi Gras – und ein Roller Coaster auf der neuen Mardi Gras

KURS KARIBIK mit der Carnival Horizon

DATEN & FAKTEN CARNIVAL HORIZON

BRZ 133.596	**Crew-Mitglieder** 1.450
Länge 322,50 m	**PCR (Pass. pro Crew)** 2,7
Breite 37,19 m	**PSR (Platzangebot)** 34,0
Indienststellung 2018	**Passagierdecks** 14
Bordsprache Englisch	**Restaurants** 9
Passagiere 3.934/4.700	**Bars** 13

Kabinen	1.967, davon 752 innen, 1.141 außen, 77 % mit Balkon, 74 Suiten; Größen: 17–52 m²
Sport & Wellness	3 Pools, 6 Whirlpools, Wasserrutsche, Spa, Dampfbad/Sauna, Minigolf, Hochseilgarten, Sportplatz, Joggingbahn u. v. m.
Info-/Entertainment	Shows im Las-Vegas-Stil, vielfältige Livemusik, IMAX- und 4-D-Kino, Bibliothek, Disco, Casino, Shops, Kunstauktionen
Dresscode	sportlich-leger bis elegant
Preis pro Nacht	€ 89 bis € 467; Durchschnitt € 100
Info	Carnival Cruise Line München, Tel. (089) 51 70 31 30 www.carnivalcruiseline.de

PROFIL

Info-/Entertainment	⚓⚓⚓⚓
Sport & Wellness	⚓⚓⚓⚓⚓
Gastronomie	⚓⚓⚓⚓
Familienfreundlichkeit	⚓⚓⚓⚓⚓
Service	⚓⚓⚓⚓
Routing	⚓⚓⚓

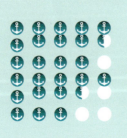

Carnival Horizon, C. Panorama & C. Vista

Breites Angebot für Familien, gutes Essen, guter Service – und viel Bezug zu Sonne und Meer

Die baugleichen Carnival-Schiffe **Panorama**, **Horizon** und **Vista** zelebrieren kubanisches Flair, voran in der grandiosen Havana Bar am Heck, mit Pool, künstlichen Palmen und Strohhütten. Angrenzend liegen die Havana-Kabinen mit Terrasse und privater Hängematte. Beeindruckend ist das Familienangebot: Spezielle Kabinen haben Sitz- und Spielecken, eine Familien-Lounge bietet Snacks und Spiele, und im Clubhouse auf Deck 12 gibt es Tischtennis, Billard, Bowling, Minigolf und Tischkicker. Gleich daneben: ein Hochseilgarten und der „SkyRide", zwei an Schienen hängende Fahrradgondeln, in denen man übers Deck strampeln kann. Wer Ruhe sucht, genießt den Serenity-Bereich mit Aussicht nach vorn. Viel Bezug zum Meer bietet die breite Promenade mit Bars, Restaurants und Ruhebereichen. Das Schiff ist im positiven Sinn amerikanisch: Der Service ist aufmerksam und freundlich, das Essen sehr gut. Was noch? Eine riesige Video-Installation in Form eines Cocktailglases im Atrium, eine Craft-Beer-Brauerei, Livemusik und Shows im Theater auf sehr hohem Niveau sowie ein buntes Angebot an Bars und Restaurants, viele davon zuzahlungsfrei. Neu auf der Carnival Panorama ist der Sky-Zone-Trampolinpark für die ganze Familie, dafür entfällt das von den anderen beiden Schiffen gewohnte IMAX-Kino.

Fahrgebiete 2020

C. Vista ab/bis Galveston/Texas und **C. Horizon** ab/bis Miami in die Karibik. **Carnival Panorama** ab/bis Long Beach an die mexikanische Riviera.

Celebrity Cruises

Die Cruise Line der iPhone-Generation – seit Herbst 2018 mit dem ersten Edge-Class-Schiff

Das „X" am Schornstein erinnert an die griechischen Wurzeln der Reederei: Ihr Gründer John Chandris führte das „X" (wie „Chi" für Chandris) im Firmenlogo. Die Schiffe der heute weltweit verkehrenden Flotte zeichnen sich durch eine betont jung-elegante, internationale Atmosphäre aus. Ein großer Sprung gelang mit der **Solstice-Klasse** (2008–2012), deren innovatives Design ein kosmopolitisches, trendbewusstes Publikum begeistert. Klassische Schiffe sind dagegen die älteren Liner der **Millennium-Klasse** (2000–2002). Vor Galápagos ist der Boutiquecruiser **Celebrity Xpedition** im Einsatz, seit 2017 unterstützt von den beiden Yachten **Celebrity Xploration** und **Celebrity Xperience** sowie seit 2019 von dem 100-Passagiere-Neubau **Celebrity Flora**. Als neuerlich großer Wurf, vergleichbar mit der Solstice-Klasse, präsentiert sich die neue **Edge-Klasse** mit der **Celebrity Edge** (2018) und der **Celebrity Apex** (2020). Sie setzt mit ihrem „Modern Luxury"-Konzept derart neue Maßstäbe in Architektur und Design, dass die Reederei bereits mit einem umfassenden Renovierungsprogramm für die Schiffe der Millennium- und Solstice-Klasse begonnen hat, um sie auf das gleiche Design-Niveau zu heben.

Schiff	Baujahr	Passagiere
Celebrity Millennium	2000	2.052/2.368
Celebrity Summit	2001	2.052/2.368
Celebrity Infinity	2001	2.052/2.368
Celebrity Xpedition	2001	100
Celebrity Constellation	2002	1.950/2.300
Celebrity Solstice	2008	2.852/3.145
Celebrity Equinox	2009	2.852/3.145
Celebrity Eclipse	2010	2.852/3.145
Celebrity Silhouette	2011	2.852/3.145
Celebrity Reflection	2012	2.852/3.145
Celebrity Xploration	1982/2017	16
Celebrity Xperience	2007/2017	48
Celebrity Edge	2018	2.918/3.381
Celebrity Flora	2019	100
Celebrity Apex	2020	2.918/3.381

„FLIEGENDER TEPPICH", der Rooftop Garden und neue Shows im Theater: Die Celebrity Edge setzt neue Maßstäbe

Fotos: Franz Neumeier

MAGIC CARPET: Die Plattform ist da, wo man sie braucht

DATEN & FAKTEN CELEBRITY EDGE

BRZ 129.500	**Crew-Mitglieder** 1.320
Länge 306,00 m	**PCR (Pass. pro Crew)** 2,2
Breite 39,00 m	**PSR (Platzangebot)** 44,4
Indienststellung 2018	**Passagierdecks** 14
Bordsprache Englisch	**Restaurants** 16
Passagiere 2.918/3.381	**Bars** 10

Kabinen	1.467 Kabinen, davon 131 innen, 1.160 außen (1.012 mit Balkon), 176 Suiten; Größen: 12–176 m²
Sport & Wellness	Pool, Designer-Spa mit SEA Thermal Suite, Friseur/Barbier, Beauty-Treatments, Aqua-Class-Kabinen, Fitnesscenter
Info-/Entertainment	Shows im Bordtheater, Nachtclub „Eve at Eden", Resort-Deck mit Open-Air-Events, Kinder- und Teens-Club „Camp at Sea"
Dresscode	sportlich-elegant
Preis pro Nacht	€ 128 bis € 7.026; Durchschnitt € 346
Info	Celebrity Cruises Tel. 0800 724 03 46 www.celebritycruises.de

PROFIL

Info-/Entertainment	⚓ ⚓ ⚓ ⚓
Sport & Wellness	⚓ ⚓ ⚓ ⚓ ⚓
Gastronomie	⚓ ⚓ ⚓ ⚓ ⚓
Familienfreundlichkeit	⚓ ⚓ ⚓ ⚓ ○
Service	⚓ ⚓ ⚓ ⚓ ○
Routing	⚓ ⚓ ⚓ ⚓ ○

Celebrity Edge & Celebrity Apex

Innovative Konzepte, mondänes Ambiente: Das Schiff setzt neue Maßstäbe im Premium-Markt

Mit der Premiere der Celebrity Edge und ihrer für 2020 geplanten Schwester **Celebrity Apex** erfindet die US-Reederei einige Bereiche des klassischen Kreuzfahrtschiffs neu. Der Prototyp ist kleiner als die Solstice Class und damit flexibler bei den Routen. Das Pooldeck orientiert sich konsequent zum Meer. Die Eden Lounge am Heck ist ein großzügiger, mehrstöckiger Raum mit Restaurant, Mixology-Bar, vertikalem Garten und einer diagonal verlaufenden Flanierrampe. Im Rooftop Garden fusionieren die Rooftop Terrace der Millennium Class und der Lawn Club der Solstice Class, es gibt echte Pflanzen und Baumskulpturen als Miniaturbühnen für Livemusiker. Auffälligstes Feature aber ist der Magic Carpet – eine zwischen Deck 16 und 2 verschiebbare Plattform außen am Schiff, einsetzbar als Tender-Plattform, Restaurant oder Pooldeck-Erweiterung. Fast alle Restaurants sind neu, darunter auch eines, in dem die 3-D-Comicfigur „Le Petit Chef" das Essen virtuell direkt am Tisch zubereitet. Innovativ – und mit aufwendigen Änderungen der Schiffsarchitektur verbunden – sind auch die „Infinite Balcony"-Kabinen. Sie sind durch absenkbare Panoramafenster und Glasfalttüren variabel mit Wintergarten, Terrasse oder Balkon nutzbar. Gesteuert und kontrolliert wird das alles via Handy-App.

Fahrgebiete 2020

Celebrity Edge und Apex verbringen den Winter in der Karibik, den Sommer im Mittelmeer. Die **Celebrity Apex** legt außerdem einige Nordland-Routen ein.

TYPISCH CELESTYAL: Sirtaki auf der Kaimauer

Celestyal Cruises

All-inclusive unterwegs in der Ägäis mit **Celestyal Crystal** und **Celestyal Olympia**

Griechische Gastfreundschaft und Kultur stehen im Mittelpunkt der Reisen von Celestyal Cruises. Bei ihren Reisen steuern die Schiffe auch kleine Inseln an, die für die ganz großen Schiffe nicht erreichbar sind. In den meisten Häfen haben die Gäste viel Zeit und können Kultur und Geschichte auf eigene Faust oder im Rahmen von Ausflügen entdecken. Die Suiten der **Celestyal Crystal** wurden im Jahr 2019 rundum erneuert und wirken jetzt noch exklusiver. Die Grandsuiten verfügen sogar über einen Balkon und einen privaten Whirlpool. Ein Suite-Concierge serviert Gästen in den Top-Kategorien Mahlzeiten in der Suite, organisiert private Ausflüge und hilft auf Wunsch auch beim Kofferpacken. Das Bordprogramm für alle Gäste reicht von Sport über Tanz- und Sprach- bis hin zu Kreativkursen. Neu sind Präsentationen zu griechischen Gewürzen sowie Wein- und Olivenöl-Tastings. Neben À-la-carte-Restaurants mit freundlichem Service gibt es auch ein Buffet und (gegen Zuzahlung) eine Fisch-Taverne. Pool, Whirlpool, Spa und Sauna sorgen für Entspannung. Im Reisepreis enthalten sind neben einem Getränkepaket auch Ausflüge. Auf den Celestyal-Schiffen geht es leger zu – Englischkenntnisse sind von Vorteil, auch wenn ein deutschsprachiger Reiseleiter bei allen Reisen an Bord ist.

Fahrgebiete 2020

3-, 4- und 7-tägige Ägäis-Reisen ab/bis Piräus (Athen), Adria-Reisen ab/bis Venedig, „Drei-Kontinente-Kreuzfahrten" auch nach Ägypten und Israel.

DATEN & FAKTEN CELESTYAL CRYSTAL

BRZ 25.611		**Passagiere** 960	
Länge 162,00 m		**Crew-Mitglieder** 406	
Breite 25,60 m		**PCR (Pass. pro Crew)** 2,2	
Indienststellung 1980		**PSR (Platzangebot)** 26,7	
letzte Renovierung 2019		**Passagierdecks** 9	
Bordsprache Englisch		**Restaurants/Bars** 4/6	

Kabinen	480 Kabinen, davon 163 innen, 264 außen, 53 mit Balkon, davon 43 Juniorsuiten, 8 Suiten, 2 Deluxe-Suiten; Größen: 11–36 m²
Sport & Wellness	Pool, Whirlpool, Fitnesscenter, Sauna, Massagen, Beautysalon
Info-/Entertainment	abendliche Shows, Casino, Boutique, Duty-free-Shop, Sprach-, Tanz- und Kreativkurse, Internet (gegen Gebühr)
Dresscode	überwiegend leger
Preis pro Nacht	€ 96 bis € 298; Durchschnitt € 180
Info	Celestyal Cruises, München Tel. (089) 82 08 02 80 www.celestyalcruises.de

PROFIL

Info-/Entertainment	⚓⚓⚓⚓
Sport & Wellness	⚓⚓⚓
Gastronomie	⚓⚓⚓
Familienfreundlichkeit	⚓⚓
Service	⚓⚓⚓⚓
Routing	⚓⚓⚓⚓

Costa Kreuzfahrten

Tradition trifft Innovation: Costas Neubauten setzen auf umweltfreundlichen LNG-Antrieb

2018 wurde gefeiert: Die Traditionsreederei aus Genua wurde stolze 70 Jahre alt. 13 Schiffe zählt die Flotte 2020, darunter die Neubauten **Costa Smeralda** und **Costa Venezia** (für den asiatischen Markt) für je fast 6.600 Passagiere – und mit umweltschonendem LNG-Antrieb. Um deutschsprachiges Publikum kümmert man sich vom Deutschland-Büro in Hamburg aus intensiv. Drei Schiffe setzt Costa 2020 in deutschen Häfen ein: Die **Costa Fortuna** fährt ab/bis Bremerhaven, die **Costa Fascinosa** ab/bis Warnemünde und die **Costa Favolosa** ab/bis Kiel. Nicht mehr dabei ist die **Costa neoRiviera**, die als **AIDAmira** nun für AIDA Cruises kreuzt. Costas Markenzeichen ist und bleibt der gelbe Schornstein, Markenbotschafterin ist Popstar Shakira. Das Stammpublikum sind Italiener, je nach Route kommen Gäste aus aller Herren Länder hinzu; Durchsagen in fünf Sprachen sind deshalb die Regel. Zu Ferienzeiten reisen viele Kinder mit (sie dürfen bis zu 18 Jahren gratis an Bord!). Bis 2012 merkte man den Interieurs der Schiffe die Handschrift der **Carnival Corporation** aus Miami an, die Costa 2000 übernahm. Mit der 2014 gestarteten **Costa Diadema** aber wurde nach dem Motto „Italy's Finest" das betont italienische Borderlebnis wieder in den Vordergrund gerückt. Aber auch eine interaktive Bord-App und einen Concierge in Gestalt eines Roboters, „Pepper" mit Namen, trifft man bei Costa an. Und: Seit 2017 sind Trinkgelder im Reisepreis inkludiert.

Schiff	Baujahr	Passagiere
Costa neoRomantica	1991/2015	1.308/1.726
Costa Victoria	1996	1.928/2.394
Costa Fortuna	2003	2.950/3.470
Costa Mediterranea	2003	2.112/2.680
Costa Magica	2004	2.950/3.470
Costa Pacifica	2009	3.100/3.780
Costa Luminosa	2009	2.260/2.862
Costa Deliziosa	2010	2.260/2.862
Costa Favolosa	2011	3.100/3.780
Costa Fascinosa	2012	3.016/3.800
Costa Diadema	2014	3.724/4.947
Costa Venezia	2019	6.518 /6.580
Costa Smeralda	2019	6.522 /6.580

ZU DEN GRÖSSTEN DER WELT wird die Costa Smeralda (o.) zählen. Darunter: Plausch mit „Pepper", abendliche Show

Foto: Johannes Bohmann

AN DER PIER in Triest

Costa Diadema

Fröhliches Bordleben und viel Platz für Kinder:
„Italy's Finest" im Mittelmeer und in Arabien

Das aktuelle Costa-Flaggschiff ist deutlich dezenter gestaltet als frühere Flottengeschwister; nur im blau strahlenden Atrium leistet es sich einen kraftvollen Akzent. Die Kabinen sind hell und zweckmäßig, wenn auch eher nüchtern. Das macht aber das fröhlich-bunte Bordleben wett, das unter dem Motto „Italy's Finest" steht: „Weiße Nächte", Maskenbälle und bewusst italienisch gefärbte Bühnenshows sorgen für Unterhaltung; Genüsse wie das köstliche an Bord gemachte Eis, leckere Pizzen oder ein Aperol Spritz zum Sundowner runden das Italien-Flair kulinarisch ab. Man speist zu festen Zeiten im Fiorentino oder Adularia; zur zweiten Tischzeit ist die Stimmung deutlich ausgelassener. Am Gala-Abend schmettert man zwischen den Gängen Klassiker wie „Volare" – und die Kellner bitten zum Tanz. Flexible Zeiten gelten im Corona Blu und am Buffet auf Deck 10, und auf den Decks 4 und 5 öffnen sich die Restaurants und Bars zu einer breiten Promenade. Aufpreispflichtig sind ein Clubrestaurant, ein Wellnessrestaurant und das Teppanyaki, wo Showköche mit Messern und Pfeffermühlen jonglieren. Ein großes Herz hat die Diadema für Kinder: Ihr Spiel- und Planschbereich mit Ritterburg und Piratenschiff ist vorbildlich – und neuerdings auch für mobilitätseingeschränkte Passagiere, für die es eigene Ausflugsangebote gibt.

Fahrgebiete 2020

Bis März 7-Nächte-Reisen ab/bis Dubai od. Abu Dhabi; ab April 7 Nächte westl. Mittelmeer ab/bis Savona od. Barcelona; ab September wieder Arabische Emirate.

DATEN & FAKTEN

BRZ 132.500	**Crew-Mitglieder** 1.253
Länge 306,00 m	**PCR (Pass. pro Crew)** 3,9
Breite 37,20 m	**PSR (Platzangebot)** 35,5
Indienststellung 2014	**Passagierdecks** 13
Bordspr. Dt., Engl., Frz., It.	**Restaurants** 7
Passagiere 3.724/4.947	**Bars** 11

Kabinen	1.862, davon 838 mit Balkon, 75 Suiten mit Balkon, 254 Außenkabinen mit Meerblick, 687 Innenkabinen
Sport & Wellness	2 Pools, 4 Whirlpools, Fitnessclub, Samsara Spa über zwei Decks (Sauna, Solarium, Thalasso-Therapie, Massagen etc.), Sportplatz, Joggingtrack u. v. m.
Info-/Entertainment	Theater, Casino, 4-D-Kino, Disco, Grand-Prix-Simulator, Shoppingcenter, Videospiele, Kinderclub
Dresscode	sportlich-leger; Gala-Abende
Preis pro Nacht	€ 79 bis € 482; Durchschnitt € 160
Info	Costa Kreuzfahrten Hamburg, Tel. (040) 570 12 13 16 www.costakreuzfahrten.de

PROFIL

Info-/Entertainment	⚓⚓⚓⚓○
Sport & Wellness	⚓⚓⚓⚓⚓
Gastronomie	⚓⚓⚓⚓○
Familienfreundlichkeit	⚓⚓⚓⚓⚓
Service	⚓⚓⚓○○
Routing	⚓⚓⚓○○

MARKENZEICHEN: der gelbe Schornstein, hier in der Karibik

DATEN & FAKTEN COSTA FASCINOSA

BRZ 114.500	**Passagiere** 3.016/3.800
Länge 290,20 m	**Crew-Mitglieder** 1.100
Breite 35,50 m	**PCR (Pass. pro Crew)** 3,5
Indienststellung 2012	**PSR (Platzangebot)** 36,9
Renovierung 2018	**Passagierdecks** 14
Bordspr. u. a. Dt., Engl., It.	**Restaurants/Bars** 5/13

Kabinen	1.508, davon 103 mit Spa-Zugang, 594 mit Balkon, 12 Suiten mit Spa-Zugang, 321 Außenkabinen; Größen: 18–43 m²
Sport & Wellness	4 Pools, 5 Whirlpools, Samsara Spa über 2 Decks, Fitness, Sauna, Solarium, Sportplatz, Joggingpfad, Golfabschlag
Info-/Entertainment	Theater, Casino, 4-D-Kino, Disco, Grand-Prix-Simulator, Kinderclub mit Ritterburg, Internet
Dresscode	sportlich-leger bis elegant
Preis pro Nacht	€ 87 bis € 430; Durchschnitt € 166
Info	Costa Kreuzfahrten Hamburg, Tel. (040) 570 12 13 16 www.costakreuzfahrten.de

PROFIL

Info-/Entertainment	⚓⚓⚓⚓○
Sport & Wellness	⚓⚓⚓⚓○
Gastronomie	⚓⚓⚓○○
Familienfreundlichkeit	⚓⚓⚓⚓⚓
Service	⚓⚓⚓○○
Routing	⚓⚓⚓⚓○

Costa Fascinosa & Favolosa

Fröhlich-bunt und mit einem Herz für Kinder: Costas Ostsee-Schiffe für den Sommer 2020

Obwohl Costa seit 1997 dem Carnival-Konzern angehört und das „Buongiorno!" von einer mehrheitlich asiatisch-südamerikanischen Servicecrew kommt: Auch auf den Costa-Schiffen, die 2020 ab deutschen Häfen eingesetzt werden, gilt der fröhlich-bunte „Italian Lifestyle". Unverkennbar Las-Vegas-inspiriert sind die Innendekors: bunt, mutig, verspielt. Zu schriller Kitsch wird dabei aber im Gegensatz zu einigen älteren Schwesterschiffen vermieden. Die Standardkabinen sind hell und freundlich, die Außenbereiche erstaunlich „schiffig": So viel Decksfläche mit teils echtem Teakbelag und tollen Aussichtspunkten von Bug bis Heck findet man auf vielen anderen Mainstream-Schiffen nicht mehr. Abends speist man, inklusive Kapitänsgala, traditionell in zwei Sitzungen mit fester Tischzuteilung oder vom Buffet – wobei Letzteres etwas restriktive Öffnungszeiten hat. Alternativ bieten sich das aufpreispflichtige À-la-carte-Clubrestaurant und das Wellness-Restaurant der Samsara-Klasse in entspanntem Ambiente an. Und während die kleinen (aber auch etliche große) Gäste bei Ritterburg und Piratenschiff fast aus dem Häuschen geraten, finden Ruhesuchende ihr Dorado in den großzügigen Spabereichen.

Fahrgebiete 2020

Costa Fascinosa: Mai bis Sept. ab/bis Warnemünde nach Dänemark, Norwegen, Schweden. **Costa Favolosa**: Juni bis Sept. ab/bis Kiel ins Baltikum und zum Nordkap. Zusätzlich kreuzt die **Costa Fortuna** ab/bis Bremerhaven nach Norwegen, Großbritannien und Amsterdam.

GEBAUT IN TURKU: Costas neues Flaggschiff

Costa Smeralda

Neuer Größenrekord bei Costa – und der ganze Stolz Italiens auf 13 Decks

Das neue Flaggschiff von Costa hat LNG-Antrieb – und ist nicht nur darin der **AIDAnova** ähnlich: Wie jene ist die Smeralda ein Schiff der neuen „Helios-Klasse" der Carnival-Gruppe. Mit Platz für 6.522 Passagiere ist sie das aktuell größte Costa-Schiff. Vom Design her ist sie zurückhaltend, verglichen mit dem „Bling-Bling", das zu Zeiten des US-Designers Joseph Farcus Costa-Schiffe prägte. Ein Team aus Deutschen, Amerikanern und Italienern hat es gestylt – und dabei die Schönheit Italiens zum Hauptthema aller Räume und Dekors gemacht. In den Kabinen, gediegen ausgeführt vom Mailänder Studio Durdoni Architetti, zieren große Bilder italienischer Städte und Orte die Wände. Nach ihnen sind auch die Decks benannt, von Palermo über Capri, Rom, Venedig, Florenz und Mailand bis Bellagio. Auch die Namen der öffentlichen Bereiche feiern bekannte Sehenswürdigkeiten. Herzstück ist dabei das Colosseo in der Schiffsmitte, wo große Shows gezeigt werden sollen. In Themenbars, die den Platz säumen, kann man beim Blick durch Panoramafenster seinen Campari genießen. Ein Ort, an dem Schwindelfreie sich kennen lernen dürften, ist ein Glasbodenbalkon auf dem Oberdeck, der das Gefühl vermittelt, über dem Meer zu schweben. Und am Bug des Schiffs befindet sich die Piazza Trastevere, mit Bars und Eisdiele – wie in Italien, nur eben auf See.

Fahrgebiete 2020

Ganzjährig westl. Mittelmeer, auf 7-Nächte-Routen ab/bis Savona, Barcelona, Civitavecchia od. Mallorca.

DATEN & FAKTEN

BRZ 183.900	**Passagiere** 6.545
Länge 337,00 m	**Crew-Mitglieder** 1.682
Breite 42,00 m	**PCR (Pass. pro Crew)** 2,7
Indienststellung 2019	**PCR (Platzangebot)** 28,1
Renovierung –	**Passagierdecks** 16
Bordspr. u. a. It., Dt., Engl.	**Restaurants/Bars** 11/19

Kabinen	2.612, dav. 1.512 Balkonkabinen, 28 Suiten mit privatem Balkon, 106 Terrassenkabinen mit Meerblick; Größen: k.A.
Sport & Wellness	Wellnesscentrum u.a. mit Fitnessstudio, Sauna, Hamam, Thalassotherapie, Mehrzwecksportplatz, Aqua-Park, 4 Pools
Info-/Entertainment	Theater über zwei Decks, Casino, Diskothek, Kolosseum in der Mitte des Schiffs, Kinder- und Jugendbereich
Dresscode	sportlich-leger, Gala-Abende
Preis pro Nacht	€ 83 bis € 600; Durchschnitt € 156
Info	Costa Kreuzfahrten Hamburg, Tel. (040) 570 12 13 16 www.costakreuzfahrten.de

PROFIL

Info-/Entertainment
Sport & Wellness
Gastronomie
Familienfreundlichkeit
Service
Routing

Aktuell noch nicht bewertet

SPITZENGASTRONOMIE in luxuriösem Ambiente und Ziele in aller Welt – dafür steht Crystal Cruises

Crystal Cruises

Traditioneller Luxus – ab August 2020 auch im Expeditionsbereich

Seit die japanische Reederei 2015 in den Besitz der **Genting-Hong-Kong-Gruppe** überging, wird mächtig ausgebaut – beginnend mit dem Kauf des Yacht-Cruisers **Crystal Esprit** und dem Bau mehrerer Flusskreuzfahrtschiffe. Sogar Charterflüge kamen noch ins Portfolio. Nun konzentriert sich Crystal Cruises aber wieder auf das Kerngeschäft: Im August 2020 startet mit zwei Jahren Verspätung die erste von drei neuen Megayachten mit Eisklasse für je 200 Passagiere. Sie entstehen bei den MV Werften in Wismar, Rostock und Stralsund. Die **Crystal Endeavor** und ihre Schwestern richten sich an ein jüngeres, aktives Publikum – zum Ausflugsprogramm gehören Hubschrauberflüge, Tauchgänge und Kajakfahrten. Entspannen können die Gäste sich anschließend in luxuriös ausgestatteten Suiten, die mit mindestens 33 Quadratmeter Grundfläche die größten im Expeditionsbereich sind. Für 2022/23 ist das erste Schiff einer neuen Diamond Class angekündigt, das Raum für 800 Passagiere bietet. Die neue Klasse könnte auf Dauer die beiden älteren Hochseeschiffe **Symphony** und **Serenity** ablösen. Die größtenteils US-amerikanischen Passagiere schätzen Crystal für die intensiven Routen mit einer großen Vielfalt an Landausflügen und exzellenten Lektorenvorträgen. Außerdem gehört Crystal in Sachen Kulinarik zu den Spitzenreitern auf hoher See. Und das großzügige All-inclusive-Konzept lässt sogar den Champagner in Strömen fließen.

Schiff	Baujahr	Passagiere
Crystal Symphony	1995	848
Crystal Serenity	2003	980
Crystal Esprit	2015	63
Crystal Endeavor	2020	200

NOBLES DUO made in Japan

Crystal Symphony & Crystal Serenity

Luxuriöse Schiffsklassiker der mittleren Größe mit hohem Nostalgiefaktor

Die beiden beliebten, nahezu baugleichen Hochseeschiffe von Crystal Cruises wirken manchmal wie aus einer anderen Zeit: Zum Nachmittagstee gibt es Livemusik, und am Abend führen Ambassador Hosts die Damen übers Parkett. Das Entertainment ist klein und fein, mehr Wert legen die gut situierten Passagiere auf das vielfältige „Enrichment" – vom Lektorenvortrag über den Malkurs bis hin zum Social-Media-Seminar. Die günstigen Suiten der japanischen Schiffe sind relativ klein, daher wurden während der letzten Werftzeit auch einige zu großzügigeren Penthouses mit Butlerservice umgebaut, und die Passagierkapazität wurde verringert. Preisgekrönt ist und bleibt Crystal in Sachen Kulinarik: Neben dem Hauptrestaurant Waterside mit einer offenen Sitzung gibt es das Buffetangebot Marketplace, das sich abends zu einer brasilianischen Churrascaria wandelt. Das Sushi-Restaurant der japanischen Kochlegende Nobu Matsuhisa steht wie das italienische Spezialitätenrestaurant Prego den Penthouse-Gästen jederzeit kostenlos offen, alle anderen Passagiere haben Anrecht auf einen Besuch pro Reise. Gleich nebenan befindet sich das chinesisch inspirierte Silk, abends wird dort eine Reservierung empfohlen.

Fahrgebiete 2020

Die **Serenity** startet mit einer Weltreise, während die **Symphony** Jahresbeginn und -ende in Asien verbringt. Im Sommer sind beide Schiffe in Europa, die Serenity fährt danach entlang der US-Ostküste, nach Kanada und in die Karibik.

DATEN & FAKTEN CRYSTAL SYMPHONY

BRZ 51.044	**Passagiere** 848
Länge 238,10 m	**Crew-Mitglieder** 566
Breite 30,20 m	**PCR (Pass. pro Crew)** 1,5
Indienststellung 1995	**PSR (Platzangebot)** 60,2
Renovierung 2020	**Passagierdecks** 8
Bordsprache Englisch	**Restaurants/Bars** 6/7

Kabinen	424 Suiten, davon 105 Penthouses, 148 mit Balkon, 171 mit Fenster; Größen: 19–92 m²
Sport & Wellness	1 Pool, 1 Jacuzzi, Fitnesscenter, Spa mit Sauna, Dampfbad und Beautysalon, Tennis, Golfabschlag
Info-/Entertainment	Shows, Konzerte, Comedy, Kino, Kurse, Casino, Gentlemen Hosts
Dresscode	leger, elegant oder informell
Preis pro Nacht	€ 245 bis € 2.866; Durchschnitt € 550
Info	Aviation & Tourism International Tel. (06023) 91 71 50 www.atiworld.de Vista Travel, Tel. (040) 30 97 98 40 www.vistatravel.de

PROFIL

Info-/Entertainment	⚓ ⚓ ⚓ ⚓ ○
Sport & Wellness	⚓ ⚓ ⚓ ○ ○
Gastronomie	⚓ ⚓ ⚓ ⚓ ⚓
Familienfreundlichkeit	⚓ ⚓ ⚓ ○ ○
Service	⚓ ⚓ ⚓ ⚓ ⚓
Routing	⚓ ⚓ ⚓ ⚓ ○

Fotos unten u. Mitte: Uwe Bahn; oben: Cunard Line

„DOGKEEPER" und „Queen's Room" sind Cunard-Klassiker.
Und beim Abschied in Hamburg flattert der Union Jack

Cunard Line

Ein legendärer Transatlantik-Liner und klassische
Kreuzfahrten prägen die britische Carnival-Marke

Bereits 1840 entwickelte der Kanadier Samuel Cunard
im Auftrag der britischen Krone einen Transatlantik-
Liniendienst, um den Postweg zwischen England und
Amerika zu beschleunigen. Diese legendären Passagen fährt das Cunard-Flaggschiff **Queen Mary 2** noch
heute – seit dem intensiven Werftaufenthalt 2016 „re-
mastered". Sie ist aber, wie die jüngeren Schwestern,
auch auf klassischen Kreuzfahrten unterwegs. Und
wenn sie den Hamburger Hafen besucht, stehen die
Menschen auch nach 15 Jahren immer noch am Ufer
und winken – die „Queen" fasziniert alle. Kein Wunder,
zählt Cunard doch zu den traditionsreichsten Kreuz-
fahrtmarken der Welt. Alle Cunard-Schiffe bieten
Cruising auf britische Art, mit Afternoon Tea, Gentle-
men Hosts usw., auch wenn die Firma inzwischen zur
Carnival Corporation zählt. Zum klassischen Stil
gehört auch eine Einteilung der Kabinen in verschiedene Klassen mit jeweils eigenen Restaurants. Dank
einer Überarbeitung des Spa-Konzepts kommen ab
Dezember neue Fitnessstudios und Wellnessangebote
an Bord der Queens. Speisekarten und Tagespro-
gramme in deutscher Sprache gehören zum Standard,
auf vielen Reisen gibt es weitere deutschsprachige Angebote wie etwa Lektorenvorträge. Zu den Highlights
2020 gehören eine dreimonatige Südamerikareise der
Queen Victoria und die Alaska- sowie Japankreuz-
fahrten der **Queen Elizabeth**. Und 2022 kommt der
lang erwartete Neubau aus der Feder des renommierten Schiffsdesigners Adam D. Tihany (S. 60).

Schiff	Baujahr	Passagiere
Queen Mary 2	2004	2.695/k. A.
Queen Victoria	2007	2.061/k. A.
Queen Elizabeth	2010	2.081/k. A.

DER HAFEN VON SYDNEY – Traumkulisse für die Queen

Queen Mary 2

Der letzte Ocean Liner ist eine elegante Alternative zum Fliegen über den Atlantik

Üppig ist das Raumangebot, groß die Abwechslung im Bordprogramm, und die Bibliothek mit über 10.000 Bänden ist die größte auf See. Das klassisch abgestufte Heck und traditionelle Bälle in Abendrobe lassen vergangene Zeiten wieder aufleben. Aber das Bordleben wird auch lockerer: Jenseits der „formal nights" herrscht kein Krawattenzwang mehr. „Very British" ist der Afternoon-Tea, wahlweise auch in einer Champagner- oder Godiva-Variante gegen Aufpreis. 2016 wurde das Schiff umfassend renoviert; u. a. wurden 15 Single-Kabinen eingebaut. Das neu gestaltete Buffetrestaurant lebt von verglasten Nischen zum Promenadendeck hin und bietet abends À-la-carte-Alternativen mit fünf wechselnden Themen gegen Aufpreis. In den Bars gibt es neben exzellenten Cocktails viel Livemusik, auch mal als Dixieland Lunch mit feinem Snack-Buffet in der Carinthia Lounge. Im kostenpflichtigen Steakhaus The Verandah serviert Cunard gehobene französische Küche und unterstreicht damit ihre internationaler werdende Ausrichtung. Einzigartig: Es gibt eigene Unterkünfte für 22 Hunde (oder Katzen), dazu ein kleines „Gassi-Deck" inklusive New Yorker Hydranten und Liverpooler Straßenlaterne. Ärgerlich dagegen: Getränke sind auf der „QM2" teils sehr teuer.

Fahrgebiete 2020

Zu Jahresbeginn Weltreise „westbound" ab/bis Southampton. Ab 4. Mai Transatlantik-Saison; sechs Passagen ab oder bis Hamburg. Im Sommer Island, Neuengland, Kanada und norwegische Fjorde.

DATEN & FAKTEN

BRZ 151.800	**Passagiere** 2.695/k.A.
Länge 345,00 m	**Crew-Mitglieder** 1.292
Breite 41,00 m	**PCR (Pass. pro Crew)** 2,1
Indienststellung 2004	**PSR (Platzangebot)** 56,3
Renovierung 2016	**Passagierdecks** 13
Bordsprache Englisch	**Restaurants/Bars** 10/12

Kabinen	1.355, davon 293 innen, 813 Balkonkabinen, 172 Suiten; Größen: 16–209 m²
Sport & Wellness	Pools, Golfsimulator, Shuffleboard, Tischtennis, Laufpfad, Spa und Fitnesscenter
Info-/Entertainment	Planetarium, Casino, Theater/Kino, Nachtclub, Ballsaal, Kinderclub, täglich wechselndes Showprogramm, Bingo/Spiele etc.
Dresscode	tagsüber casual, abends elegant (smart attire) oder Gala
Preis pro Nacht	€ 120 bis € 3.090; Durchschnitt € 257
Info	Cunard Line Hamburg, Tel. (040) 41 53 35 55 www.cunard.com

PROFIL *

Info-/Entertainment	⚓ ⚓ ⚓ ⚓ ⚓
Sport & Wellness	⚓ ⚓ ⚓ ⚓ ○
Gastronomie	⚓ ⚓ ⚓ ⚓ ○
Familienfreundlichkeit	⚓ ⚓ ⚓ ⚓ ○
Service	⚓ ⚓ ⚓ ⚓ ○
Routing	⚓ ⚓ ⚓ ⚓ ○

* Grill Class: Gastronomie & Service 4,5 Anker

DIE QUEEN ELIZABETH nimmt Kurs auf Alaska

DATEN & FAKTEN QUEEN ELIZABETH

BRZ 90.900	**Passagiere** 2.081
Länge 294,00 m	**Crew-Mitglieder** 1.005
Breite 32,00 m	**PCR (Pass. pro Crew)** 2,1
Indienststellung 2010	**PSR (Platzangebot)** 43,7
Renovierung 2018	**Passagierdecks** 12
Bordsprache Englisch	**Restaurants/Bars** 8/10

Kabinen	1.045 (158 innen, 738 mit Balkon), davon 127 Suiten; Größen: 12–139 m²
Sport & Wellness	2 Pools, Golfabschlag, Shuffleboard, Tischtennis, Laufpfad, Spa, Fitness, Fechtkurse
Info-/Entertainment	Computercenter, Bibliothek, Casino, Theater/Kino, Nachtclub/Disco, Kids/Teen Zone, Cunardia
Dresscode	tagsüber casual, abends elegant oder Gala
Preis pro Nacht	€ 69 bis € 2.820; Durchschnitt € 275
Info	Cunard Line Hamburg, Tel. (040) 41 53 35 55 www.cunard.com

PROFIL *

Info-/Entertainment	⚓⚓⚓⚓○
Sport & Wellness	⚓⚓⚓⚓○
Gastronomie	⚓⚓⚓⚓○
Familienfreundlichkeit	⚓⚓⚓○○
Service	⚓⚓⚓⚓○
Routing	⚓⚓⚓⚓○

Queen Elizabeth & Queen Victoria

Frisch renoviert können sich auch die beiden kleineren Cunard-Liner sehen lassen

Noch ist sie die Jüngste im Trio der Cunard-Liner (zum geplanten Neubau siehe S. 60) – trotzdem atmet die **Queen Elizabeth** Geschichte: Auf allen Decks erinnern Fotos und Ausstellungsstücke an die Zeit, in der eine Kreuzfahrt noch ein Luxusgut war. 2010 von der Queen höchstpersönlich getauft, punktet die „Lizzy" mit einem Sportbereich auf Deck 11, der zu Krocket oder Boule einlädt; daneben liegen die Grill-Class-Restaurants mit Außenbereich. Und: Neun Kabinen sind für Einzelreisende reserviert. Letzteres gilt auch für die drei Jahre ältere **Queen Victoria**, die als Gesamtkunstwerk im Stil der viktorianischen Ära konzipiert ist. Beim ersten großen Umbau im Sommer 2017 erhielt die kleinste der drei Queens 43 neue Kabinen der Kategorie Britannia Club, deren Passagiere wie die Suitengäste in einem eigenen Restaurant ohne festgelegte Tischzeiten speisen. Auch alle anderen Kabinen wurden renoviert und mit Kaffee- bzw. Wasserkocher ausgestattet. Auf dem Sonnendeck gibt es nun mehr geschützte Bereiche und moderne Loungemöbel. Zum Glück bleibt aber auch Bewährtes erhalten – voran der ikonische Queens Room über zwei Decks für die nostalgischen Themenbälle.

Fahrgebiete 2020

Queen Elizabeth: Jahresbeginn und -ende vor Australien und Neuseeland, dazwischen Asien mit Schwerpunkt Japan und Alaska. **Queen Victoria**: Rund um Südamerika ab/bis Hamburg, dann Nord- und Ostsee, Mittelmeer, Polarlichter und Kanaren.

REGELMÄSSIG IM MITTELMEER – hier vor Villefranche an der Côte d'Azur

Disney Cruise Line

Zu Hause in Florida, aber auch 2020 wieder in Europa zu Gast: Micky & Co. auf hoher See

Sie sind als schwimmende Funparks konzipiert – und haben doch das Flair traditioneller Oceanliner. Mit ihrem goldverzierten Rumpf und Schornsteinen, an denen Mickys Konterfei prangt, sind sie echte Hingucker. Sie treten als doppelte Zwillinge auf: **Disney Magic** und **Disney Wonder** (1998/99) als die älteren, kleineren – **Disney Dream** und **Disney Fantasy** (2011/12) als die jüngeren, größeren. Anfang 2022 kommt der Neubau **Disney Wish** hinzu; zwei weitere werden folgen und die Kapazität der Flotte fast verdoppeln. Gemeinsam ist allen: So klassisch das Äußere, so bunt ist es an Bord. Kindern wird dort ein Paradies bereitet, mit originalen Disney-Shows, 3-D-Kino, großen Kinderclubs mit bestens geschulten Betreuern, Babysitting schon ab drei Monaten – und großen, mit separater Toilette versehenen Kabinen. Doch auch Erwachsene fühlen sich bei Disney wohl. Für sie gibt es kinderfreie Pools sowie originelle Bars und Restaurants, in denen als Clou das „Rotational Dining" gilt: Allabendlich kann man zwischen verschiedenen Themenrestaurants wechseln – und die Kellner kommen mit! Die Bordsprache ist Englisch, der Service herzlich, das Ambiente amerikanisch – und die Preise für den Spaß sind stattlich, u. a. mit 12 US$ Trinkgeld pro Tag und Person. Dafür aber sind Micky, Goofy, Donald Duck & Co. allgegenwärtig.

Fahrgebiete 2020

Die **Disney Magic** besucht von Juni bis September das Mittelmeer und Nordeuropa. Die Schwestern kreuzen in der Karibik und vor Nordamerika bis Alaska.

DATEN & FAKTEN DISNEY MAGIC

BRZ 83.969	**Passagiere** 2.713
Länge 293,80 m	**Crew-Mitglieder** 950
Breite 32,00 m	**PCR (Pass. pro Crew)** 2,9
Indienststellung 1998	**PSR (Platzangebot)** 30,9
Renovierung 2016	**Passagierdecks** 11
Bordsprache Englisch	**Restaurants/Bars** 4/7

Kabinen	875 (262 innen, 613 außen), davon 22 Suiten, 384 mit Balkon; Größen: 16,8–90 m²
Sport & Wellness	3 Pools, 6 Whirlpools, Senses Spa für Erwachsene, Chill Spa für Teens, Sportdeck/Basketball, Sauna, Massage, Wasserrutsche Aqua Dunk
Info-/Entertainment	Disney-Musicals, Kinderanimation (ab 3 Mon.), 3-D-Kino, Musicals im Theater, Feuerwerk auf See u. v. m.
Dresscode	ungezwungen
Preis pro Nacht	€ 156 bis € 3.946; Durchschn. € 458
Info	USA: www.disneycruise.disney.go. com. Deutschland: u. a. zu buchen über www.kreuzfahrten.de oder Dertour, Tel. (069) 153 22 55 33

PROFIL

Info-/Entertainment	⚓⚓⚓⚓⚪
Sport & Wellness	⚓⚓⚓⚓⚪
Gastronomie	⚓⚓⚓⚓⚪
Familienfreundlichkeit	⚓⚓⚓⚓⚓
Service	⚓⚓⚓⚓⚪
Routing	⚓⚓⚓⚓⚪

WIRD 2020 STOLZE 40 JAHRE ALT: die Berlin im Mittelmeer

DATEN & FAKTEN BERLIN

BRZ 9.570

Länge 139,00 m

Breite 17,50 m

Indienststellung 1980

Renovierung 2018/19

Bordsprache Deutsch

Passagiere 412/456

Crew-Mitglieder 180

PCR (Pass. pro Crew) 2,3

PSR (Platzangebot) 23,2

Passagierdecks 6

Restaurants/Bars 2/5

Kabinen	206, davon 158 außen, 48 innen, 2 Grand-Suiten, 4 Junior-Suiten, Größen: 14–37 m²
Sport & Wellness	Sauna, Fitnesscenter, Massagen gegen Gebühr, Außenpool, Friseur, Bordarzt; Lift zu 4 der 6 Passagierdecks
Info-/Entertainment	Shows mit Einzelkünstlern, Lektorenvorträge, Livemusik, große Bibliothek, leichte Animation
Dresscode	sportlich-leger bis formell
Preis pro Nacht	€ 92 bis € 616; Durchschnitt € 225
Info	FTI Cruises, München Tel. (0361) 518 03 43 00 www.fti-cruises.com

PROFIL

Info-/Entertainment	
Sport & Wellness	
Gastronomie	
Familienfreundlichkeit	
Service	
Routing	

FTI Cruises: Berlin

Seit vier Jahrzehnten in Fahrt – und dank Fernsehvergangenheit ein Schiff für Fans

1980 gebaut, 2020 also wird sie 40: Das ist für Motorschiffe ein hohes Alter. Stolz ist man in der Tat bei FTI Cruises in München, deren einziges Schiff die Berlin ist. Schlagerstar Patrick Lindner, zum dritten Mal Stargast an Bord, wird den 40. Geburtstag auf einer Jubiläumskreuzfahrt mit den „Berlinern" feiern. Von denen viele Stammgäste sind, die das persönliche Ambiente schätzen, für das die kleine Berlin steht. Ruhig und gediegen geht es zu an Bord des ehemaligen ZDF-„Traumschiffs", das ohne Schnickschnack auskommt und doch seinen ganz eigenen Charme besitzt. 2017 und noch einmal 2018/19 wurde renoviert, vor allem in den öffentlichen Bereichen. Echte Hingucker sind die riesige Bibliothek im Kolonialstil und die Sirocco-Lounge, in der tagsüber Vorträge und abends Shows stattfinden. Gespeist wird im Hauptrestaurant (zwei Sitzungen à la carte) oder am Verandah-Buffet, getanzt im Yacht Club. Und der perfekte Ort für einen Sundowner ist das Lidodeck mit kleinem Außenpool. Sehr großzügig sind alle Außenbereiche, solide eingerichtet die Kabinen; in den Grand- und Junior-Suiten spiegeln sich die 80er. Fitness und Sauna, ein kleiner Shop, ein Friseursalon und ein Massagebereich runden das Angebot ab. Kurzum: ein Kreuzfahrtklassiker mit Herz.

Fahrgebiete 2020

Bis März Karibik mit Kuba ab/bis Cienfuegos, dann via Kanaren ins Mittelmeer, von Juni bis August Nord- und Ostsee sowie eine Island-Kreuzfahrt, ab September wieder Mittelmeer.

Foto: Peggy Günther

AUF SOMMERKREUZFAHRT in Norwegen

Hansa Touristik: Ocean Majesty

Kleiner Wohlfühlklassiker mit vielen Routen, die von deutschen Häfen aus starten

Der Stuttgarter Veranstalter Hansa Touristik kombiniert auf seinem einzigen Hochseeschiff klassische Elemente wie Kapitänsabend mit offenen Tischzeiten und Getränkepaketen. Tischwein und Wasser sind ohnehin inklusive, alle weiteren Nebenkosten moderat. Als Alternative zum À-la-carte-Restaurant wartet das Buffet auf dem Lidodeck mit vielen Zweiertischen und Außensitzplätzen auf. Das Landausflugsprogramm bietet verschiedene Kategorien wie „Aktiv", „Lektor", „Mobilitätseingeschränkt" und „Kulinarik". Passend dazu gibt es zu jeder Region Expertenvorträge an Bord. Ansonsten reicht das Entertainment von der Jazzmatinee bis zum Talkformat „Nachtcafé" in der Observation Lounge. In der Bellinis Cigar Lounge werden zahlreiche Sportereignisse live übertragen, und am Sonntagabend läuft hier auch der „Tatort". Auf fast allen Reisen fahren Kinder und Jugendliche kostenlos in der Kabine der Eltern mit, für sie gibt es auch ein Programm an Bord. Im Winter wird das Schiff stets liebevoll renoviert, zuletzt haben alle Balkonkabinen neue Bäder, einen Kaffeeautomaten und ein individuelles Farbkonzept erhalten. Ein Wermutstropfen: Aufgrund vieler Türschwellen ist das Schiff für Rollstuhlfahrer ungeeignet.

Fahrgebiete 2020

Nord- und Ostsee ab Mai, inklusive Grönlands Ost- und Westküste und einer Intensiv-Ostseeroute mit selten angefahrenen Häfen. Highlight im Mittelmeer ist die Sondergenehmigung für einen Stopp auf Athos.

DATEN & FAKTEN OCEAN MAJESTY

BRZ 10.417	**Passagiere** 500/548
Länge 136,00 m	**Crew-Mitglieder** 235
Breite 19,20 m	**PCR (Pass. pro Crew)** 2,1
Indienststellung 1995	**PSR (Platzangebot)** 20,8
Renovierung 2016	**Passagierdecks** 8
Bordsprache Deutsch	**Restaurants/Bars** 2/5

Kabinen	274 (193 außen, 81 innen), 8 mit Balkon, 185 mit Fenster oder Bullauge; Größen: 14–23 m²
Sport & Wellness	Wellnessbereich mit Sauna, Massage und Beautysalon, Shuffleboard, Joggingpfad
Info-/Entertainment	Animation, Show, Unterhaltung, Tanz, Sat-TV, Kino
Dresscode	sportlich-leger, elegant nur an zwei Gala-Abenden
Preis pro Nacht	€ 133 bis € 442; Durchschnitt € 229
Info	Hansa Touristik Stuttgart, Tel. (0711) 22 93 16 90 www.hansatouristik.de

PROFIL

Info-/Entertainment	⚓⚓⚓○○
Sport & Wellness	⚓⚓○○○
Gastronomie	⚓⚓⚓○○
Familienfreundlichkeit	⚓⚓⚓○○
Service	⚓⚓⚓⚓○
Routing	⚓⚓⚓⚓○

FÜR HÖCHSTE ANSPRÜCHE: Spitzengastronomie an Bord, Zodiac-Tour in der Südsee, Gourmet-Event „Europas Beste"

Hapag-Lloyd Cruises

Der Tradition verpflichtet, aber auch zukunfts-
orientiert: die führende deutsche Luxusreederei

Als Albert Ballin 1891 die erste „Bildungs- und Vergnügungsreise" auf hoher See anbot, konnte er den Erfolg des Konzepts Kreuzfahrt nicht einmal erahnen. Heute firmiert das Unternehmen, das Ballin einst führte, als Hapag-Lloyd Cruises – und darf stolz auf seine Geschichte sein. Doch die deutsche Topmarke für gehobene Seereisen versteift sich nicht auf ihre Tradition, sondern wagt auch den Wandel: Nach dem Erfolg des legeren Lifestyles an Bord der **Europa 2** erwartet Luxuspassagiere inzwischen auch auf der fast schon legendären **Europa** ein weniger formelles Ambiente. Trotzdem steht Hapag-Lloyd weiterhin für ein individuelles Kreuzfahrterlebnis, exzellenten Service und kulinarische Höchstleistungen. Klassisch bleiben auch die Routen der **Europa**; lange Reisen bis hin zur Weltumrundung gehören grundsätzlich zum Programm. Auf der **Europa 2** gibt es hingegen auch kürzere Kreuzfahrten für Familien, und Themenreisen wie „fashion2Sea" sollen ein jüngeres Publikum überzeugen.

Mit dem Start von **HANSEATIC nature** (Seite 48) und **HANSEATIC inspiration** wurde 2019 auch die Expeditionssparte modernisiert. Gummistiefel statt Smoking lautet hier der Dresscode. Eine dritte Schwester folgt 2021, zugleich verlässt die kleinere **Bremen** die Flotte. Die Namen der Neubauten erinnern an die **Hanseatic**, die 25 Jahre für Hapag-Lloyd fuhr und seit 2018 für **One Ocean Expeditions** in Kanada kreuzt.

Eine Besonderheit: Hapag-Lloyd ist der einzige Anbieter, der auch Kreuzflüge im Programm hat: mit einem Privatjet namens – natürlich – **Albert Ballin**.

Schiff	Baujahr	Passagiere
Bremen	1990	155
Europa	1999	400
Europa 2	2013	514
HANSEATIC nature	2019	230
HANSEATIC inspiration	2019	230
HANSEATIC spirit	2021	230

NEUES DESIGN: die Bremen in der Arktis

Bremen

Klein, robust, familiär – und anspruchsvoll auch im Detail: das perfekte Schiff für Weltentdecker

Sie gilt als echte „Love Brand" bei Hapag-Lloyd Cruises. Will sagen: Die robuste Bremen hat eine treue Fangemeinde, eine Familie fast; entsprechend ist die Atmosphäre an Bord. Im Fokus aller stehen die Ziele, zu denen das Schiff kreuzt. Versierte Lektoren und eine sehr gute Küche gehören zum Rahmenprogramm der Naturschauspiele. Der beheizte Pool auf dem rundum verglasten Pooldeck erlaubt ein Bad auch in kalten Regionen. Als Dresscode gilt „smart casual", Abendrobe ist nicht gefragt. Die Panoramalounge (mit kleiner Bar) am höchsten Punkt des Schiffs gewährt beste Aussichten und dient auch für Vorträge der Fachlektoren. Um draußen nichts zu verpassen, bleiben dabei die Vorhänge oft geöffnet. Komfortable Kabinen, eine offene Brücke und großzügige Außendecks bieten beste Voraussetzungen für den Naturgenuss. Und dank des neuen Anstrichs sieht die Bremen nun sogar der neuen, größeren Expeditionsklasse ähnlich. Wer den Klassiker noch einmal erleben will, sollte sich mit seiner Buchung beeilen: Pünktlich zum Start des dritten Neubaus verlässt die Bremen Ende April 2021 die Flotte von Hapag-Lloyd Cruises.

Fahrgebiete 2020

Nach einer Antarktisreise von Kap zu Kap kreuzt die Bremen nach Neuseeland und durch den Pazifik nach Japan. Auf zwei Kamtschatkareisen folgt eine Nordwestpassage, danach geht es nach Ostgrönland, Großbritannien und zu den atlantischen Inseln, bevor die letzte Antarktissaison unter Hapag-Lloyd-Flagge startet.

DATEN & FAKTEN

BRZ 6.752		**Passagiere** 155	
Länge 111,00 m		**Crew-Mitglieder** 100	
Breite 17,00 m		**PCR (Pass. pro Crew)** 1,6	
Indienststellung 1990		**PSR (Platzangebot)** 41,2	
letzte Renovierung 2016		**Passagierdecks** 6	
Bordsprache Deutsch		**Restaurants/Bars** 1/2	

Kabinen	80 Außenkabinen (18 m²), davon 16 mit Balkon, sowie 2 Suiten (24 m²) mit Balkon
Sport & Wellness	Pool, Fitnessraum und Sauna, Schnorchelausrüstung, Nordic-Walking-Stöcke
Info-/Entertainment	Wissensvermittlung durch Experten verschiedener Fachrichtungen, auch für Teens von 10 bis 17 Jahren
Dresscode	sportlich-leger bis sportlich-elegant
Preis pro Nacht	€ 289 bis € 1.013; Durchschnitt € 600
Info	Hapag-Lloyd Cruises Hamburg, Tel. (040) 307 03 05 55 www.hl-cruises.de

PROFIL

Info-/Entertainment	⚓ ⚓ ⚓ ⚓ ○
Sport & Wellness	⚓ ⚓ ⚓ ○ ○
Gastronomie	⚓ ⚓ ⚓ ⚓ ○
Familienfreundlichkeit	⚓ ⚓ ⚓ ○ ○
Service	⚓ ⚓ ⚓ ⚓ ⚓
Routing	⚓ ⚓ ⚓ ⚓ ⚓

SOMMERKREUZFAHRT nach Norwegen

DATEN & FAKTEN

BRZ 28.890

Länge 198,60 m

Breite 24,00 m

Indienststellung 1999

Renovierung 2019

Bordsprache Deutsch

Passagiere max. 400

Crew-Mitglieder 285

PCR (Pass. pro Crew) 1,4

PSR (Platzangebot) 70,8

Passagierdecks 7

Restaurants/Bars 5/6

Kabinen	192 Außensuiten (27 m²), davon 168 mit Balkon und 4 Spa-Suiten; 12 Penthouse-Suiten (45 od. 85 m²)
Sport & Wellness	Pool, Fitnessraum, Ocean Spa (mit 4 Spa-Suiten), Sauna, Personal Trainer, Golf Pro, Bikes, Tanzkurse, Nordic Walking, Schnorcheln
Info-/Entertainment	Stars der klassischen und Unterhaltungsmusik, Maler, Lektoren, Schauspieler, Schriftsteller, Galerie, Themenreisen, Familienangebote
Dresscode	sportlich-elegant bis elegant
Preis pro Nacht	€ 259 bis € 4.220; Durchschnitt € 824
Info	Hapag-Lloyd Cruises Hamburg, Tel. (040) 307 03 05 55 www.hl-cruises.de

PROFIL

Info-/Entertainment	⚓⚓⚓⚓○
Sport & Wellness	⚓⚓⚓⚓○
Gastronomie	⚓⚓⚓⚓⚓
Familienfreundlichkeit	⚓⚓⚓○○
Service	⚓⚓⚓⚓⚓
Routing	⚓⚓⚓⚓◐

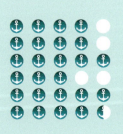

Europa

Die Luxusyacht auf höchstem Niveau ist nun deutlich moderner und legerer unterwegs

Sie zählt noch immer zu den besten Kreuzfahrtschiffen der Welt – erhielt allerdings 2013 mit der **Europa 2** eine legere Konkurrenz in der eigenen Flotte. Nach einem Refit im Oktober 2019 präsentiert sich aber nun auch die „alte" Europa deutlich zwangloser: Die traditionelle Dresscode-Etikette wurde aufgebrochen, und mit freier Tischplatzwahl nähert sich das Schiff veränderten Kundenerwartungen an. Die Bereitstellung von deutlich mehr Zweiertischen im Hauptrestaurant und verlängerte Öffnungszeiten erleichtern diesen Übergang. Gastronomie und Service bleiben dabei auf dem gewohnten Top-Niveau: Sternekoch Dieter Müller wurde von Kevin Fehling abgelöst, zudem gibt es mit dem Pearls ein neues Seafood-Restaurant mit Außenterrasse am Heck des Schiffs. Auf der 210-tägigen Weltreise ab/bis Hamburg gibt es erstmals weder Gala-Abende noch Captain's Dinners. Dafür wird mehr Wert auf Well-being gelegt: Neue Spa- und Fitnesskonzepte sowie Ernährungs-Workshops halten Einzug an Bord. Auch neue Entertainmentformate sind geplant. Man darf gespannt sein, wie langjährige Europa-Fans das neue Konzept annehmen.

Fahrgebiete 2020

Zu Jahresbeginn Südostasien, Australien, Pazifik, Mittelamerika, ab Mai Nord- und Ostsee inklusive Spitzbergen. Über Island und Neufundland zum Indian Summer an die Ostküste Nordamerikas, anschließend Karibik, Westküste Südamerikas. Jahreswechsel im Pazifik auf dem Weg nach Down Under.

PRACHTKULISSE: Europa 2 vor der Skyline von Manhattan

Europa 2

Luxus lässig interpretiert: Das für viele schönste Schiff der Welt ist ein Raumwunder

„21 Knoten und keine Krawatte" – mit der Europa 2 wagte Hapag-Lloyd Cruises 2013 den Start in eine lässige Form der Luxuskreuzfahrt. Das Konzept ohne Kleiderzwang, ohne Rituale, ohne feste Plätze im Restaurant kommt an und wurde inzwischen auch auf der älteren **Europa** übernommen. Mit sieben Restaurants bietet die Europa 2 eine erstaunliche Vielfalt für ihre Größe. Das Tarragon mit französischer Küche ist besonders beliebt und exquisit. Neben der (Wahl-)Freiheit heißt Luxus aber vor allem auch: Platz! Kein Schiff verschwendet ihn so wie dieses. Opulent sind die Lobby, die Außendecks, das Spa. Und keine der eleganten Suiten, alle mit Veranda und Regenwalddusche ausgestattet, ist kleiner als 27 Quadratmeter. Themenreisen bringen regelmäßig Abwechslung in das Bordprogramm: Die Formate decken Mode, Kunst, Sport und Entspannung sowie Musik ab. Im Rahmen des jüngsten Werftaufenthalts im September 2019 wurde das Buffetrestaurant Yachtclub runderneuert. Auch im Sport- und Wellnessbereich gab es Updates – von den Laufbändern bis hin zur Schwalldusche. Und auf Deck 11 laden Hängematten zum Entspannen ein.

Fahrgebiete 2020

Die Europa 2 startet mit einer Kuba-Reise ins Jahr, fährt anschließend rund um Südamerika und nach dem brasilianischen Karneval nach Europa für Mittelmeerreisen im Frühling. Im Mai und Juni Nord- und Ostsee, dann wieder Mittelmeer, bevor es im Oktober Richtung Karibik geht. Jahreswechsel in der Südsee.

DATEN & FAKTEN

BRZ 40.000	**Passagiere** max. 514
Länge 225,38 m	**Crew-Mitglieder** 370
Breite 26,70 m	**PCR (Pass. pro Crew)** 1,4
Indienststellung 2013	**PSR (Platzangebot)** 77,5
Renovierung 2019	**Passagierdecks** 7
Bordsprache Deutsch, Engl.	**Restaurants/Bars** 7/6

Kabinen	251 Außensuiten mit Veranda (27–114 m²), davon u. a. 16 Spa-Suiten (52 m²) und 7 Familienapartments (2 x 27 m²)
Sport & Wellness	Pool mit ausfahrbarem Dach, Ocean Spa (620 m²), Fitnessbereich, Kurse, Personal Trainer, Golf Pro, Fahrräder, Nordic Walking
Info-/Entertainment	Showtheater, internationale Gaststars, Jazzclub, Kino, Literatursalon, Disco, Kunstgalerie, Miele-Kochschule, Themenreisen, Kinderclub
Dresscode	lässige Eleganz – ohne Vorschrift
Preis pro Nacht	€ 445 bis € 3.681; D'schn. € 1.015
Info	Hapag-Lloyd Cruises Hamburg, Tel. (040) 307 03 05 55 www.hl-cruises.de

PROFIL

Info-/Entertainment	⚓⚓⚓⚓○
Sport & Wellness	⚓⚓⚓⚓○
Gastronomie	⚓⚓⚓⚓⚓
Familienfreundlichkeit	⚓⚓⚓⚓○
Service	⚓⚓⚓⚓⚓
Routing	⚓⚓⚓⚓○

TRIO FÜRS ABENTEUER: die drei neuen „Hanseatics"

DATEN & FAKTEN HANSEATIC NATURE

BRZ 15.650	**Crew-Mitglieder** 175
Länge 138,70 m	**PCR (Pass. pro Crew)** 1,3
Breite 22,00 m	**PSR (Platzangebot)** 68,0
Indienststellung 2019	**Passagierdecks** 7
Bordsprache Deutsch	**Restaurants** 3
Passagiere max. 230	**Bars** 2

Kabinen	120 Außenkabinen, davon 18 Suiten, 63 Balkonkabinen, 20 Kabinen mit frz. Balkon, Größen: 21–71 m²
Sport & Wellness	Pool mit Gegenstromanlage, Fitness, Kurse, Ocean Spa, Sauna, Dampfbad, Nordic-Walking-Stöcke, Kayaking, in Warmwasserrevieren: Stand-up-Paddling
Info-/Entertainment	Pianist, DJ, Lektorate, auf ausgewählten Reisen Familienangebote
Dresscode	sportlich-elegant bis elegant
Preis pro Nacht	€ 316 bis € 1.685; Durchschnitt € 854
Info	Hapag-Lloyd Cruises Hamburg, Tel. (040) 307 03 05 55 www.hl-cruises.de

PROFIL

Info-/Entertainment	⚓⚓⚓⚓○
Sport & Wellness	⚓⚓⚓⚓○
Gastronomie	⚓⚓⚓⚓○
Familienfreundlichkeit	⚓⚓⚓⚓○
Service	⚓⚓⚓⚓⚓
Routing	⚓⚓⚓⚓⚓

HANSEATIC nature, inspiration & spirit

Das Trio moderner Expeditionsneubauten bietet viel Platz und Komfort

Mit der **HANSEATIC nature** ist im Mai 2019 der erste Expeditionsneubau von Hapag-Lloyd Cruises gestartet, dicht gefolgt von der **HANSEATIC inspiration**, auf der auch Englisch gesprochen wird; 2021 kommt die **HANSEATIC spirit**. Das baugleiche Trio unterscheidet sich nur in Details: So hat die **nature** noch eine Raucherlounge, während die anderen beiden Nichtraucherschiffe sind. Die Kabinen bieten viel Stauraum und kreieren durch indirekte Beleuchtung echte Wohlfühlatmosphäre. Viel Platz ist dem Lernen und Entdecken gewidmet: Riesige Video Walls machen das Atrium zur Projektionsfläche für Expertenvorträge; in der Ocean Academy kann man selbst auf Wissensreise gehen. Die gut sortierte Bibliothek in der Observation Lounge sowie Naturdokus im Kabinenfernseher runden das Informationsangebot ab. Da braucht es auch kein großes Entertainment mehr, denn das bietet die Natur – hautnah zu erleben u. a. auf den ausfahrbaren gläsernen Balkonen oder dem Umlauf vorn im Bug. In Warmwasserrevieren punkten die Schiffe zudem mit einer Marina für Wassersport. Zum Schlemmen stehen drei Restaurants und mehrere Bars zur Wahl. Sehr großzügig ist der Fitness- und Saunabereich.

Fahrgebiete 2020

Antarktis, Süd- und Mittelamerika (u. a. Amazonas) und Arktis sind für beide Schiffe gesetzt. Die **inspiration** kreuzt zudem in der Karibik, nach Neuengland sowie auf den Großen Seen, die **nature** zu den Azoren, nach Großbritannien und in die Südsee.

Holland America Line

Europäische Wurzeln, amerikanisches Management: eine Reederei mit Traditionsbewusstsein

Lange war diese 1873 in Rotterdam gegründete Reederei einer der großen Player im Geschäft mit Auswanderern in die Neue Welt; die erste Kreuzfahrt wurde 1895 angeboten. Im Rotterdamer Hafen steht noch das ehrenwerte alte Firmengebäude, nur Schritte von der Erasmusbrücke und dem heutigen modernen Cruise Terminal entfernt. Der Hauptsitz der „HAL" befindet sich jedoch heute in Seattle an der Pazifikküste der USA: Seit 1998 gehört sie zur **Carnival Corporation**, wo sie im Premium-Segment kreuzt – und konzernintern mit **Princess Cruises** um die Marktführerschaft in Alaska wetteifert. Aktuell zählt die HAL-Flotte 14 Schiffe. Das kleinste von ihnen, die **Prinsendam**, wurde 2018 an Phoenix Reisen verkauft (siehe **Amera**, S. 153). Der jüngste Neuzugang **Nieuw Statendam** bildet mit der **Koningsdam** die „Pinnacle Class", die 2021 mit der **Ryndam** noch erweitert wird. Die Gäste der Holland America Line kommen mehrheitlich aus Nordamerika, die Bordsprache ist deshalb Englisch und die Bordwährung der US-Dollar. Die Reederei möchte mit ihrem Programm Entdecker, Foodies und Musikliebhaber ansprechen, was besonders bei der jüngsten Schiffsklasse zum Tragen kommt.

Schiff	Baujahr	Passagiere
Maasdam	1993	1.258/1.623
Veendam	1996	1.350/1.654
Rotterdam	1997	1.404/1.827
Volendam	1999	1.432/1.838
Zaandam	2000	1.432/1.839
Amsterdam	2000	1.380/1.772
Zuiderdam	2002	1.970/2.556
Oosterdam	2003	1.916/2.504
Westerdam	2004	1.964/2.504
Noordam	2006	1.972/2.306
Eurodam	2008	2.104/2.731
Nieuw Amsterdam	2010	2.106/2.735
Koningsdam	2016	2.650/3.375
Nieuw Statendam	2018	2.666/3.391

PREMIUM-ANSPRUCH: großzügige Rückzugsplätze an Deck, Kapitäne bei einer Schiffstaufe, Kochkurse an Bord

Nieuw Statendam
Kreuzfahrt GUIDE AWARD
Bestes Info- & Entertainment 2019

Foto: Peggy Günther

AN DER PIER in Amsterdam

Nieuw Statendam

Klassische Eleganz mit frischen Designideen: das jüngste Schiff der Holland America Line

Ein Hoch auf die Tradition! Dieser Neubau aus der Fincantieri-Werft ist bereits die sechste Statendam – die erste startete 1898. Doch nicht nur mit der Namensgebung, sondern auch im Schiffskonzept verbindet die Reederei Tradition und Moderne: Zwar gibt es noch die klassischen Holzvertäfelungen und gemütlichen Sessel, jedoch genießt man in ihnen neue Unterhaltungsformate: Der Music Walk führt von rauchiger Rockmusik bis hin zu moderner Klassik, und der traditionelle B. B. King's Blues Club darf natürlich auch nicht fehlen. Einen Nachtclub vermisst da niemand. Wo auf der Schwester **Koningsdam** noch das Culinary Arts Center angesiedelt ist, finden Suitengäste auf der Nieuw Amsterdam erstmals ein eigenes Restaurant namens Club Orange. Kochkurse und Workshops, angelehnt an die TV-Serie „America's Test Kitchen", gibt es trotzdem weiterhin. Das panasiatische Restaurant Tamarind wartet nun mit einem eigenen Sushi-Angebot und Außensitzplätzen auf. 912 großzügige Balkonkabinen sind Rekord in der Flotte, auch Familien- und Singlekabinen gibt es. Ein Tipp: Von den 2.600 Kunstwerken an Bord hängen viele in den drei Treppenhäusern – sortiert nach den Themen Musik, Mode und moderne Kunst.

Fahrgebiete 2020

Karibik bis April, dann Nordeuropa (Norwegen, Island, Britische Inseln, Baltikum) ab/bis Amsterdam. Mittelmeer im September und Oktober, danach Transatlantikfahrt und Winterreisen in der Karibik.

DATEN & FAKTEN

BRZ 99.836		**Crew-Mitglieder** 1.036	
Länge 297,00 m		**PCR (Pass. pro Crew)** 2,6	
Breite 35,00 m		**PSR (Platzangebot)** 37,5	
Indienststellung 2018		**Passagierdecks** 13	
Bordsprache Englisch		**Restaurants** 12	
Passagiere 2.666/3.391		**Bars** 7	

Kabinen	1.339 (davon 1.059 außen, 280 innen); Größen: ca. 12–120 m²
Sport & Wellness	2 Pools, 5 Whirlpools, Spa mit Fitnesscenter u. Beautysalon, Saunen, Massage, Basketball/Volleyball, Joggingtrack, Tischtennis
Info-/Entertainment	Casino, Theater mit „World Stage"; Music Walk, B. B. King's Blues Club, Billboard Onboard, Bibliothek, Computer, Schach, Kunstgalerie; Kinder- und Jugendclub
Dresscode	leger, abends mitunter formell
Preis pro Nacht	€ 73 bis € 1.885; Durchschn. € 194
Info	Holland America Line, Rotterdam In Dtl. buchbar im Reisebüro oder über www.hollandamerica.com

PROFIL

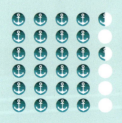

Info-/Entertainment	⚓ ⚓ ⚓ ⚓ ⚪
Sport & Wellness	⚓ ⚓ ⚓ ⚓ ⚪
Gastronomie	⚓ ⚓ ⚓ ⚓ ⚓
Familienfreundlichkeit	⚓ ⚓ ⚓ ⚓ ⚪
Service	⚓ ⚓ ⚓ ⚓ ⚪
Routing	⚓ ⚓ ⚓ ⚓ ⚪

Hurtigruten

Auf der Postschiff-Route längs der norwegischen Fjorde – und mit Expeditionskreuzern ins Eis

Schiffstaufe in der Antarktis! Das ist in der Tat eine Weltpremiere, die die mediale Aufmerksamkeit für den Neubau **Roald Amundsen** plakativ aufrechterhält – im Herbst 2019 fand die Taufe statt. Aber aufsehenerregend ist der Neubau (dem ein zweiter 2020 folgen soll) aus anderen Gründen: Ein Hingucker ist seine wuchtige Statur – und zukunftsweisend seine Technologie. Es ist das erste Hybrid-Expeditionsschiff der Welt, das heißt, es fährt auf Teilstrecken batteriebetrieben. Überhaupt tut Hurtigruten derzeit alles, um als „grünste" Marke der Kreuzfahrtwelt zu gelten. Als Erste verbannte sie Plastikbestecke von Bord, seit 2019 setzt sie aus Fischabfällen erzeugtes Biogas ein, und mit der Hurtigruten Foundation werden Umwelt- und Sozialprojekte in den Regionen unterstützt, die die Expeditionskreuzer besuchen. Und die Postschiffe? Sie fahren weiter, wie seit jenem Winter 1893, als Kapitän Richard With sich mit der **Vesterålen** in Norwegens hohen Norden vorwagte – die Geburtsstunde der „Schnellen Route". Ganzjährig sind die Liner hier im Einsatz, von Bergen nach Kirkenes und retour, als Fracht- und Passagierschiffe zugleich. Der nach der (nur noch vor Spitzbergen fahrenden) **Njordsternen** zweitälteste von ihnen, die **Lofoten**, verlässt Ende 2020 die Flotte.

Schiff	Baujahr	Passagiere
Nordstjernen	1956	150
Lofoten	1964	340
Vesterålen	1983	510
Kong Harald	1993	623
Richard With	1993	623
Nordlys	1994	622
Nordkapp	1996	622
Polarlys	1996	619
Nordnorge	1997	623
Finnmarken	2002	1.000
Trollfjord	2002	822
Midnatsol	2003	500
Fram	2007	318
Spitsbergen	2009/2016	320
Roald Amundsen	2019	530
Fridtjof Nansen	2020	530

NAH DRAN: Traumkulisse der Lofoton, „Norway's Coastal Kitchen" auf dem Teller – und im Winter die Nordlichter

DIE SPITSBERGEN fährt im Sommer auch nach Spitsbergen

DATEN & FAKTEN SPITSBERGEN

BRZ 7.344	**Passagiere** 320
Länge 100,45 m	**Crew-Mitglieder** 80
Breite 18,00 m	**PCR (Pass. pro Crew)** 4,0
Indienststellung 2009	**PSR (Platzangebot)** 22,9
Komplettumbau 2016	**Passagierdecks** 6
Bordspr. Dt., Engl., Norw.	**Restaurants/Bars** 1/1

Kabinen	102 (80 außen, 22 innen), davon 6 Suiten (1 barrierefrei) mit Balkon; Größen: 6–37 m²
Sport & Wellness	Fitnessraum, 2 Whirlpools, Sauna, Lift
Info-/Entertainment	Lektorenvorträge von Experten, Durchsagen von der Brücke, Bibliothek, Observation Lounge, Videospiele, Shop, Internet; „Neptunstaufe" am Polarkreis
Dresscode	sportlich-leger
Preis pro Nacht	€ 160 bis € 1.750; Durchschnitt € 359
Info	Hurtigruten Hamburg, Tel. (040) 87 40 74 43 www.hurtigruten.de

PROFIL

Info-/Entertainment	⚓⚓⚓○○
Sport & Wellness	⚓⚓⚓○○
Gastronomie	⚓⚓⚓⚓○
Familienfreundlichkeit	⚓⚓○○○
Service	⚓⚓⚓○○
Routing	⚓⚓⚓⚓○

Hurtigruten-Postschiffe

Ein Klassiker für Schiffs- und Naturliebhaber: die laut Eigenwerbung „schönste Seereise der Welt"

Man sagt, die Hurtigrute sei eine Seereise für Menschen, die Kreuzfahrten eigentlich nicht mögen. Richtig ist: Die zwischen vier (**Spitsbergen**) und 56 Jahre alten Schiffe (**Lofoten**) bieten außer Vorträgen und der Aussicht über die Reling so gut wie kein Entertainment – und sind eher Fähren als Cruiseliner, denn sie verkehren im Liniendienst längs der norwegischen Küste. Gäste aus aller Welt, darunter immer auch viele Deutsche, fahren eine oder zwei Wochen mit, andere nur ein paar Stunden oder Tage. Die herzliche Bordatmosphäre genießen dabei alle. In einer Woche laufen die Schiffe über 20 Häfen an, oft für nur 30 Minuten, in den größeren Städten auch mal länger. Einige befördern auch Autos und Fracht – nur die Post schon lange nicht mehr. Die Bordreiseleiter sind exzellent, zum Ausflugsprogramm gehören Radtouren, Kajakfahrten, Rib-Boat-Safaris – oder ein Wikingerfest auf den Lofoten. Doch die meiste Zeit fährt man und genießt den Blick aus der Observation Lounge auf die Landschaft: Meerengen, Wasserfälle, pittoreske Leuchttürme und Dörfer. Die Kabinen sind funktional, aber bequem, doch bei den älteren Einheiten klein. Die Küche serviert lokale Spezialitäten nach dem Motto „Norway's Coastal Kitchen": Fang- oder erntefrisch vor Ort erworben, kommen sie auf den Tisch.

Fahrgebiete 2020

Ganzjährig von Bergen nach Kirkenes und retour. Die One-Way-Variante dauert eine Woche, die volle Hin- und Rückfahrt 11 oder 12 Tage.

NEUE DESTINATION: Die Roald Amundsen erkundet im Sommer Alaska

Hurtigruten-Expeditionen

Abenteuer Expedition: Mit der Fram begann es – mit den Neubauten wird es weiter ausgebaut

Mit der 2007 getauften **Fram** erhielt Hurtigruten erstmals ein Schiff, das explizit für Expeditionen konzipiert war. Die Nachfrage ist offenbar so groß, dass längst auch die **Midnatsol** auf Expeditionskurs geht, im Sommer unterstützt von der **Spitsbergen** – und nun von der spektakulären **Roald Amundsen**, die als weltweit erstes Hybrid-Expeditionsschiff von Batteriestrom und Flüssigerdgas angetrieben wird. (Die komplexe Technik verzögerte ihre Fertigstellung 2019 um fast ein Jahr; ein Kennenlernen war deshalb bis Redaktionsschluss nicht möglich.) 2020 soll die baugleiche **Fridtjof Nansen** folgen. Die Fram (wie übrigens auch das Schiff hieß, mit dem Amundsen und Nansen von 1893 bis 1912 ihre Abenteuer erlebten) hat die höchste Eisklasse. Sie fährt bevorzugt in die Polargebiete (inklusive Nordwestpassage im Sommer) und auf den „Trans-Reisen" zwischen Süd- und Nordhalbkugel auch auf dem Amazonas oder zur US-Ostküste. Lektoren und Wissenschaftler begleiten die Gäste; Norweger und Asiaten bilden die freundliche Crew. Die Küche, als Buffet oder am Platz serviert, ist skandinavisch geprägt. Das Kabinenangebot reicht von der Innenkabine bis zur 40-Quadratmeter-Balkonsuite. Für Anlandungen setzt die Fram statt Zodiacs die stabileren Polarcirkel-Boote ein. In ihnen kommt man Pinguinen, Walen und Robben ganz nah.

Fahrgebiete 2020

Fram: Antarktis (Winter), Island/Spitzbergen (Sommer), NW-Passage (Aug./Sept.). **R. Amundsen**: Antarktis (Winter), Alaska (Sommer), Südamerika (Herbst).

DATEN & FAKTEN FRAM

BRZ 11.647	**Passagiere** 318
Länge 114,00 m	**Crew-Mitglieder** ca. 70
Breite 20,20 m	**PCR (Pass. pro Crew)** 4,5
Indienststellung 2007	**PSR (Platzangebot)** 36,7
Renovierung fortlaufend	**Passagierdecks** 5
Bordsprache Engl., Norw.	**Restaurants/Bars** 1/1

Kabinen	127 (112 außen, 15 innen), davon 8 Suiten und 13 Mini-suiten; Größen: 10–40 m²
Sport & Wellness	Fitnessraum, Jacuzzi, Sauna
Info-/Entertainment	Lektorenvorträge von Experten, Durchsagen von der Brücke, Bibliothek, Observation Lounge, Dauerausstellung von Artefakten der historischen Fram
Dresscode	sportlich-leger
Preis pro Nacht	€ 510 bis € 1.486; Durchschnitt € 733
Info	Hurtigruten Hamburg, Tel. (040) 87 40 74 43 www.hurtigruten.de

PROFIL

Info-/Entertainment	⚓⚓⚓
Sport & Wellness	⚓⚓⚓
Gastronomie	⚓⚓⚓
Familienfreundlichkeit	⚓⚓
Service	⚓⚓⚓
Routing	⚓⚓⚓⚓⚓

AUSFAHRT IM ZODIAC: vor Island regelmäßig im Programm

DATEN & FAKTEN OCEAN DIAMOND

BRZ 8.282
Länge 124,00 m
Breite 16,00 m
Indienststellung 1986
Renovierung fortlaufend
Bordspr. Deutsch, Englisch

Passagiere 199
Crew-Mitglieder 106
PCR (Pass. pro Crew) 1,9
PSR (Platzangebot) 41,6
Passagierdecks 5
Restaurants/Bars 1/2

Kabinen	107 Außenkabinen, davon 10 Suiten mit Balkon, 97 mit Bullauge oder Panoramafenster; Größen: 19–37 m²
Sport & Wellness	Fitnessbereich, Wellness- und Massageprogramm, Bordarzt
Info-/Entertainment	Lektorenvorträge, Lesungen, musikalische Unterhaltung, Sat-TV, Bibliothek
Dresscode	sportlich-leger
Preis pro Nacht	€ 185 bis € 1.052; Durchschnitt € 460
Info	Iceland ProCruises Hamburg, Tel. (040) 28 66 87-160 www.icelandprocruises.de

PROFIL

Info-/Entertainment	⚓⚓⚓⚓
Sport & Wellness	⚓⚓⚓
Gastronomie	⚓⚓⚓
Familienfreundlichkeit	⚓⚓
Service	⚓⚓⚓
Routing	⚓⚓⚓⚓

Iceland ProCruises

Island intensiv auf der kleinen **Ocean Diamond**. Und im September das Abenteuer Nordlichter

Erfolg spornt an: Weil die Charter-Ehe zwischen dem Hamburger Island-Spezialisten Iceland ProTravel und der robusten **Ocean Diamond** reibungslos funktioniert, wurde der Vertrag 2019 frühzeitig bis 2024 verlängert. Fans des 30 Jahre alten Cruisers können somit weiterhin Island-Umrundungen der besonderen Art buchen: Täglich werden andere Häfen angesteuert, darunter auch solche, die der gegenwärtige Massenandrang auf die Vulkaninsel noch nicht erreicht hat. Hinzu kommen Bustouren, Golf auf dem nördlichsten 18-Loch-Platz der Welt, Helikopterflüge, Hochseeangeln und Zodiac-Ausfahrten, vertieft durch Vorträge des isländischen, Deutsch sprechenden Expeditionsteams über Geschichte, Kultur und Sagen seiner Heimat. Ausgebildete Sänger tragen volkstümliche Lieder vor. Zu den Mahlzeiten gibt es frischen Fisch von lokalen Händlern, an der Bar isländisches Bier. Das Schiff ist schlicht, aber komfortabel eingerichtet. Deck für Deck wurden alle Kabinen und öffentlichen Räume in den zurückliegenden Jahren modernisiert. Die Gäste kommen mehrheitlich aus den USA und aus Deutschland; alle Services sind daher zweisprachig. Trotz einer Kapazität von 224 Passagieren beschränkt sich Iceland ProCruises freiwillig auf 199, was einem intensiven Reiseerlebnis zugutekommt.

Fahrgebiete 2020

Elf Island-Umrundungen von Mai bis September, außerdem zwei Grönlandreisen und zwei Kombinationsreisen (Schiff & Bus) „Nordlichter und Wale".

MSC Kreuzfahrten

Die größte Kreuzfahrtflotte der Welt, die von einer Familie geführt wird, wächst rasant

Die Großbuchstaben MSC kennt man aus Container-häfen: Die **Mediterranean Shipping Company** aus Neapel ist eine der größten Frachtschiffreedereien der Welt. Mit **MSC Cruises** besitzt sie auch die größte privat geführte Kreuzfahrtflotte der Welt. Eignerin ist die Familie Aponte, Taufpatin aller Kreuzfahrtschiffe die Freundin der Familie, Sophia Loren. Hauptsitz von MSC Cruises ist Genf; die deutsche Dependance sitzt in München. Regelmäßig werden Schiffe in deutschen Häfen stationiert: 2020 haben **MSC Meraviglia** und **MSC Splendida** ihren Sommerhafen in Kiel, die **MSC Preziosa** fährt ab/bis Hamburg und die **MSC Poesia** ab/bis Warnemünde. Und mit der **MSC Grandiosa** wurde im Herbst 2019 zum zweiten Mal ein Schiff in Hamburg getauft. Mediterraner Lifestyle mit Zutaten aus allerlei Kulturen prägt das Leben an Bord; eine umhegte Klientel sind Familien mit Kindern. Wer MSC bucht, erhält viel Leistung zu günstigen Preisen auf mal bunten, mal dezenter gestalteten Linern. 2017 startete MSC ein gigantisches Neubauprogramm, das den derzeit 17 Schiffen bis zum Jahr 2027 noch zwölf Neubauten hinzugesellen wird – darunter übrigens vier Schiffe mit Platz für „nur" 1.000 Gäste, mit denen MSC in den Luxusbereich vorstoßen möchte.

Schiff	Baujahr	Passagiere
MSC Armonia	2001/2004	1.554/2.083
MSC Sinfonia	2002/2005	1.556/2.090
MSC Lirica	2003	1.560/2.055
MSC Opera	2004	1.560/2.055
MSC Musica	2006	2.550/3.010
MSC Orchestra	2007	2.550/3.010
MSC Poesia	2007	2.550/3.010
MSC Fantasia	2008	3.300/3.959
MSC Splendida	2009	3.300/3.959
MSC Magnifica	2010	2.550/3.010
MSC Divina	2012	3.274/3.959
MSC Preziosa	2013	3.502/4.345
MSC Meraviglia	2017	4.488/5.714
MSC Seaside	2017	4.132/5.179
MSC Seaview	2018	4.132/5.179
MSC Bellissima	2019	4.488/5.714
MSC Grandiosa	2019	k.A./6.334

TYPISCH MSC: glitzernde Interieurs, rauschende Tauffeste mit Sophia Loren – und die neue Privatinsel in der Karibik

ANKUNFT IN SOUTHAMPTON – zur Taufe im März 2019

DATEN & FAKTEN MSC MERAVIGLIA

BRZ 171.598	**Crew-Mitglieder** 1.536
Länge 315,83 m	**PCR (Pass. pro Crew)** 3,7
Breite 43,00 m	**PSR (Platzangebot)** 38,2
Indienststellung 2019	**Passagierdecks** 15
Bordspr. Dt., Engl., Frz., It.	**Restaurants** 12
Passagiere 4.434/5.686	**Bars** 20

Kabinen	2.217 (1.540 außen, 677 innen), davon 1.404 mit Balkon; 113 Suiten, davon 95 im Yacht Club mit Butlerservice; Größen: 12–59 m²
Sport & Wellness	4 Pools, 9 Jacuzzis, Aquapark, Fitness, MSC Aurea Spa, Power-Walking-Pfad, Sportplatz u. v. m.
Info-/Entertainment	Theater, Cirque-du-Soleil-Show, Casino, Disco, TV-Studio, Freiluft-Amphitheater, 4-D-Kino, Baby-/Kinder-/Teens-Club u. v. m.
Dresscode	kein vorgeschriebener Dresscode
Preis pro Nacht	€ 39 bis € 1.038; Durchschnitt € 161
Info	MSC Kreuzfahrten, München Tel. (089) 203 04 38 01 www.msc-kreuzfahrten.de

PROFIL*

Info-/Entertainment	⚓ ⚓ ⚓ ⚓ ⚓
Sport & Wellness	⚓ ⚓ ⚓ ⚓ ○
Gastronomie	⚓ ⚓ ⚓ ⚓ ○
Familienfreundlichkeit	⚓ ⚓ ⚓ ⚓ ⚓
Service	⚓ ⚓ ⚓ ○ ○
Routing	⚓ ⚓ ⚓ ⚓ ○

MSC Bellissima & MSC Meraviglia

Die „Schöne" ist auch smart, dank digitalem Concierge in jeder Kabine

Die **Bellissima** ist das erste MSC-Schiff mit digitalem Concierge in jeder Kabine: Der Sprachassistent „MSC Zoe" weiß Antworten auf über 800 Fragen und spricht sieben Sprachen. Dazu zählt auch Mandarin, denn das Schiff ist ab April 2020 auf dem chinesischen Markt unterwegs. Ansonsten unterscheidet sich die „Schöne" kaum von ihrer 2017 getauften Schwester **MSC Meraviglia**, die im Sommer ab Kiel fährt. Das Schiffsleben findet auf der doppelstöckigen Flaniermeile mit Restaurants, Bars und Shops statt. Darüber wölbt sich ein 80 Meter langer LED-Himmel, der immer wieder neu illuminiert wird. Wer es ruhiger mag, zieht sich in die Sky Lounge mit Panoramablick zurück, hier haben ausschließlich Erwachsene Zutritt. Drei Viertel der 2.217 Kabinen auf der Bellissima sind Balkonkabinen, 175 auf Familien ausgelegt und zwölf auf Singles. Zu den zwölf Restaurants zählt eine Tapasbar von Ramón Freixa. Leckermäuler kommen in der Schokoladenmanufaktur und mit den Eissorten von Jean-Philippe Maury auf ihre Kosten. Im Hauptrestaurant wird in zwei Sitzungen gegessen. Erstaunlich: Die abwechslungsreichen Angebote im Broadway Theatre spielen künstlerisch nahezu auf demselben Niveau wie die Cirque-du-Soleil-Shows in der Carousel Lounge.

Fahrgebiete 2020

Meraviglia: Karibik bis April, dann Nordeuropa/Ostsee ab/bis Kiel, ab Herbst US-Ostküste/Karibik.
Bellissima: Arabische Emirate, Asien, danach ausschließlich auf dem chinesischen Markt buchbar.

STAMMGAST: die MSC Preziosa in Savona

MSC Preziosa mit Splendida, Divina, Fantasia

Ein Schiff, zwei Welten: Die Preziosa und ihre Schwestern haben einen separaten Luxusbereich

Die drittgrößte Kreuzfahrtreederei der Welt wächst in den nächsten Jahren wie keine andere. Trotzdem gehört die 2013 getaufte **MSC Preziosa** keineswegs zum alten Eisen. Trotz einiger dunkler Farbtöne im Interieur wirkt sie elegant und stilvoll. Das Publikum kommt oft auch auf Nordlandreisen aus Südeuropa, entsprechend temperamentvoll ist die Atmosphäre. Die Formel von gepflegtem, ruhigem Ambiente, verbunden mit der Infrastruktur eines großen, energiegeladenen Schiffs, findet durchaus Anhänger. Und: Langweilig wird es auch an Bord der weitgehend baugleichen Schwestern **Fantasia**, **Divina** und **Splendida** nicht. Lebhaft, kinderfreundlich und unternehmungslustig sind Passagiere wie Crew – oft wie an einem belebten italienischen Badestrand. Die Bordangebote wurden von Schiff zu Schiff erweitert. Auf der **Preziosa** findet sich z. B. das Slow-Food-Restaurant Eataly. Wer's ruhiger und exklusiver mag, bucht den MSC Yacht Club, der auf der Preziosa 66 Suiten auf drei Decks oberhalb der Brücke umfasst. Ein Butlerservice und ein eigenes Restaurant sind dort inklusive – und eine Bordkarte, die im Lift ohne Zwischenstopps auf anderen Decks den Yacht-Club-Gast direkt in seinen Bereich bringt. An Bord gibt es für Kinder einen eigenen Aquapark mit Wasserrutsche und zum Entspannen einen Infinity-Pool.

Fahrgebiete 2020

Zu Jahresbeginn in der Karibik, von April bis September vorwiegend ab Hamburg mit Kurs Nordland und Westeuropa, dann wieder Mittelmeer und Karibik.

DATEN & FAKTEN MSC PREZIOSA

BRZ 139.072	**Passagiere** 3.502/4.345
Länge 333,33 m	**Crew-Mitglieder** 1.388
Breite 37,92 m	**PCR (Pass. pro Crew)** 2,5
Indienststellung 2013	**PSR (Platzangebot)** 39,7
Renovierung regelmäßig	**Passagierdecks** 13
Bordspr. Dt., Engl., Fr., It.	**Restaurants/Bars** 8/15

Kabinen	1.751 (1.249 außen, 405 innen), davon 1.134 Außenkabinen mit Balkon; 97 Suiten, davon 66 im Yacht Club mit Butlerservice; Größen: 15–53 m²
Sport & Wellness	4 Pools, Jacuzzis, Aquapark, Fitness, Squashplatz, MSC Aurea Spa mit Solarium, Infinity-Pool u. v. m.
Info-/Entertainment	Theater, Casino, Disco, Kinder- und Teensclub, 4-D-Kino, Formel-1-Simulator u. v. m.
Dresscode	kein vorgeschriebener Dresscode; Gala-Abende
Preis pro Nacht	€ 47 bis € 893; Durchschn. € 152
Info	MSC Kreuzfahrten, München Tel. (089) 203 04 38 01 www.msc-kreuzfahrten.de

PROFIL*

Info-/Entertainment	⚓⚓⚓◑○
Sport & Wellness	⚓⚓⚓◑○
Gastronomie	⚓⚓⚓◑○
Familienfreundlichkeit	⚓⚓⚓⚓◑
Service	⚓⚓⚓○○
Routing	⚓⚓⚓⚓○

* **Yacht Club:** Gastronomie 4 Anker, Service 4,5 Anker

MSC SEASIDE – für warme Fahrgebiete ideal, hier die Bahamas

Foto: Franz Neumeier

DATEN & FAKTEN MSC SEASIDE

BRZ 153.516
Länge 322,78 m
Breite 41,00 m
Indienststellung 2017
Bordspr. Dt., Engl., Frz., It.
Passagiere 4.132/5.179

Crew-Mitglieder 1.413
PCR (Pass. pro Crew) 3,7
PSR (Platzangebot) 32,8
Passagierdecks 15
Restaurants 10
Bars 17

Kabinen	2.066 (420 innen, 1.646 außen), davon 1.519 mit Balkon, 214 Suiten, davon 86 im Yacht Club mit Butlerservice; Größen: 14–62 m²
Sport & Wellness	4 Pools, 13 Whirlpools, Wasserrutschen, Fitness, MSC Aurea Spa, Sportplatz u. v. m.
Info-/Entertainment	Theater, Zipline, Bowlingbahn, Formel-1-Simulator, 4-D-Kino, Aquaventure-Trail und Wasserpark, Glasbodenbrücke
Dresscode	kein vorgeschr. Dresscode; Gala-Abende
Preis pro Nacht	€ 69 bis € 923; Durchschn. € 158
Info	MSC Kreuzfahrten, München Tel. (089) 203 04 38 01 www.msc-kreuzfahrten.de

PROFIL*

Info-/Entertainment	⚓⚓⚓⚓○
Sport & Wellness	⚓⚓⚓⚓⚓
Gastronomie	⚓⚓⚓⚓⚓
Familienfreundlichkeit	⚓⚓⚓⚓⚓
Service	⚓⚓⚓○○
Routing	⚓⚓⚓⚓○

* **Yacht Club:** Gastronomie 4 Anker, Service 4,5 Anker

MSC Seaside & MSC Seaview

Offen zum Meer hin: Die neue Schiffsklasse von MSC empfiehlt sich für Karibik und Mittelmeer

MSC Seaside und Seaview, 2017 und 2018 gestartet, sind vor allem für warme Fahrgebiete konzipiert. Sie bringen die Passagiere wieder nah ans Meer heran, mit einem Heck-Pool auf Deck 7, einer breiten Promenade und einer sehr offenen Gestaltung der Innenräume. Ungewöhnlich: Das größere der beiden Buffetrestaurants liegt ebenfalls unten auf Deck 8. Die Promenade ist aber auch der Ruhepol des Schiffs mit vielen gemütlichen Sitzecken und Liegestühlen. Lebhafter geht es dagegen am Pooldeck zu. Hier gibt es zwei über 100 Meter lange Zipline-Seilrutschen, einen kombinierten Wasser-und-Kletterpark, rasante Wasserrutschen und die spektakuläre Glasbodenbrücke „Bridge of Sighs" (Seufzerbrücke) auf Deck 16 mit direktem Blick hinab zum Pool neun Decks tiefer. Exzellent, wenn auch nicht ganz günstig, sind die Spezialitätenrestaurants wie das Ocean Cay, das Steakhouse und die Asian Market Kitchen, die teils in Kooperation mit Sterneköchen konzipiert wurden. Ganz neu gestaltet ist der Suitenbereich MSC Yacht Club. Die Aussichtslounge mit freiem Blick nach vorn ist hier zwei Decks hoch, das Restaurant auf einem etwas zurückversetzten Balkon ist in der oberen Ebene integriert. Noch ein Deck höher liegen der exklusive Pool und das Yacht-Club-Sonnendeck.

Fahrgebiete 2020

MSC Seaview ist im Winter in Brasilien, ab März im Mittelmeer, u. a. ab Barcelona, Palma u. Civitavecchia. **MSC Seaside** kreuzt ganzjährig in der Karibik.

Foto: Franz Neumeier

SOMMERKREUZFAHRT nach Norwegen

nicko cruises: World Explorer

Kleines Schiff, ungewöhnliche Routen:
das erste Hochseeschiff für nicko cruises

Die World Explorer gefällt durch elegantes, modernes und zugleich gemütliches Design, gut durchdachten Details und einem angenehmen Service der gut ausgebildeten, sympathischen Crew. Allerdings hat das Schiff auch mit einigen Anfangsschwierigkeiten zu kämpfen, viele kleine Schlampereien der Werft müssen ausgemerzt werden. Sehr klein geraten ist die Sauna, das Pooldeck wirkt durch den erhöht angesiedelten Pool etwas beengt. Die Kabinen muten luxuriös an, die Klimaanlage bläst nicht unangenehm und lässt sich auch vollständig abschalten. Die Bäder sind groß und hochwertig ausgestattet, mit Sitzbank in der Dusche, Massagedüsen und Regendusche. Die Qualität des Essens schwankt zwischen annehmbar und ziemlich gut. Die Getränke sind erstaunlich günstig, Cocktails exzellent gemixt, Tafelwasser, Tee und Kaffee gibt es überall kostenlos. Highlights auf dem Schiff sind das Observation-Deck ganz vorn am Bug mit umlaufender Sitzbank sowie die in Wohnzimmergemütlichkeit eingerichtete Observation Lounge. Die World Explorer ist mit Eisklasse PC6 bestens für polare Gewässer gerüstet. MGO-Treibstoff, SCR-Katalysator und ein effizientes Antriebssystem machen das Schiff zudem relativ umweltfreundlich.

Fahrgebiete 2020

Frühjahr und Herbst in Südamerika, Sommer im Mittelmeer sowie im Nordmeer inklusive Island, Spitzbergen und Ost-Grönland. Im Winter Antarktis-Reisen bei Quark Expeditions.

DATEN & FAKTEN

BRZ 9,923	**Crew-Mitglieder** 105
Länge 119,88 m	**PCR (Pass. pro Crew)** 1,9
Breite 18,00 m	**PSR (Platzangebot)** 49,6
Indienststellung 2019	**Passagierdecks** 6
Bordsprache Deutsch	**Restaurants** 2
Passagiere max. 198	**Bars** 3

Kabinen	98 Außenkabinen, davon 62 mit Balkon und 24 Infinity-Kabinen mit Panoramafenster; Größen: 17–41 m²
Sport & Wellness	Pool, Fitnessraum, Whirlpools, Sauna und Massage
Info-/Entertainment	Lektorate im Vortragsraum, kleine Bibliothek, Casino
Dresscode	sportlich-elegant bis elegant
Preis pro Nacht	€ 219 bis € 1.025; Durchschnitt € 501
Info	nicko cruises Stuttgart, Tel. (0711) 24 89 80 44 www.nicko-cruises.de

PROFIL

Info-/Entertainment	⚓⚓⚓○○
Sport & Wellness	⚓⚓⚓○○
Gastronomie	⚓⚓⚓○○
Familienfreundlichkeit	⚓⚓○○○
Service	⚓⚓⚓⚓○
Routing	⚓⚓⚓⚓○

FREESTYLE CRUISING: Dazu gehören riesige Pooldecks, eine Kartbahn zur See – und Kletterwände auf jedem Schiff

Norwegian Cruise Line

Brillantes Entertainment, lässig-internationale Atmosphäre und Schiffe auf Premium-Niveau

Spektakuläre Bordattraktionen, brillantes Entertainment und erstklassige Gastronomie: Das ist die Norwegian Cruise Line. Die Reederei, 1966 vom Osloer Knut Kloster gegründet, hat ihren Sitz heute in Miami und sorgte schon früh für Neuerungen in der Kreuzfahrtbranche. Als erste Reederei führte sie Ein-Klassen-Kreuzfahrten und feste Karibiktouren ab Miami ein – und bot 2010 auf der **Norwegian Epic** erstmals Einzelreisenden eine eigene Kabinenkategorie. Auf der **Norwegian Encore**, dem 14. und vorerst letzten Neubau der Papenburger Meyer Werft, sorgt die längste Kartbahn zur See für Aufsehen. Die **Norwegian Joy**, 2017 für den asiatischen Markt gebaut, ist zurück im westlichen Markt; gemeinsam mit der **Norwegian Bliss** bietet sie Alaskakreuzfahrten ab Seattle an – einst ebenfalls ein „First", made by NCL. In Europa sind 2020 mit sieben Schiffen so viele Norwegians wie nie in Fahrt. Ihre Passagiere kommen in den Genuss des amerikanisch-lässigen „Freestyle Cruising": Jeder soll machen können, was, wann und wo er will. Mit dem „Free at Sea"-Preismodell buchen europäische Gäste zudem Spezialitätenrestaurants, Ausflüge, Internetpakete oder eine Getränkeauswahl hinzu.

Schiff	Baujahr	Passagiere
Norwegian Spirit	1998	1.996/2.475
Norwegian Sky	1999	2.002/2.450
Norwegian Star	2001	2.240/2.846
Norwegian Sun	2001	1.936/2.400
Norwegian Dawn	2002	2.340/2.846
Norwegian Jewel	2005	2.376/2.846
Pride of America	2005	2.138/2.438
Norwegian Jade	2006	2.402/2.846
Norwegian Pearl	2006	2.394/2.834
Norwegian Gem	2007	2.394/2.834
Norwegian Epic	2010	4.100/5.098
Norwegian Breakaway	2013	4.028/4.541
Norwegian Getaway	2014	3.963/4.441
Norwegian Escape	2015	4.266/k.A.
Norwegian Joy	2017	3.804/4.266
Norwegian Bliss	2018	4.004/k. A.
Norwegian Encore	2019	3.998/k. A.

VOR PUERTO RICO: der Freestyle-Cruiser Norwegian Dawn

Norwegian Dawn

Entspanntes Cruisen in der Mittelklasse
der Norwegian Cruise Line

Regelmäßig werden die älteren Schiffe der Norwegians mit millionenschweren Renovierungsprogrammen in Schuss gehalten. Auch die 2002 von Kim Cattrall („Sex and the City") getaufte Norwegian Dawn brachte diese Frischekur 2016 hinter sich. Kabinen, Restaurants, das Atrium und das Pooldeck wurden saniert und haben nun den Style der Neubauten. Das Versprechen des CEO Frank Del Rio, auf allen Schiffen solle man sich fühlen wie auf einem Neubau, können Passagiere wörtlich nehmen. Das für heutige Verhältnisse kompakte Schiff hat Platz für gut 2.300 Passagiere; ihnen bietet es gemütliche Bars und schöne Rückzugsorte an Deck. Spektakuläre Wasserrutschen oder gar eine Kartbahn, wie auf den neueren Schiffen, gibt es auf der Dawn nicht, dafür aber zeitgeistiges Flair wie auf den Neubauten. Hinzu kommt eine Anpassung des Restaurantangebots: Den Mexikaner Los Lobos und die rund um die Uhr geöffnete Grillbar O'Sheehan's gibt es jetzt ebenso an Bord wie The Cellars, eine Weinbar der US-Winzerdynastie Michael Mondavi, und die Sugarcane Mojito Bar. Breit gefächert ist die Auswahl an Kabinen und Suiten – Begriffe, die für die größte „Kabine" nicht mehr zutreffen: Die „Garden Villa" misst 120 Quadratmeter – und hat ein riesiges privates Sonnendeck …

Fahrgebiete 2020

Zu Jahresbeginn noch in der südlichen Karibik ab Tampa unterwegs, ist die Norwegian Dawn im Sommer das Schiff für die griechischen Inseln, mit 7- bis 10-Tages-Kreuzfahrten ab/bis Venedig.

DATEN & FAKTEN

BRZ 92.250	**Passagiere** 2.340/2.846
Länge 294,13 m	**Crew-Mitglieder** 1.032
Breite 32,20 m	**PCR (Pass. pro Crew)** 2,0
Indienststellung 2002	**PSR (Platzangebot)** 41,5
Renovierung 2016	**Passagierdecks** 14
Bordsprache Englisch	**Restaurants/Bars** 14/11

Kabinen	1.171 (788 außen, 383 innen, 538 mit Balkon), davon 65 Suiten und Penthouses; Größen: 9–120 m²
Sport & Wellness	2 Pools, 6 Whirlpools, Joggingstrecke, Spa, Fitnessstudio und Fitnesskurse
Info-/Entertainment	Show, Casino, Tages- und Abendprogramm, Kinderbereich
Dresscode	kein vorgeschriebener Dresscode
Preis pro Nacht	€ 84 bis € 988; Durchschnitt € 228
Info	Norwegian Cruise Line Wiesbaden, Tel. (0611) 360 70 www.ncl.de

PROFIL *

Info-/Entertainment	⚓ ⚓ ⚓ ⚓ ⚓
Sport & Wellness	⚓ ⚓ ⚓ ⚓ ⚓
Gastronomie	⚓ ⚓ ⚓ ⚓ ⚓
Familienfreundlichkeit	⚓ ⚓ ⚓ ⚓ ○
Service	⚓ ⚓ ⚓ ⚓ ○
Routing	⚓ ⚓ ⚓ ⚓ ○

* **The Haven:** Service 4,5 Anker

KNALLBUNT: das neueste Norwegian-Schiff

DATEN & FAKTEN

BRZ 169.145	**Crew-Mitglieder** 1.735
Länge 333,50 m	**PCR (Pass. pro Crew)** 2,3
Breite 41,45 m	**PSR (Platzangebot)** 42,3
Indienststellung 2019	**Passagierdecks** 20
Bordsprache Englisch	**Restaurants** 19
Passagiere 3.998	**Bars** 15

Kabinen	2.040 in 13 Kategorien, davon 1.436 außen, 453 innen; Größen: 9–135 m²
Sport & Wellness	2 Pools, 5 Whirlpools, E-Kartbahn, Seilwand, Bowlingbahn, Sport-deck, Wasserrutschen, Fitnesscenter, Mandara Spa (2.883 m²) mit 39 Spa-Kabinen
Info-/Entertainment	Liveshows, Varieté-Dinner-Shows, Comedy Club, Theater, Discos, Casino, Kinderclub u. v. m.
Dresscode	kein vorgeschriebener Dresscode
Preis pro Nacht	€ 75 bis € 2.167; Durchschnitt € 251
Info	Norwegian Cruise Line Wiesbaden, Tel. (0611) 360 70 www.ncl.de

PROFIL

Info-/Entertainment
Sport & Wellness
Gastronomie
Familienfreundlichkeit
Service
Routing

Aktuell noch nicht bewertet

Norwegian Encore, Bliss & Joy

Knallbunter Rumpf, Fun & Games an Bord: das vorerst letzte NCL-Schiff von der Meyer Werft

„Encore" bedeutet „Zugabe" – als solche, und zwar zur erfolgreichen Breakaway-Plus-Klasse, kann man das 14. Schiff, das NCL von der Meyer Werft erhält, durchaus bezeichnen. Knallbunt ist der Rumpf, gestaltet vom spanischen Künstler Eduardo Arranz-Bravo – ganz anders, nämlich elegant, sind die Interieurs. Die E-Kartbahn, bekannt von den Schwesterschiffen **Norwegian Joy** und **Norwegian Bliss**, erstreckt sich über zwei Decks und ist 350 Meter lang; Elektrokarts rasen durch zehn Kurven in vier Streckenabschnitten, die sogar bis zu vier Meter über die Reling hinausragen. Highlight im Galaxy Pavilion, einem über 900 Quadratmeter großen Virtual-Reality-Komplex, ist ein Escape Room, von dem aus man sich in ein Abenteuer-Labyrinth begeben kann. Auf dem obersten Deck gibt es eine Lasertag-Arena, gestaltet im Stil des versunkenen Atlantis, in der man sich unter freiem Himmel „duellieren" kann. Gesetzt ist der Aqua Park mit mehreren Wasserrutschen, darunter zwei mehrstöckige, von denen eine mehr als drei Meter über die Reling hinaus und bis zum darunterliegenden Deck führt. In Sachen Entertainment setzt NCL dieses Mal auf das mit dem Tony Award prämierte Broadway-Musical „Kinky Boots". Und dass das „Freestyle"-Konzept gesetzt ist, versteht sich. 15 Bars und 19 Restaurants stehen dafür zur Wahl.

Fahrgebiete 2020

In der Premierensaison stehen 7-Tages-Touren durch die östliche Karibik ab Miami an; angesteuert wird dann u. a. die NCL-Privatinsel Harvest Caye.

Foto: Meyer Werft

MEERESFAUNA AM RUMPF: das Erkennungsmerkmal der Norwegian Escape

Norwegian Escape

Das erste Schiff der erfolgreichsten Baureihe der Norwegian Cruise Line kreuzt in der Ostsee

Das erste Schiff der Breakaway-Plus-Klasse, 2015 in Dienst gestellt, kehrt zurück nach Europa. Etwas größer als die 2013/14 gebauten Fast-Schwestern **Breakaway** und **Getaway** gibt es auf der Escape auch mehr Dining-Optionen: Vom Hauptrestaurant Manhattan Room mit Blick aufs Heckkielwasser bis zu Teppanyaki, Steakhouse oder dem französischen Le Bistro gibt es insgesamt 21 verschiedene Möglichkeiten, die hervorragende Küche zu testen. Auf neuen NCL-Schiffen eine feste Institution ist der Aqua Park, hier mit vier Wasserrutschen über mehrere Decks, darunter die Tandem-Rutsche „Aqua Racer", in der Konkurrenten in zwei Röhren gegeneinander rutschen. Im Hochseilgarten mit 99 verschiedenen Kletterelementen sorgt der Schritt auf „The Plank" über die Bordwand hinaus 75 Meter über dem Meer für Nervenkitzel. Vor oder nach dem hochkarätigen Entertainment-Programm im Theater sind die gemütlichen und stylishen Bars, u. a. auf der Promenade „The Waterfront", der perfekte Treffpunkt für einen Sundowner. In der Weinbar der US-Winzerfamilie Michael Mondavi können edle Tropfen aus dem Napa Valley verkostet werden. Das Kontrastprogramm liefert das District Brew House, in dem man aus 50 Flaschenbiersorten oder 24 Fassbieren auswählen kann.

Fahrgebiete 2020

Im Sommer ab/bis Kopenhagen über Warnemünde, Tallin, St. Petersburg, Helsinki und Stockholm in 11 Nächten durch die Ostsee.

DATEN & FAKTEN

BRZ 164.600	**Crew-Mitglieder** 1.733
Länge 325,90 m	**PCR (Pass. pro Crew)** 2,5
Breite 41,40 m	**PSR (Platzangebot)** 38,9
Indienststellung 2015	**Passagierdecks** 16
Bordsprache Englisch	**Restaurants** 21
Passagiere 4.266	**Bars** 21

Kabinen	2.124, davon 490 innen (82 Studios), 1.571 mit Balkon; Größen: ca. 9–618 m² (Garden Villa)
Sport & Wellness	4 Pools, Klettergarten, Sportdeck, Wasserrutschen, Basketball, Tennis, Fitnesscenter, Mandara Spa mit 58 Spa-Kabinen
Info-/Entertainment	Musicals, Dinner-Show, Mottoshows, Comedy Club, Theater, Kino, Discos, Casino, Kinderclub u. v. m.
Dresscode	kein vorgeschriebener Dresscode
Preis pro Nacht	€ 86 bis € 1.958; Durchschnitt € 227
Info	Norwegian Cruise Line Wiesbaden, Tel. (0611) 360 70 www.ncl.de

PROFIL*

Info-/Entertainment	⚓ ⚓ ⚓ ⚓ ⚓
Sport & Wellness	⚓ ⚓ ⚓ ⚓ ○
Gastronomie	⚓ ⚓ ⚓ ⚓ ○
Familienfreundlichkeit	⚓ ⚓ ⚓ ⚓ ⚓
Service	⚓ ⚓ ⚓ ○ ○
Routing	⚓ ⚓ ⚓ ○ ○

* The Haven: Service 4,5 Anker

Foto unten: Peggy Günther

DAS IST OCEANIA: erlesene Innendesigns (hier: auf der Insignia), weltweite Ziele und kulinarische Hochgenüsse

Oceania Cruises

Mit der laut Eigenwerbung „feinsten Küche auf See" stilvoll entlegene Winkel der Welt erleben

2002 gegründet, ist Oceania Cruises seit 2014 eine der drei Marken der **Norwegian Cruise Line Holdings** aus Miami; die anderen sind die **Norwegian Cruise Line** und **Regent Seven Seas Cruises**. Letztere definiert sich als ultraluxuriös, NCL bedient den so genannten Volumenmarkt – und Oceania das Upper-Premium-Segment. Kernpunkte des Konzepts sind ein betont lässiger Luxus (ohne Dresscodes), amerikanisch interpretiert, kulinarische Vielfalt auf hohem Niveau und weltweite Reisen von oft langer Dauer und mit ausgefallenen Häfen. Besonders in das kulinarische Erlebnis wird viel investiert: Mastermind dahinter ist der französische Starkoch Jacques Pépin, der schon für Charles de Gaulle und die Kennedys gekocht hat. Was seine Köche Oceania-Gästen bieten, darf zum Besten der gesamten Kreuzfahrtwelt gezählt werden. Für deutsche Passagiere wichtig zu wissen: Die Bordsprache ist Englisch; denn US-Amerikaner stellen etwa 70 Prozent der Gäste, der Rest ist ein kosmopolitischer Mix aus aller Welt.

Mit Luxuslinern der ehemaligen Reederei **Renaissance Cruises** startete Oceania 2002 – sie werden **R-Class** genannt und bieten je 684 Gästen Platz. Die vier Schiffe bekommen bis Juni 2020 allesamt neue Designs in den Kabinen und den öffentlichen Räumen. Dabei orientiert sich die Reederei an den jüngeren **O-Class**-Schiffen **Marina** und **Riviera**. Sie sind mit einer Kapazität von je 1.250 Passagieren fast doppelt so groß. 2022 und 2025 kommen zwei Neubauten. Die **Allura-Klasse** ist auf 1.200 Gäste ausgelegt, wird diesen aber noch ein wenig mehr Platz bieten.

Schiff	Baujahr	Passagiere
Insignia	1998/2018	684
Regatta	1998/2019	684
Sirena	1999/2019	684
Nautica	2000/2014	684
Marina	2011	1.250/1.360
Riviera	2012	1.250/1.360

TRAUMKULISSE: die Riviera in der Karibik

Marina & Riviera

Entspannter Luxus, kulinarische Hochgenüsse und große Kabinen: die **O-Class** von Oceania

Ein Dinner, das passend zu verschiedenen Champagnerjahrgängen kreiert wurde? So etwas gibt es nur auf den jüngsten Schiffen von Oceania Cruises. Das Erlebnis ist so exklusiv, dass es im Gegensatz zu fast allen anderen kulinarischen Optionen nicht im Reisepreis enthalten ist. Ohne Aufpreis genießen die Gäste hingegen ein asiatisches, ein französisches, ein italienisches und ein Steakrestaurant. Aber auch vegane Menüs gehören zur Angebotsvielfalt. Neben dem kulinarischen Schwerpunkt bieten die Schiffe auch geistige Anregung durch viel Kunst – darunter echte Mirós und Picassos – und edle Interieurs. Großzügig ist das Platzangebot, in den öffentlichen Bereichen wie in den Kabinen: Die Standard-Balkonkabine misst 26 Quadratmeter, die größte Suite 185. Gleichwohl ist die Atmosphäre an Bord entspannt; man kleidet sich lässig-elegant, doch Vorschriften gibt es nicht. Ihr erstes großes Makeover haben alle Gästeunterkünfte der Riviera bereits hinter sich, die Marina geht im Mai 2020 in die Werft. Dabei kommt auch eine neue Meerblick-Lounge neben der Kaffeebar auf Deck 14 an Bord. Das Konzept wendet sich vorwiegend an Paare, für Kinder gibt es keine Angebote oder Preisnachlässe. Dafür ist der Internetzugang gratis, zusätzlich kann man zwischen kostenlosen Ausflügen, Getränkepaketen oder Bordguthaben wählen.

Fahrgebiete 2020

Marina: Südamerika im Winter und dann Nordeuropa, Mittelmeer. **Riviera:** Karibik, Mittelmeer.

DATEN & FAKTEN MARINA

BRZ 66.084	**Crew-Mitglieder** 800
Länge 239,20 m	**PCR (Pass. pro Crew)** 1,6
Breite 32,20 m	**PSR (Platzangebot)** 52,9
Indienststellung 2011	**Passagierdecks** 11
Bordsprache Englisch	**Restaurants** 8
Passagiere 1.250/1.360	**Bars** 5

Kabinen	629, davon 20 außen (22 m²), 18 innen (16 m²), 444 mit Balkon und 147 Suiten (39–185 m²)
Sport & Wellness	1 Pool, 3 Whirlpools, Canyon Ranch Spa (Massage, Dampfbad, Sauna, Thalasso), Fitnessraum, Shuffleboard
Info-/Entertainment	Kochkurse im Culinary Center, Malkurse, Casino, Bibliothek, Internet, Show/Livemusik
Dresscode	elegant-leger
Preis pro Nacht	€ 158 bis € 1.391; Durchschnitt € 237
Info	www.oceaniacruises.com Tel. (069) 22 22 33 00

PROFIL

Info-/Entertainment	⚓⚓⚓⚓⚓
Sport & Wellness	⚓⚓⚓⚓⚓
Gastronomie	⚓⚓⚓⚓⚓
Familienfreundlichkeit	⚓⚓
Service	⚓⚓⚓⚓⚓
Routing	⚓⚓⚓⚓

ANDERE PERSPEKTIVE: die Sirena auf hoher See

DATEN & FAKTEN SIRENA

BRZ 30.277	**Passagiere** 684
Länge 180,96 m	**Crew-Mitglieder** 400
Breite 25,45 m	**PCR (Pass. pro Crew)** 1,7
Indienststellung 1999	**PSR (Platzangebot)** 44,3
letzte Renovierung 2019	**Passagierdecks** 9
Bordsprache Englisch	**Restaurants/Bars** 6/5

Kabinen	342, davon 27 innen (14 m²), 83 außen (13–15 m²), 170 mit Balkon (20 m²) und 62 Suiten
Sport & Wellness	Pool, Whirlpool, Canyon Ranch Spa-Club, Sauna, Friseur/Beauty, Fitnesscenter, Personal Trainer, Joggingtrack
Info-/Entertainment	Gastkünstler und -dozenten, Bibliothek, Kurse, Wein- und Martini-Verkostungen, Casino, Boutiquen, Shows, Streichquartett
Dresscode	elegant-leger
Preis pro Nacht	€ 150 bis € 1.152, Durchschnitt € 219
Info	www.oceaniacruises.com Tel. (069) 22 22 33 00

PROFIL

Info-/Entertainment	⚓⚓⚓⚓○
Sport & Wellness	⚓⚓⚓⚓○
Gastronomie	⚓⚓⚓⚓○
Familienfreundlichkeit	⚓◐○○○
Service	⚓⚓⚓⚓⚓
Routing	⚓⚓⚓⚓○

Sirena (mit Nautica, Regatta & Insignia)

Die **R-Class** von Oceania: beliebter Schiffstyp in kompakter Größe – frisch renoviert

Bis 2016 war sie die **Ocean Princess** von Princess Cruises – dann stieß sie, komplett renoviert und als **Sirena** neu getauft, zu ihren Schwestern in Oceanias R-Class. Mit **Insignia**, **Nautica** und **Regatta** besitzt Oceania vier der acht ehemaligen Renaissance-Schiffe, die anderen sind aktuell für **Azamara** und **Princess** unterwegs. Das Bordambiente dieser kompakten Schiffe ist gediegen, mit Hinguckern wie der üppigen Lobby und der wunderschönen Bibliothek. Das Entertainment kommt von der Muttergesellschaft Norwegian und kann sich sehen lassen für diese Schiffsgröße. Wertig ausgestattet sind alle Kabinen sowie der Spa-Bereich, und natürlich darf bei einem US-Schiff das Casino nicht fehlen. Doch die Sirena setzte auch neue Standards: Die raffinierten Kreationen des kulinarischen Ambassadeurs Jacques Pépin kommen – inzwischen flottenweit – mittags in Form einer Bistrokarte im Hauptrestaurant auf den Tisch. Dank „Oceania Next" haben drei der vier Schwestern in den letzten Monaten eine intensive Renovierung erfahren, die Nautica folgt im Juni 2020. Sowohl die Kabinen als auch die öffentlichen Bereiche wurden im wohnlichen Boutiquehotelstil umgestaltet.

Fahrgebiete 2020

Sirena: Karibik, Mittelmeer, Arabische Halbinsel. **Insignia:** Weltreise, Panamakanal, Grönland, Island, Neuengland, Nordeuropa, Karibik sowie Amazonas. **Nautica:** Afrika, Asien, Nordeuropa, Grönland, Mittelmeer. **Regatta:** Neuseeland, Südsee, Australien, Hawaii, Alaska und Asien.

Phoenix Reisen

Klassiker auf den Weltmeeren mit einem neuen Schiff im Programm

Seit mehr als 40 Jahren inhabergeführt, ohne Funships und Megaliner, dafür mit hoher Stammkundenquote: Das ist Phoenix Reisen aus Bonn. Bis zu 70 Prozent Repeater schätzen die familiäre Atmosphäre an Bord der Schiffe mit der charakteristischen türkisfarbenen Bauchbinde. Seit August 2019 wird die Flotte durch die **Amera** ergänzt. Die frühere **Prinsendam** der Holland America Line passt hervorragend zu Phoenix: Sie ist gediegen-gemütlich und übersichtlich – mit Platz für maximal 835 Passagiere. Die anderen Phoenix-Klassiker sind allesamt schwimmende TV-Stars. Aus der Doku-Soap „Verrückt nach Meer" bekannt sind die **Albatros** und das größte Schiff der Flotte, die **Artania**. Gleich zwei ZDF-„Traumschiffe", die **Amadea** und das ehemalige „Traumschiff" **Deutschland**, vervollständigen die Flotte. Die Passagiere wissen bei Phoenix, was sie bekommen: An Bord wird Deutsch gesprochen, das Essen ist hochwertig, das Publikum eher älter und die Kreuzfahrt somit eher klassisch. Statt Broadway-Shows gibt's Gala-Dinner, Kaffeestunde, bayerischen Frühschoppen auf dem Pooldeck und vor allem einen sehr familiären Service. Da kommt es nicht selten vor, dass der Kreuzfahrtdirektor mit einer herzlichen Umarmung begrüßt wird. Ähnlich geht es übrigens auch an Bord der Phoenix-Flusskreuzfahrtschiffe (S. 242) zu.

Schiff	Baujahr	Passagiere
Albatros	1973	830
Artania	1984/2011	1.200
Amera	1988/2019	835
Amadea	1991	600
Deutschland	1998/2016	590

PHOENIX-MOMENTE: Spaß bei der Austernparty, Vierfach-Anlauf in Bremerhaven, festliche Tafel am Galaabend

Foto oben: Johannes Bohmann, unten: Christoph Assies

DATEN & FAKTEN

BRZ 29.000
Länge 193,00 m
Breite 25,00 m
Indienststellung 1991
Renovierung 2011
Bordsprache Deutsch

Passagiere 600
Crew-Mitglieder 280
PCR (Pass. pro Crew) 2,1
PSR (Platzangebot) 48,3
Passagierdecks 8
Restaurants/Bars 2/5

Kabinen	314 Außenkabinen, davon 116 mit Balkon, 46 Suiten; Größen: 15–71 m²
Sport & Wellness	Golfabschlag/Putting Greens, Pool, Whirlpools, Spa-Bereich mit Sauna, Massagen, Dampfbad etc., Fitness, Joggingpfad, Morgengymnastik
Info-/Entertainment	Showprogramme, Tageskünstler, Tanz, Musik, Bibliothek, Internetcafé
Dresscode	leger bis festlich-elegant
Preis pro Nacht	€ 140 bis € 717; Durchschnitt € 289
Info	Phoenix Reisen Bonn, Tel. (0228) 92 60 55 www.phoenixreisen.com

PROFIL

Info-/Entertainment	⚓⚓⚓⚓◯
Sport & Wellness	⚓⚓⚓⚓◯
Gastronomie	⚓⚓⚓⚓◯
Familienfreundlichkeit	⚓⚓⚓◯◯
Service	⚓⚓⚓⚓◯
Routing	⚓⚓⚓⚓⚓

Amadea

Stilvolle Eleganz und viel Platz für die Passagiere: das aktuelle TV-„Traumschiff"

Zu Weihnachten, Neujahr und Ostern gehen eingefleischte „Traumschiff"-Zuschauer über den TV-Bildschirm an Bord „ihrer" Amadea. 2015 hat sie diese Rolle von der **Deutschland** – die mittlerweile ebenfalls für Phoenix Reisen fährt – übernommen. Und die Fans wissen: Auf acht Decks haben die nur 600 Passagiere viel Platz für ihre Träume. Ruhe und Erholung findet der Gast im modernen Wellnessbereich mit Blick über das Terrassenheck ins Kielwasser. Gutes Essen, wie übrigens auf allen Phoenix-Schiffen, gibt es auf der Amadea im Buffetrestaurant oder im edlen Vier Jahreszeiten. Die Eisbombe, typisch „Traumschiff", ist die Krönung des Neun-Gänge-Menüs am beliebten Gala-Abend. Der Drink danach kann dort genossen werden, wo schon viele Stars des ZDF-Klassikers saßen: in Harry's Bar, im Nachtclub Kopernikus oder im gemütlichen Kaminzimmer der Amadea. Eine Seltenheit auf einem Kreuzfahrtschiff ist der im Mittelpunkt des obersten Decks zu findende (Mini-)Golfplatz. Wer sich gerne den frischen Seewind um die Nase wehen lassen will, findet zudem zwei lange Seitenpromenaden. Kurzum: ein würdiges „Traumschiff" mit vielen Rückzugsorten, guter Küche und einem Wellnessbereich, der moderneren Schiffen in nichts nachsteht.

Fahrgebiete 2020

Zu Jahresbeginn von Rio de Janeiro in die Fjordwelt Chiles und von Costa Rica bis nach Kalifornien. Im Frühjahr geht es von Miami über New York nach Hamburg und dann auf Reisen in Nordeuropa.

ERSTE FAHRT in neuen Farben auf der Elbe

Amera

Stimmige Flottenergänzung: Die einstige
Prinsendam fährt jetzt unter Phoenix-Flagge

Im August 2019 wurde sie in Bremerhaven getauft, auf ihren nunmehr vierten Namen. Als **Royal Viking Sun** startete sie 1988, wurde 2000 zur **Seabourn Sun**, 2002 zur **Prinsendam** – und nun zur **Amera** bei Phoenix Reisen, zu deren Flotte sie nicht besser passen könnte. Sie hat einen schlanken Bug, ein terrassenförmig abfallendes Heck, klassisch-gediegene öffentliche Räume, darunter zwei gleichwertige Restaurants (Amera und Ozean), ein Theater für die abendlichen Shows – und eine bemerkenswert große Bibliothek. Mit Sportpark, Joggingpfad und Minigolf sowie einem anspruchsvollen Spa gibt es zudem ein ordentliches Fitnessangebot – Kletterwände oder Trampoline braucht man dafür bei Phoenix nicht. Ein Schiff also, wie die breite Stammkundschaft der Bonner es mag. Schon auf der Tauffahrt war es, obwohl noch letzte Reparaturen liefen, komplett ausgebucht. Der Umbau fand bei Blohm + Voss in Hamburg statt. Dabei wurden die Restaurants und Bars neu gestaltet, einer von zwei Poolbereichen wich einer Eventfläche mit Bühne und LED-Leinwand. Auch alle Kabinen wurden erneuert; nur die Bäder, die sich in sehr gutem Zustand befanden, blieben erhalten. Phoenix Reisen möchte das Schiff in kurzer Zeit auf dem Niveau der **Amadea** etablieren. Man darf davon ausgehen, dass das gelingt.

Fahrgebiete 2020

Bis April große Südamerika-Reise ab/bis Monaco, von Mai bis August Mittelmeer, anschließend Nordeuropa ab/bis Bremerhaven, im Winter Südostasien.

DATEN & FAKTEN

BRZ 39.051	**Passagiere** 835
Länge 204,00 m	**Crew-Mitglieder** ca. 430
Breite 28,90 m	**PCR (Pass. pro Crew)** 1,9
Indienststellung 1988	**PSR (Platzangebot)** 46,8
Renovierung 2019	**Passagierdecks** 9
Bordsprache Deutsch	**Restaurants/Bars** 4/7

Kabinen	417 Kabinen in 11 Kategorien von der Innenkabine bis zur Signature Suite; Größen: 16–80 m²
Sport & Wellness	Pool, Sportpark, Fitnesscenter, Minigolf, Jogging-Parcours, Wellness- & Spa-Bereich mit Sauna, Dampfbad, Friseur, Massagen etc.
Info-/Entertainment	Kochkurse, Shows im Theater, Tanzabende, Vorträge, Unterhaltungsspiele, Live-Musik, Kino
Dresscode	leger bis elegant, Abendgarderobe nicht vorgeschrieben
Preis pro Nacht	€ 123 bis € 667; Durchschnitt € 275
Info	Phoenix Reisen Bonn, Tel. (0228) 92 60 55 www.phoenixreisen.com

PROFIL

Info-/Entertainment
Sport & Wellness
Gastronomie
Familienfreundlichkeit
Service
Routing

Aktuell noch nicht bewertet

AUF SOMMERKREUZFAHRT in Norwegen

DATEN & FAKTEN

BRZ 44.500	**Passagiere** 1.200
Länge 231,00 m	**Crew-Mitglieder** 420
Breite 29,00 m	**PCR (Pass. pro Crew)** 2,9
Indienststellung 1984	**PSR (Platzangebot)** 37,1
Renovierung 2017	**Passagierdecks** 9
Bordsprache Deutsch	**Restaurants/Bars** 3/7

Kabinen	600 Außenkabinen, davon 252 mit Balkon, 14 Suiten, 57 Juniorsuiten; Größen: 16–50 m²
Sport & Wellness	2 Pools, mehrere Whirlpools, Wellnessbereich mit Beautysalon, Fitnesscenter, Massage, Sauna
Info-/Entertainment	Showprogramme im Theater, Tageskünstler, Tanz, Musik, Bibliothek, Kino, Theater, Internetcafé, Spielzimmer
Dresscode	leger bis festlich-elegant
Preis pro Nacht	€ 87 bis € 899; Durchschnitt € 252
Info	Phoenix Reisen Bonn, Tel. (0228) 92 60 55 www.phoenixreisen.com

PROFIL

Info-/Entertainment	⚓⚓⚓⚓◯
Sport & Wellness	⚓⚓⚓⚓◯
Gastronomie	⚓⚓⚓⚓◯
Familienfreundlichkeit	⚓⚓⚓◯◯
Service	⚓⚓⚓⚓◯
Routing	⚓⚓⚓⚓⚓

Artania

Die „Grand Lady" ist das Phoenix-Flaggschiff. Sein Vorteil: Alle Kabinen sind Außenkabinen

Das gibt's nicht oft: Die Artania hat Platz für 1.200 Passagiere, aber keine Innenkabinen. Das war 1984, als das Schiff für Princess Cruises als **Royal Princess** gebaut wurde, sehr fortschrittlich. Das größte Phoenix-Schiff ist, wie auch seine Flottenschwestern, perfekt für Liebhaber der klassischen Kreuzfahrt. Anspruchsvoll ist die Küche, die in den Bedienrestaurants Artania und Vier Jahreszeiten serviert wird. Regelmäßig renoviert, präsentiert sich die Artania in einem hervorragenden Zustand. Zeitgemäße Einrichtungen in den Bars, Lounges und Restaurants und gepflegte Bodenbeläge auf den schönen Promenadendecks sorgen für eine überall angenehme Atmosphäre. Umgebaut wurden zuletzt der Spa- und Fitnessbereich und die beliebte Harry's Bar, die nach dem Essen ein beliebter Anlaufpunkt für die Gäste ist. Neu ist auch das Bühnen- und Sitzkonzept in der Atlantik Show Lounge. Einen Eindruck von einem möglichen Phoenix-Neubau, über den schon seit Jahren spekuliert wird, können Passagiere in zwei Kabinen der Artania bekommen. Sie wurden als Musterkabinen gebaut und lassen das Gefühl aufkommen, man befinde sich auf einem Neubau. Die Artania ist ein Schiff mit vielen Lieblingsplätzen und, wie oft bei Phoenix, immer wieder auf Routen mit exotischen Zielen.

Fahrgebiete 2020

Das Jahr beginnt mit Madagaskar und Südafrika. Darauf folgen lange Törns nach Australien und Südamerika, bis es via New York nach Bremerhaven geht. Von dort startet im Mai ein 2-tägiger Kurztrip nach Helgoland.

Foto: Christoph Assies

DAS „TRAUMSCHIFF" VON EINST in der Wesermündung

Deutschland

Das schwimmende Grandhotel ist auch im Sommer 2020 wieder für Phoenix unterwegs

Auf der Deutschland werden Tradition und persönlicher Service großgeschrieben. Es gibt kleine Innenkabinen, aber auch Suiten mit eigenem Balkon; sehr attraktiv sind die mit französischen Balkonen ausgestatteten Außenkabinen. Aus alten Deilmann-Zeiten mitgenommen wurden die zahlreichen Bilder und Skulpturen an Bord. Doch mittlerweile geht es an Bord der Deutschland entspannter zu: Mit legerer Kleidung liegt man tagsüber genau richtig; die Landausflüge, das Sportprogramm und die Aktivitäten an Bord machen so noch mehr Spaß. Am Abend aber und bei den Gala-Dinnern bleibt es festlich an Bord. À-la-carte-Gerichte im Restaurant Berlin und ein ungezwungenes Buffet im Lidorestaurant werden parallel angeboten. Wer es wie in alten Zeiten mag, kann sich am Abend in der Bar „Zum alten Fritz" über die traditionellen Frikadellen freuen. Das Spezialitätenrestaurant Vier Jahreszeiten kann nach Anmeldung kostenfrei besucht werden. Das Schiff verfügt über zwei Pools, einen an Deck und einen im Inneren. Sauna und Fitnessraum mit Meerblick liegen im Heck des Schiffs. Im schmucken Kaisersaal werden Konzerte, Musicals und Artistik gezeigt. Lektoren informieren über Kultur und Natur der Reiseregion.

Fahrgebiete 2020

Von Ende April bis Anfang September ab/bis Bremerhaven zu den Azoren und nach Madeira, nach Norwegen, Schottland und Island, in die Ostsee sowie rund um Großbritannien.

DATEN & FAKTEN

BRZ 22.496	**Passagiere** 590
Länge 175,30 m	**Crew-Mitglieder** 280
Breite 23,80 m	**PCR (Pass. pro Crew)** 2,1
Indienststellung 1998	**PSR (Platzangebot)** 45
Renovierung 2016	**Passagierdecks** 8
Bordsprache Deutsch	**Restaurants/Bars** 3/5

Kabinen	298 Kabinen und Suiten, davon 74 innen, 224 außen; Größen: 12–45 m²
Sport & Wellness	2 Pools, Wellness-Spa, Sauna, Fitnessraum, Kurse, Shuffleboard, Dart, Tischtennis
Info-/Entertainment	Show- und Musikprogramme, Klassik, Tanz, Lektorenvorträge, Kreativkurse
Dresscode	sportlich-leger bis festlich-elegant
Preis pro Nacht	€ 186 bis € 845; Durchschnitt € 311
Info	Phoenix Reisen Bonn, Tel. (0228) 92 60 55 www.phoenixreisen.com

PROFIL

Info-/Entertainment	⚓⚓⚓○○
Sport & Wellness	⚓⚓⚓○○
Gastronomie	⚓⚓⚓⚓○
Familienfreundlichkeit	⚓⚓○○○
Service	⚓⚓⚓⚓○
Routing	⚓⚓⚓⚓○

KREUZFAHRT KLASSISCH: Teakholzmöbel am Pool, die versammelte Crew – und ganz nah dran, z. B. in London

Plantours Kreuzfahrten

Routenvielfalt, großes Stammpublikum, familiäre Atmosphäre: Kreuzfahrten aus Bremer Hand

„Routenvielfalt als Erfolgsfaktor": Nach dieser Devise führt Plantours Kreuzfahrten seit Sommer 2012 sein beliebtes Hochseeschiff – das einzige Seeschiff, das die Bremer betreiben, neben Flussschiffen auf Gewässern in aller Welt (S. 245). Die Betonung der Routenvielfalt ist kein leerer Werbespruch: Mit über 1.400 besuchten Häfen seit dem Start für Plantours ist die Hamburg eines der anspruchsvollsten Schiffe dieser Kategorie. Übrigens auch, weil man sich getraut hat, einfach mal fünf Jahre lang nicht dahin zu fahren, wo alle sind: ins Mittelmeer nämlich. 2021, so wird nun angekündigt, ist es mit der Abstinenz vorbei – doch dem Grundsatz bleibt man treu. Denn zu den Zielen, die im Mittelmeer geplant sind, gehören der Guadalquivir bis Sevilla, die kleine kroatische Insel Lastovo, Maltas Nachbarinsel Gozo, Trapani auf Sizilien oder Ashdod und Haifa in Israel – alles Häfen, die man bei großen Schiffen nicht finden wird. Und für 2020 darf ein Highlight stellvertretend stehen: Im Juni geht es zu den Inseln des Ärmelkanals: Guernsey, Jersey, Alderney, Isle of Wight – und bei Land's End auch noch zu den Scilly-Inseln vor der Küste Cornwalls. Für Insider interessant: Die Hamburg fuhr vor ihrer Übernahme durch Plantours unter dem Namen **Columbus** für Hapag-Lloyd Cruises aus Hamburg – erhielt also ausgerechnet in der Hansestadt an der Weser den ihr an der Elbe eigentlich zustehenden Namen. Das Schiff fährt mit ausschließlich deutschsprachigen Gästen, von denen über die Hälfte Stammkunden sind. Die Firma blickt auf eine 30-jährige Geschichte zurück. Fans verbinden sie noch mit dem einstigen Publikumsliebling **Vistamar**. Seit 2006 ist der italienische Schiffsausrüster **Ligabue Corp. Ltd.** alleiniger Gesellschafter der **plantours & partner GmbH**, als deren Marke Plantours Kreuzfahrten geführt wird.

Schiff	Baujahr	Passagiere
Hamburg	1997	400

BESUCH IN DER STADT, deren Namen sie trägt

Hamburg

Das Plantours-Schiff punktet mit ausgefallenen Zielen und einer überschaubaren Größe

Seit 2012 fährt die einstige **Columbus** von Hapag-Lloyd für Plantours aus Bremen. Die große Stärke des beliebten Schiffs: Es läuft nicht nur gängige Ziele an, sondern befährt zum Beispiel auch die Großen Seen in Nordamerika (S. 34) oder den Amazonas bis nach Iquitos in Peru. Das Mittelmeer dagegen ignoriert die Hamburg auch 2020 noch einmal komplett, stattdessen setzt sie auf Kuba, Nordmeer oder Antarktis, wo mit bordeigenen Zodiacs angelandet werden kann. Die Hamburg hat eine eher ältere Stammklientel, möchte sich aber gern für neue Zielgruppen öffnen. 2019 führte man deshalb die Themenreise „Rock The Boat" ein, bei der das Schiff drei Tage direkt an der Tower Bridge in London lag. Sie wird im Mai 2020 wiederholt – u. a. mit einem Konzert der 70er-Kultband The Sweet an Bord. Und der jüngste Coup: Seit Herbst 2019 ist die Hamburg Drehort der ARD-Dokusoap „Verrückt nach Meer", die zuvor auf der Amadea von Phoenix Reisen gedreht wurde. Das Schiff bietet dank seiner kompakten Größe ein entspanntes Ambiente. Im Restaurant finden alle Gäste zeitgleich Platz; die lockere Alternative ist das Buffet im Palmgarten, mit Außenplätzen auf dem Pooldeck. 2020 geht die Hamburg in die Werft und wird umfassend renoviert.

Fahrgebiete 2020

Das Jahr beginnt mit Antarktis, chilenischen Fjorden und einer Galakreuzfahrt zum Karneval in Rio. Via Azoren geht es im Mai nach Hamburg und von dort u.a. ins Baltikum, nach Grönland und zu den Britischen Inseln. Im Herbst folgen die Großen Seen und zwei lange Kubatörns.

DATEN & FAKTEN

BRZ 14.903	**Passagiere** 400
Länge 144,00 m	**Crew-Mitglieder** 170
Breite 21,50 m	**PCR (Pass. pro Crew)** 2,4
Indienststellung 1997	**PSR (Platzangebot)** 37,3
Renovierung 2020	**Passagierdecks** 6
Bordsprache Deutsch	**Restaurants/Bars** 2/3

Kabinen	197 (63 innen, 13 m²; 134 außen, 15 m²), 8 Suiten (27–31,5 m², davon 2 mit, 6 ohne Balkon)
Sport & Wellness	Pool, Fitnessraum, Sauna, Kosmetik, Friseur, Fahrräder (gegen Gebühr), Morgengymnastik, Nordic-Walking-Stöcke
Info-/Entertainment	Band, Künstler, Unterhaltungsmusik, Lektorenvorträge, Tanz, Show, Alleinunterhalter
Dresscode	leger bis sportlich-elegant
Preis pro Nacht	€ 200 bis € 590; Durchschnitt € 325
Info	Plantours Kreuzfahrten Bremen, Tel. (0421) 17 36 90 www.plantours-partner.de

PROFIL

Info-/Entertainment	⚓⚓⚓○○
Sport & Wellness	⚓⚓⚓○○
Gastronomie	⚓⚓⚓⚓○
Familienfreundlichkeit	⚓⚓⚓○○
Service	⚓⚓⚓⚓○
Routing	⚓⚓⚓⚓⚓

PONANT

Die französische Luxusreederei fährt nicht nur ins Eis, sondern auch in die Tropen

Ein Segler und vier schmucke Motoryachten bildeten in den letzten Jahren die Flotte der französischen Nobelmarke PONANT. Sie überzeugen mit stylish-coolem Ambiente und mit Reisen zu fernen Häfen und den Polgebieten. Nach der Reedereiübernahme durch die französische **Artemis Holding**, zu der auch Luxusmarken wie Gucci oder Saint Laurent gehören, wurde eine neue Schiffsserie namens **PONANT Explorers** bestellt, benannt nach berühmten französischen Entdeckern und Forschern. Die letzten zwei dieser sechs Neubauten starten 2020. Sie sind mit 92 Kabinen etwas kleiner als das ältere Yachtquartett und können noch abgelegenere Regionen erreichen. Während die größeren Schiffe sich auf Arktis- und Antarktis-Expeditionen konzentrieren, erkunden die Neubauten Lateinamerika, den Indischen Ozean sowie Asien und Ozeanien. 2021 soll das erste elektro-hybride Polarexpeditionsschiff folgen, mit Namen **Le Commandant Charcot**. Es kann bis zum geografischen Nordpol, ins Weddellmeer und ins Rossmeer fahren. Auf allen PONANT-Expeditionskreuzfahrten ist ein deutschsprachiger Lektor an Bord, ansonsten wird auf diesen Schiffen Französisch und Englisch gesprochen. – Im Sommer 2019 gab die Reederei eine spannende Erweiterung des Portfolios bekannt: Die ausschließlich in der Südsee fahrende **Paul Gauguin** wird von PONANT übernommen.

Schiff	Baujahr	Passagiere
Le Ponant (Segler)	1991	64
Paul Gauguin	1997/2009	332
Le Boréal	2010	264
L'Austral	2011	264
Le Soléal	2013	264
Le Lyrial	2015	244
Le Lapérouse	2018	184
Le Champlain	2018	184
Le Bougainville	2019	184
Le Dumont d'Urville	2019	184
Le Bellot	2020	184
Le Jacques Cartier	2020	184

KLEIN, ABER FEIN: Fahrt durch den Korinthkanal, cooles Design auch in der Sauna und ein Infinity-Pool am Heck

KURS MITTERNACHTSSONNE: Le Bougainville vor den Lofoten

Le Bougainville (Explorer Class)

High-End-Abenteuer mit französischem Touch – inklusive Blick unter die Wasseroberfläche

Mit der neuen Schiffsklasse „PONANT Explorers" setzt die französische Reederei ihr bewährtes Konzept kleiner Luxusyachten mit Expeditionscharakter fort, bietet aber auch beeindruckende Neuerungen. Dazu zählen das weit auslaufende Heck mit variabler Marina (nutzbar als Sonnendeck, Zodiac-Anleger oder Wassersportplattform), ein Infinity-Pool – und natürlich die „Blue Eye"-Lounge: In ihr kann jeder Gast mindestens einmal pro Reise durch Bullaugen die Unterwasserwelt bestaunen, während Hydrophone die Sounds und Vibrationen von außen auf gemütliche „Body Listening"-Sofas übertragen. Besonders viel Spaß macht das in den artenreichen warmen Gefilden, in denen sich die Schiffe viel aufhalten. Obwohl sie etwas kleiner als ihre Vorgängerinnen sind, wirken die Räumlichkeiten großzügig und mit vielen Elementen im Holzlook noch etwas stylisher. Shows und Vorträge gibt es im Theater; Entspannung bietet das Spa mit Massageraum und Sauna mit großer Glasfront. Der englisch- und französischsprachige Service ist persönlich und zuvorkommend, das Gastronomieangebot im Panoramarestaurant oder am Grillbuffet außen auf Deck 3 überzeugt auf ganzer Linie. Vier von sechs geplanten Schiffen sind nun schon in Fahrt, die letzten zwei (**Le Bellot**, **Le Jacques Cartier**) folgen 2020.

Fahrgebiete 2020

Le Bougainville: Mittelmeer, Seychellen. **Le Lapérouse:** Australien, Neuseeland und Asien. **Le Champlain:** Zentralamerika, Island, Grönland und Azoren. **Le Dumont d'Urville:** Nord- und Ostsee, Zentralamerika.

DATEN & FAKTEN LE BOUGAINVILLE

BRZ 10.038	**Crew-Mitglieder** 110
Länge 131,00 m	**PCR (Pass. pro Crew)** 1,67
Breite 18,00 m	**PSR (Platzangebot)** 53,8
Indienststellung 2019	**Passagierdecks** 6
Bordsprache Engl., Frz.	**Restaurants** 2
Passagiere 184	**Bars** 3

Kabinen	92 Außenkabinen und -suiten, alle mit privatem Balkon oder Terrasse; Größen: 19–45 m²
Sport & Wellness	Infinity-Pool, Spa mit Massage und Sauna, Fitness, Wassersportplattform mit Kajak, Stand-up-Paddling, Tauchen, 10 Zodiacs
Info-/Entertainment	Theater, multisensorische „Blue Eye"-Unterwasser-Lounge, Bildgalerie, WLAN
Dresscode	leger bis elegant
Preis pro Nacht	€ 423 bis € 2.523; Durchschnitt € 752
Info	PONANT Hamburg, Tel. (040) 808 09 31 43 www.ponant.com

PROFIL

Info-/Entertainment
Sport & Wellness
Gastronomie
Familienfreundlichkeit
Service
Routing

Aktuell noch nicht bewertet

DRESSCODE IM EIS: der rote Parka

DATEN & FAKTEN SEA SPIRIT

BRZ 4.280	**Passagiere** 114
Länge 90,60 m	**Crew-Mitglieder** 72
Breite 15,30 m	**PCR (Pass. pro Crew)** 1,6
Indienststellung 1991	**PSR (Platzangebot)** 36,2
Renovierung 2015, 2017	**Passagierdecks** 5
Bordsprache Deutsch, Engl.	**Restaurants/Bars** 2/1

Kabinen	52 Außenkabinen (21–43 m²), davon 14 Suiten mit Balkon
Sport & Wellness	Fitnessraum, Hot Tub, Kajaks (gegen Zuzahlung)
Info-/Entertainment	Lektorate im Vortragsraum, Bibliothek; optional zubuchbar: Fotografie-Workshops, Camping in der Antarktis
Dresscode	kein Dresscode
Preis pro Nacht	ab € 334 bis € 1.519; Durchschnitt € 877 (jeweils inklusive Flügen)
Info	Poseidon Expeditions Hamburg Tel. (040) 75 66 85 55 www.poseidonexpeditions.de

PROFIL

Info-/Entertainment	⚓⚓⚓⚪⚪
Sport & Wellness	⚓⚓⚓⚪⚪
Gastronomie	⚓⚓⚓⚓⚪
Familienfreundlichkeit	⚓◖⚪⚪⚪
Service	⚓⚓⚓⚓⚪
Routing	⚓⚓⚓⚓⚪

Poseidon Expeditions: Sea Spirit

Der Polarreisen-Spezialist bietet Expeditionen mit deutschsprachiger Betreuung

Mit nur 114 Passagieren ist die Sea Spirit das kleinste Expeditionskreuzfahrtschiff mit deutschsprachiger Betreuung auf allen Reisen. Sie debütierte 1991 am deutschen Markt als **Hanseatic Renaissance**. 2017 hat Poseidon Expeditions sie umfassend renoviert und 2019 modernste Zero-Speed-Stabilisatoren eingebaut. Der 1999 gegründete Polarreisen-Spezialist mit russischen Wurzeln ist weltweit aktiv. Unter anderem bietet er Nordpolfahrten mit dem Atomeisbrecher **50 Years of Victory** an – ein extremes wie teures Abenteuer. Dagegen ist die Sea Spirit äußerst komfortabel: Sehr groß sind ihre Kabinen, allesamt Suiten. An Bord wird Englisch und Deutsch gesprochen; deutschsprachige Reiseleiter, Lektoren, Bordinfos und Speisekarten stehen zur Verfügung. Die Atmosphäre ist leger, Dresscodes gibt es nicht, beim Essen herrscht freie Platzwahl. Großzügige Außendecks und die meist frei zugängliche Brücke sind ideal für das Erlebnis der Reisen ins Eis. Eine Marina auf Wasserniveau erleichtert den Einstieg in die Zodiacs. Außerdem gibt es – gegen Aufpreis – acht Kajaks für ein besonders intensives Polarerlebnis. Jeder Arktis- und Antarktispassagier erhält einen Expeditionsparka. Bequeme, wärmeisolierte Gummistiefel kann man in allen Größen leihen.

Fahrgebiete 2020

Sommer: Arktis mit Grönland, Spitzbergen, Island und Franz-Josef-Land. Winter: Antarktis und Falklandinseln.

Princess Cruises

Tradition und Innovation, seit über 50 Jahren erfolgreich vereint – und auf allen Meeren zu Hause

18 Schiffe zählt die Flotte, die einst durch die TV-Serie „Love Boat" berühmt wurde. Auf allen, egal ob für 700 oder über 4.000 Passagiere, gilt die Maxime „big ship choice, small ship feel". Dafür wurden große Räume in kleine Cafés und gemütliche Bars umgebaut, Restaurants in kleinere Einheiten geteilt. Nur im Theater, an den Buffets und beim Tendern merkt man, dass man auf einem Ozeanriesen reist. Seit 2017 gibt es auf immer mehr Schiffen das „Ocean Medallion", einen Funkchip, der zusammen mit mehreren Handy-Apps viele Bordkartenservices abwickelt, von der Getränkebestellung über Bezahlvorgänge bis hin zum automatischen Öffnen der Kabinentür. Mit **Sky Princess** und **Enchanted Princess** stoßen 2019 und 2020 wieder zwei neue Schiffe zur Flotte, nach der 2017 erstmals nur für den chinesischen Markt konzipierten **Majestic Princess**. Princess ist weltweit unterwegs und besonders in Alaska ein Big Player, wo man „Cruise Tours" mit eigenen Lodges, Bussen und Zügen anbietet. Wichtig für Interessenten aus hiesigen Gefilden: Auf vielen Reisen sind deutschsprachige Reiseleiter an Bord.

Schiff	Baujahr	Passagiere
Sun Princess	1995	1.990/2.250
Sea Princess	1998	1.990/2.250
Grand Princess	1998	3.252/3.760
Pacific Princess	1999	680/802
Golden Princess	2001	2.590/3.200
Star Princess	2002	2.590/3.200
Coral Princess	2002	1.970/2.588
Island Princess	2003	1.970/2.588
Caribbean Princess	2004	3.252/3.760
Diamond Princess	2004	2.670/3.286
Sapphire Princess	2004	2.670/3.286
Crown Princess	2006	3.252/3.760
Emerald Princess	2007	3.252/3.760
Ruby Princess	2008	3.252/3.760
Royal Princess	2013	3.560/4.340
Regal Princess	2014	3.560/4.340
Majestic Princess	2017	3.660/4.340
Sky Princess	2019	3.660/4.340
Enchanted Princess	2020	3.660/4.340

Fotos oben u. Mitte: Franz Neumeier

„**SEA WALK**" auf der Regal Princess, darunter das Pooldeck der Royal Princess. Unten: Pacific Princess in der Südsee

DIE REGAL PRINCESS im Hafen von Tallinn

Foto: Franz Neumeier

DATEN & FAKTEN REGAL PRINCESS

BRZ 141.000	**Crew-Mitglieder** 1.346
Länge 330,10 m	**PCR (Pass. pro Crew)** 3,2
Breite 47,25 m	**PSR (Platzangebot)** 39,6
Indienststellung 2013/14	**Passagierdecks** 17
Bordsprache Englisch	**Restaurants** 9
Passagiere 3.560/4.340	**Bars** 21

Kabinen	1.780 (1.438 außen, 342 innen), davon 40 Suiten u. 306 Minisuiten mit Balkon, 360 Deluxe-Balkonkab., 732 Balkonkab.; Größen: 15–60 m²
Sport & Wellness	3 Pools, 6 Whirlpools, Fitnesscenter, Lotus Spa und Sanctuary für Erwachsene, Driving Range, Putting Green, Jogging
Info-/Entertainment	Showtheater, Casino, Nightclub, „Movies under the Stars", Bibliothek, Internetcafé, Kinderclub
Dresscode	meist leger, zwei formelle Abende
Preis pro Nacht	€ 118 bis € 701; Durchschnitt € 185
Info	Princess Cruises München, Tel. (089) 51 70 34 50 www.princesscruises.de

PROFIL

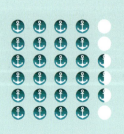

Info-/Entertainment	⚓⚓⚓⚓○
Sport & Wellness	⚓⚓⚓⚓○
Gastronomie	⚓⚓⚓⚓◐
Familienfreundlichkeit	⚓⚓⚓⚓◐
Service	⚓⚓⚓⚓◐
Routing	⚓⚓⚓⚓○

RegalPrincess mit Sky & Royal Princess

Elemente der klassischen Kreuzfahrt mit Vorteilen moderner Megaschiffe kombiniert

Auf drei Ebenen konzentrieren sich Bars, Restaurants und Shops im Atrium. Eine so zentrale Struktur überrascht bei dieser Schiffsgröße, vermittelt aber das Gefühl eines viel kleineren Schiffs. Dazu trägt auch das „Ocean Medallion" bei, das etwa die Ortung von Mitreisenden und Getränkebestellungen von fast jedem Ort an Bord ermöglicht. Der für Erwachsene reservierte Retreat Pool sowie die (kostenpflichtige) Wellness-Oase „Sanctuary" sind optisch vom Hauptpool abgetrennt, am Heck gibt es zusätzlich einen Terrace Pool – auf der Sky Princess als „Wakeview Pool" neu gestaltet. Die großzügigen Kinder- und Teensbereiche inklusive Außenbereichen liegen im Heck ganz oben. Nervenkitzel bietet der „SeaWalk" mit seinem Glasboden. Das Promenadendeck ist auf zwei Segmente mittschiffs und seitlich am Heck reduziert. Die Kabinen sind modern und elegant, das Bad zugunsten eines begehbaren Kleiderschranks relativ klein. Keine Kompromisse macht Princess bei wirklich wichtigen Dingen: Der Service ist herzlich, das Entertainment vielfältig, das Essen hochwertig. Der Neuzugang **Sky Princess** hat neue Features wie die Sky Suites mit 270-Grad-Blick vom Balkon und ein neu gestaltetes Sanctuary mit mehr privaten Cabanas.

Fahrgebiete 2020

Royal Princess: Alaska, US-Westküste und Mexikanische Riviera. **Regal Princess**: Karibik, Asien, Australien, Südsee und Britische Inseln. **Sky Princess**: Karibik, Neuengland/Kanada, Ostsee und Nordeuropa.

Regent Seven Seas Cruises

Ultra-all-inclusive, weltweite Routen, stilistische Opulenz: Luxus-Cruising made in the USA

Wer Regent bucht, kann sich sicher sein: Hier zählt nicht die Schiffsgröße, sondern der Platz pro Passagier – er liegt auf höchstem Niveau. Gleiches gilt für das Ultra-all-inclusive-Konzept: Es gilt als das umfassendste der gesamten Kreuzfahrtwelt. Alle Restaurants sind, wie auch sonst nahezu alles an Bord, im Reisepreis enthalten. Selbst die meisten Landausflüge sind auf diesen eleganten Schiffen inkludiert. Seit 2014 sind sie im Besitz der **Norwegian Cruise Line Holdings** – und kreuzen weltweit. Die Gäste kommen überwiegend aus Nordamerika, zunehmend aber auch aus Europa und von anderen Kontinenten, Bordsprache ist Englisch. Das Publikum besteht überwiegend aus „Best Agern", aber auch für jüngere Paare sind die Schiffe attraktiv, weniger jedoch für Familien. Beim Ambiente an Bord gelingt eine reizvolle Mischung aus konservativ-amerikanischer Eleganz und legerer Frische, beides mit einem gewissen Hang zur Opulenz. Das Design ist bis ins letzte Detail ausgefeilt, teuerste Materialien kommen im Überfluss zum Einsatz. Einzigartig in der Kreuzfahrt ist die Champagner-Party zu Beginn jeder Reise zum Kennenlernen der Nachbarn und der Offiziere auf den Kabinengängen.

2016 setzte die Reederei mit der **Seven Seas Explorer** ein neues Luxus-Statement: Sie vermarktet den Neubau als das „luxuriöseste Schiff der Welt". Das Schwesterschiff **Seven Seas Splendor** stößt 2020 hinzu. Damit die bestehende Flotte mithalten kann, wurden 2016/17 rund 125 Millionen Dollar in die umfassende Renovierung der älteren Schiffe **Navigator**, **Mariner** und **Voyager** investiert.

Schiff	Baujahr	Passagiere
Seven Seas Navigator	1999	510
Seven Seas Mariner	2001	700
Seven Seas Voyager	2003	700
Seven Seas Explorer	2016	750
Seven Seas Splendor	2020	750

Fotos oben u. unten: Johannes Bohmann

LUXUS AUF AMERIKANISCH: edle Interieurs, inkludierte Ausflüge – und echte Kunstwerke, hier von Chagall, an Bord

KLASSISCHE SILHOUETTE für ein Schiff höchster Ansprüche

DATEN & FAKTEN

BRZ 55.254

Länge 224,00 m

Breite 31,09 m

Indienststellung 2016

Bordsprache Englisch

Passagiere 750

Crew-Mitglieder 542

PCR (Pass. pro Crew) 1,1

PSR (Platzangebot) 72

Passagierdecks 10

Restaurants 8

Bars 9

Kabinen	375 Suiten, alle mit Balkon, ab Penthouse-Suite mit persönlichem Butler; Größen: 20–271 m²
Sport & Wellness	Infinity-Pool, 2 Whirlpools, Fitness, Joggingbahn, Golfabschlagplatz, 18-Loch-Putting-Green, Boccia-Platz, Paddle-Tennis, Canyon Ranch Spa
Info-/Entertainment	Theater, Bibliothek, Casino, Lounges mit Livemusik, Kochstudio
Dresscode	casual bis elegant
Preis pro Nacht	€ 385 bis € 2.536; Durchschnitt € 1.142
Info	Regent Seven Seas Cruises Southampton Tel. +44 2380 68 21 40 de.rssc.com

PROFIL

Info-/Entertainment	
Sport & Wellness	
Gastronomie	
Familienfreundlichkeit	
Service	
Routing	

Seven Seas Explorer

Exquisite Küche, Grandhotel-Flair, all-inclusive total: ein leuchtender Stern am Luxushimmel

„Das luxuriöseste Schiff aller Zeiten"? Zumindest was die Hardware betrifft, hat die Explorer tatsächlich Maßstäbe gesetzt: Sie prunkt regelrecht mit Opulenz und Superlativen. Die 2,7 Tonnen schwere Gebetsmühlenskulptur vor dem Asia-Restaurant etwa. Das 150.000-Dollar-Bett in der Regent-Suite. Die originalen Picassos, Mirós und Chagalls an den Wänden. Das viele Muranoglas, der Carraramarmor – ein Ambiente wie im Grandhotel, mit modernen Akzenten. In den Bars spielt Livemusik, die Observation Lounge wird abends zur Edeldisco, das Theater bietet Shows im Broadwaystil samt siebenköpfiger Band. Ruhepol des Schiffs ist eine große Bibliothek. Zum Besten auf See gehören die Restaurants: vom auch optisch hinreißenden Hauptrestaurant Compass Rose über ein Buffet, das abends zum Edelitaliener wird, bis hin zu den Spezialitätentempeln Chartreuse, Prime 7 und Pacific Rim. Am Sonnendeck gibt's auch schon mal einen eleganten Grillabend mit Tisch an der Reling und Sonnenuntergang zum Dessert. Ganz nah am Meer ist man auf dem umlaufenden Promenadendeck mit Infinity-Pool am Heck. Von verschiedenen Designern gestaltet, sind die Suiten im Stil recht unterschiedlich. Marmorbäder, große Balkone, ultrabequeme Betten und ein begehbarer Schrank gehören bei allen dazu.

Fahrgebiete 2020

Karibik bis April, dann via Kanaren und Westeuropa in die Nordsee und das Baltikum, ab Oktober Mittelmeer – und zu Weihnachten Dubai und die Emirate.

Royal Caribbean International

Spaß und Action sind garantiert – unter anderem auf den derzeit größten Schiffen der Welt

Royal Caribbean Cruises Ltd. (RCCL), die Muttergesellschaft von Royal Caribbean International (RCI), ist das zweitgrößte Kreuzfahrtunternehmen der Welt. Die Erfolgsgeschichte begann 1969 mit der **Song of Norway**, 1988 setzte die **Sovereign of the Seas** neue Größenstandards, und 2009 legte man erneut mit dem bis dato größten Schiff der Welt nach: der **Oasis of the Seas** für fast 6.300 Passagiere. Mit **Allure, Harmony, Symphony** und **Spectrum of the Seas** hat sie nun schon vier gigantische Schwestern; die fünfte mit Namen **Odyssey of the Seas** folgt 2020. Doch bereits seit 2007 mit der **Freedom of the Seas** ist klar: Das Schiff selbst ist bei RCI die Destination. Deshalb locken alle jüngeren Liner mit tollen Sportangeboten (Kletterwand, künstliche Surfwelle, Eisbahn, Autoscooter etc.) und auf den neuesten „Smartships" mit digitalen Gimmicks wie einem Roboter, der Cocktails mixt. Im Adventure Ocean werden Kids schon ab sechs Monaten betreut, inklusive Babysitter. Neueste Attraktion ist die 2019 mit zahllosen Features erweiterte Bahamas-Privatinsel Coco Cay mit dem Beinamen „Perfect Day". Ende 2019 betreibt RCI 26 Schiffe aus acht Generationen, fünf weitere Neubauten sind in Planung. Hier die Schiffe seit 2002:

Schiff	Baujahr	Passagiere
Brilliance of the Seas	2002	2.191/2.702
Navigator of the Seas	2002	3.114/3.838
Serenade of the Seas	2003	2.191/2.702
Mariner of the Seas	2003	3.114/3.839
Jewel of the Seas	2004	2.191/2.702
Freedom of the Seas	2006	3.634/4.374
Liberty of the Seas	2007	3.634/4.374
Independence of the Seas	2008	3.634/4.374
Oasis of the Seas	2009	5.408/6.230
Allure of the Seas	2010	5.408/6.230
Quantum of the Seas	2014	4.188/4.905
Anthem of the Seas	2015	4.188/4.905
Ovation of the Seas	2015	4.188/4.905
Harmony of the Seas	2016	5.518/6.680
Symphony of the Seas	2018	5.518/6.680
Spectrum of the Seas	2019	5.518/6.680
Odyssey of the Seas	2020	4.246/4.905

WUNDERWELTEN: Klettern mit Giraffe, Entertainment auf Las-Vegas-Niveau und Fallschirmfliegen leicht gemacht

KLEINSTADT ZUR SEE: aus der Vogelperspektive

DATEN & FAKTEN SYMPHONY OF THE SEAS

BRZ 228.081	**Crew-Mitglieder** 2.200
Länge 362,10 m	**PCR (Pass. pro Crew)** 2,5
Breite 65,68 m	**PSR (Platzangebot)** 41,3
Indienststellung 2018	**Passagierdecks** 16
Bordsprache Englisch	**Restaurants** 20
Passagiere 5.518/6.680	**Bars** 20

Kabinen	2.759 (2.235 außen, 524 innen), davon 1.796 Balkonkabinen und 227 Suiten; Größen: 9–149 m²
Sport & Wellness	4 Pools, 10 Whirlpools, 3 Wasser-/ 2 Trockenrutschen, Surfsimulatoren, Joggingpfad, Eislaufbahn, Kletterwand, Zip-Line, Basketball, Minigolf, Fitness/Spa, Kinderclubs u. v. m.
Info-/Entertainment	Broadway-Shows, Aqua-Show im Heck, Eisrevuen, Jazzclub, Comedy, Boardwalk mit Karussell u. v. m.
Dresscode	leger, abends je nach Anlass schicker
Preis pro Nacht	€ 109 bis € 4.546; Durchschn. € 200
Info	RCL Cruises, Bremen Tel. 0800 724 03 45 www.royalcaribbean.de

PROFIL

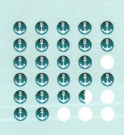

Info-/Entertainment	⚓ ⚓ ⚓ ⚓ ⚓
Sport & Wellness	⚓ ⚓ ⚓ ⚓ ⚓
Gastronomie	⚓ ⚓ ⚓ ⚓ ◯
Familienfreundlichkeit	⚓ ⚓ ⚓ ⚓ ⚓
Service	⚓ ⚓ ⚓ ◐ ◯
Routing	⚓ ⚓ ◯ ◯ ◯

Symphony of the Seas Oasis Class

Mit Platz für maximal fast 7.000 Passagiere setzt die größte Schiffsklasse der Welt Rekorde

Mit einer geringfügig höheren Tonnage hat die Symphony im April 2018 den Status als größtes Kreuzfahrtschiff von der **Harmony of the Seas** übernommen. Mit einzigartigen Features wie dem Central Park, dem Aqua Theater oder dem Boardwalk inklusive Jahrmarkt-Karussell begeistert diese Schiffsklasse auch noch knapp zehn Jahre nach Indienststellung der **Oasis of the Seas**. Sukzessive sind auf jedem neuen Oasis-Class-Schiff weitere Features hinzugekommen, etwa die „Bionic"-Roboter-Bar, die „WOW Bands" als Ergänzung zur Kabinenkarte und die Trockenrutsche „Ultimate Abyss", mit der es 30 Meter rasant in die Tiefe geht. Rund 6.000 Gäste fahren mit – und staunen, dass sie sich so verteilen, dass sie am Surfsimulator, an der Zip-Line oder im Theater ihren Platz finden. Wie auch in den 20 Restaurants und 20 Bars, die vom Hotdogstand bis zum märchenhaft-kreativen Wonderland so viel bieten, dass man auf einer Reise nicht alles ausprobieren kann. 2.759 Kabinen hat die Symphony, darunter eine zweistöckige Familien-Suite mit eigener Rutsche und eigener Spielecke. Wer aber in einer Balkonkabine ohne Meerblick residiert, d. h. über Central Park oder Boardwalk, sollte Lärm mögen. Neu auf der Symphony of the Seas sind unter anderem eine Laser-Tag-Anlage und ein neues Restaurant-Konzept im Solarium mit Seafood.

Fahrgebiete 2020

Mit Basishafen Miami fährt die Symphony ganzjährig auf 7-Nächte-Routen in der Karibik.

FREIHEITSSTATUE GRÜSST „NORTH STAR": die Anthem of the Seas vor New York

Anthem of the Seas Quantum Class

Bionic Bar, iFly, North Star, WOW Band: die Smartships von Royal Caribbean

Fünf Jahre nach der **Oasis of the Seas** startete Royal Caribbean 2014 eine weitere revolutionäre Schiffsklasse: Die „Smartships" **Quantum**, **Anthem** und **Ovation of the Seas** katapultierten die Kreuzfahrt ins digitale Zeitalter. In die Voraussetzung dafür wurde kräftig investiert: Echtes Highspeed-WLAN setzt einen Maßstab für die Zukunft und ermöglicht, dass man sich als Gast von einer personalisierten App zu allen Aktivitäten an Bord leiten lässt. Wer will, trägt statt einer Bordkarte ein „WOW Band", das alle Ausgaben registriert, auch an der Bionic Bar, wo Roboter Cocktails mixen. „Smart" ist auch das Erlebnis „iFly": Wie am Fallschirm schwebt man auf einer Windsäule über dem Boden. Doch der größte Hingucker ist die Glasgondel „North Star": Von einem Kranarm himmelwärts gebracht, blickt man über dem Schiff aufs Meer. Und abends bezaubern in der Lounge Two70° schwebende Artisten ebenso wie fliegende Videoschirme. Doch auch Handgemachtes gibt es: das Queen-Musical „We Will Rock You" im 1.300 Plätze fassenden Theater, den Sport im SeaPlex, der mal Trapez-Arena, mal Autoscooter ist. Und: in 18 Restaurants Gaumenfreuden, die von Menschenhand gemacht sind. Noch …

Fahrgebiete 2020

Die **Anthem** kreuzt bis April ab/bis New York längs der US-Ostküste und in der Karibik; im Mai kommt sie zu Europareisen nach Southampton. Die **Quantum** fährt ganzjährig ab/bis Shanghai oder Singapur, die **Ovation** im Pazifik bis Alaska, Hawaii und Australien.

DATEN & FAKTEN ANTHEM OF THE SEAS

BRZ 168.666	**Crew-Mitglieder** 1.300
Länge 348,00 m	**PCR (Pass. pro Crew)** 3,2
Breite 41,20 m	**PSR (Platzangebot)** 40,3
Indienststellung 2015	**Passagierdecks** 16
Bordsprache Englisch	**Restaurants** 18
Passagiere 4.188/4.905	**Bars** 19

Kabinen	2.090: 1.717 außen, davon 1.570 mit Balkon, 373 innen mit virtuellem Balkon, 28 Single-Studios, 16 Familiensuiten; Größen: 13,8–192 m²
Sport & Wellness	4 Pools, Fallschirmsimulator, Sportdeck SeaPlex, Autoscooter, Rollschuhbahn, Fitnesscenter/Spa, Ballsportplatz, Minigolf u. v. m.
Info-/Entertainment	Music Hall, Panoramasalon Two70°, Aussichtskapsel North Star, Akrobatik, Eisbar, Kinderclub u. v. m.
Dresscode	leger, abends teilweise schicker
Preis pro Nacht	€ 105 bis € 1.832; Durchschnitt € 183
Info	RCL Cruises, Bremen Tel. 0800 724 03 45 www.royalcaribbean.de

PROFIL

Info-/Entertainment	⚓ ⚓ ⚓ ⚓ ⚓
Sport & Wellness	⚓ ⚓ ⚓ ⚓ ⚓
Gastronomie	⚓ ⚓ ⚓ ⚓ ○
Familienfreundlichkeit	⚓ ⚓ ⚓ ⚓ ⚓
Service	⚓ ⚓ ⚓ ⚓ ○
Routing	⚓ ⚓ ⚓ ○ ○

NEUE MASSSTÄBE – DAMALS: die Freedom of the Seas

DATEN & FAKTEN FREEDOM OF THE SEAS

BRZ 154.407	**Passagiere** 3.634/4.374
Länge 303,21 m	**Crew-Mitglieder** 1.396
Breite 38,59 m	**PCR (Pass. pro Crew)** 3,1
Indienststellung 2006	**PSR (Platzangebot)** 42,4
Renovierung 2019	**Passagierdecks** 15
Bordsprache Englisch	**Restaurants/Bars** 9/10

Kabinen	1.815 (davon 1.082 außen, 724 mit Balkon); Größen: 15–126 m²
Sport & Wellness	3 Pools, 7 Whirlpools, Surfsimulator, Kletterwand, Sportplatz, Joggingstrecke, Spa, Fitnessclub, Boxring, Minigolf
Info-/Entertainment	Shows im Broadway-Stil, Eislauf-Revuen, Casino, 3-D-Kino, Live-Orchester, Shopping-Galerie, Kinderclub, Babybetreuung
Dresscode	leger, abends teils semiformell
Preis pro Nacht	€ 83 bis € 872; Durchschnitt € 124
Info	RCL Cruises, Bremen Tel. 0800 724 03 45 www.royalcaribbean.de

PROFIL

Info-/Entertainment	⚓⚓⚓⚓⚓
Sport & Wellness	⚓⚓⚓⚓⚓
Gastronomie	⚓⚓⚓⚓
Familienfreundlichkeit	⚓⚓⚓⚓⚓
Service	⚓⚓⚓⚓
Routing	⚓⚓⚓⚓

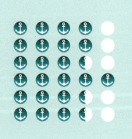

Freedom of the Seas Freedom Class

Heute schon fast ein Oldie – 2006, als sie startete, ein Megaliner voller neuer Sensationen

Als sie 2006 in Fahrt ging, verdrängte sie die **Queen Mary 2** vom Thron des damals größten Cruiseliners der Welt – bis zur Taufe der **Oasis of the Seas** drei Jahre später behielt sie diesen Rang. Gebaut auf der Aker (heute: Meyer) -Werft im finnischen Turku, lief sie als erstes Ziel Hamburg an, zu letzten Arbeiten bei Blohm + Voss – und wurde anschließend einer staunenden Öffentlichkeit am Grasbrook-Terminal präsentiert. Denn das hatte man noch nicht gesehen: eine von Läden und Bars gesäumte Promenade im Schiffsbauch, in dem ein Oldtimer als dekorativer Hingucker geparkt war. Eine Eislaufbahn unter Deck. Einen Boxring sogar. Und den „FlowRider" genannten Surfsimulator, auf dem man erstmals auf hoher See auf künstlichen Wellen reiten konnte. Das alles beeindruckt Big-Ship-Fans heute nicht mehr – damals aber war klar: Hier war erstmals das Schiff selbst zur Destination geworden. Die Schwestern **Liberty** und **Independence of the Seas** (2007/08) untermauerten diesen Anspruch noch. Wer sich also für die Geschichte der modernen Kreuzfahrt interessiert, findet hier einen stilbildenden Prototypen vor, den zu buchen sich noch immer lohnt. Denn dank guter Pflege erfüllt die Freedom, wenn auch etwas in die Jahre gekommen, noch immer das Wow-Versprechen, mit dem Royal Caribbean seine Funparks zur See bewirbt.

Fahrgebiete 2020

Die **Freedom** kreuzt ganzjährig ab/bis San Juan/Puerto Rico in der Karibik, die **Liberty** ab/bis Galveston/Texas und die **Independence** ab/bis Fort Lauderdale.

Seabourn Cruise Line

Die All-inclusive-Luxusschiffe stehen für individuelles und entspanntes Yachtfeeling

Für Seabourn fährt eine sehr junge Luxusflotte über die Weltmeere: Drei Schiffe à 450 Passagiere wurden zwischen 2009 und 2011 gebaut, zwei etwas größere mit 600 Betten, **Seabourn Encore** und **Seabourn Ovation**, gingen 2017 und 2018 in Dienst. 2021 soll mit der **Seabourn Venture** das erste explizite Expeditions-Kreuzfahrtschiff mit nur 264 Passagieren an den Start gehen. All-inclusive gehört zum Seabourn-Konzept, so dass selbst das Spitzenrestaurant The Grill by Thomas Keller– wie alle Restaurants und Getränke – im Reisepreis inkludiert ist. Geschickt ist die ungewöhnliche Aufteilung der Schiffe: Nahezu alle öffentlichen Bereiche liegen am Heck, so dass es vorn bei den Kabinen ruhig bleibt. Seabourn schafft es, Luxus sehr zwanglos und in familiärer Atmosphäre umzusetzen. Die persönliche Ansprache der Crew ist sehr warmherzig, die Stimmung an Bord wie auf einer Yacht. Nur an einem Abend pro Woche sind schwarzer Anzug (ohne Krawattenzwang) und Abendkleid gefragt. Nicht nur dann zeigt sich das Entertainment-Team engagiert und sorgt auch für Stimmung auf der Tanzfläche. Nicht verpassen sollte man das Show-Highlight mit dem Musical-Klassiker „An Evening with Sir Tim Rice". Exklusive Ausflüge zu UNESCO-Welterbestätten und zahlreiche Seminare sowie Lektorenvorträge runden das Bordprogramm ab.

Schiff	Baujahr	Passagiere
Seabourn Odyssey	2009	450
Seabourn Sojourn	2010	450
Seabourn Quest	2011	450
Seabourn Encore	2017	600
Seabourn Ovation	2018	600

YACHT-AMBIENTE: großzügige Teakholzdecks, breites Sportangebot dank eigener Marina, stilvolle Restaurants

AUF SOMMERKREUZFAHRT in der Ostsee

Foto: Franz Neumeier

DATEN & FAKTEN SEABOURN OVATION

BRZ 40.350	**Passagiere** 600
Länge 210,00 m	**Crew-Mitglieder** 408
Breite 28,04 m	**PCR (Pass. pro Crew)** 1,5
Indienststellung 2018 (Encore 2017)	**PSR (Platzangebot)** 600
Bordsprache Englisch	**Passagierdecks** 10
	Restaurants/Bars 5/5

Kabinen	300 Verandasuiten (23–120 m²), 8 barrierefreie Suiten
Sport & Wellness	2 Pools, 6 Whirlpools, Spa, Fitnesscenter, Saunen, Sportdeck, Wassersport-Marina, Thermalsuite
Info-/Entertainment	Shows, Seabourn Conversations, Casino, Seminare, Bibliothek, Konferenzraum
Dresscode	tagsüber casual, abends „elegant casual", ein formeller Abend pro Woche
Preis pro Nacht	€ 230 bis € 3.250; Durchschnitt € 350
Info	Seabourn Cruise Line Tel. 00800 18 72 18 72 www.seabourn.com

PROFIL

Info-/Entertainment	⚓⚓⚓⚓⚓
Sport & Wellness	⚓⚓⚓⚓
Gastronomie	⚓⚓⚓⚓⚓
Familienfreundlichkeit	⚓⚓
Service	⚓⚓⚓⚓⚓
Routing	⚓⚓⚓⚓

Seabourn Ovation & Seabourn Encore

Schöner, größer, vielfältiger – die jüngsten Seabourn-Schiffe sind eine Luxus-Evolution

Stardesigner Adam Tihany (S. 60) hat sich hier einen Lebenstraum erfüllt: einmal ein komplettes Schiffskonzept zu entwerfen. Dass ihm das absolut gelungen ist, sieht man am Seabourn Square – dem Herzen dieser beiden Schiffe. Seine Neuinterpretation ist rund, offen und gemütlich wie ein Wohnzimmer. Auch sonst kommt schnell ein heimeliges Gefühl an Bord auf, obwohl die Yachten etwas größer als ihre Vorgängerinnen sind. Der zusätzliche Platz wird für eine Bar mit Signature-Cocktails und Livemusik vor dem Steakhaus The Grill des amerikanischen Sternekochs Thomas Keller genutzt sowie für ein kleines, aber sehr feines Sushi-Restaurant. Ein Geheimtipp ist The Patio am Pool: Wenn der Küchenchef hier abends seine tagelang marinierte Ente kredenzt, kommt sogar der Kapitän zum Genießen. Alternativ kann man sich aber auch ein mehrgängiges Menü auf die großzügige Suite bestellen – natürlich kostenlos, ebenso wie alle Getränke bis hin zum Champagner. Das überwiegend amerikanische Publikum trainiert die Kalorien im gut ausgestatteten Fitnessstudio, auf zahlreichen Aktivtouren und beim Wassersport von der Marina aus ab. Sehr amerikanisch fällt leider auch die Neugestaltung des Retreats aus: Die Cabanas auf diesem exklusiven Sonnendeck mit Zuzahlung bieten keinen Meerblick.

Fahrgebiete 2020

Ovation: Winter in Asien, Sommer Nord- und Ostsee, Herbst im Mittelmeer. **Encore**: Winter in Australien und Neuseeland, Sommer im Mittelmeer.

Sea Cloud Cruises

Das Segler-Duo **Sea Cloud** und **Sea Cloud II** erhält 2020 endlich eine weitere Schwester

Zwei, bald drei Schiffe – und nur Platz für 294 Gäste? Das ist das Erfolgsrezept der Hamburger Reederei Sea Cloud Cruises, die ihren Gästen exklusive Segelkreuzfahrten anbietet. Im Sommer 2020 stößt mit der **Sea Cloud Spirit** (S. 99) das bisher größte Schiff zur Flotte. Es hat Platz für noch mehr Luxus unter den drei Masten und bietet Balkonkabinen, einen Fitnessbereich mit Meerblick und erstmals auch einen Aufzug zwischen den Decks. Die drei Hochseesegler werden größtenteils mit Muskelkraft gesegelt. Wenn es heißt „Segel setzen!", klettern die Matrosen in die Masten. Die Gäste sind bei diesem Spektakel hautnah dabei – und können der Decksmannschaft auf Wunsch an den Tauen und Leinen helfen. Die 1931 gebaute **Sea Cloud** gilt als das älteste noch im Betrieb befindliche Hochseekreuzfahrtschiff der Welt. Das als Privatyacht gebaute Schiff hat eine bewegte Geschichte hinter sich; es war Diplomatendomizil, Wetterstation und Schauplatz rauschender Partys. 2001 kam die etwas größere **Sea Cloud II** hinzu – ebenfalls mit Fokus auf das Segelerlebnis, exklusive Küche sowie erstklassigen und persönlichen Service. In den Eignerkabinen stehen vergoldete Wasserhähne für Luxus. Eine offene Brücke erlaubt den direkten Kontakt zum Kapitän. Liegeplätze direkt in den Stadtzentren machen Reisen in europäischen Gewässern und auch in der Karibik zu einem Erlebnis. Mit dem neuen Schiff reagiert das Unternehmen auf die hohe Nachfrage; es verfügt nun über zusätzliche Kapazität für individuelle Buchungen und Charter.

Schiff	Baujahr	Passagiere
Sea Cloud	1931/2010	64
Sea Cloud II	2001	94
Sea Cloud Spirit	2020	136

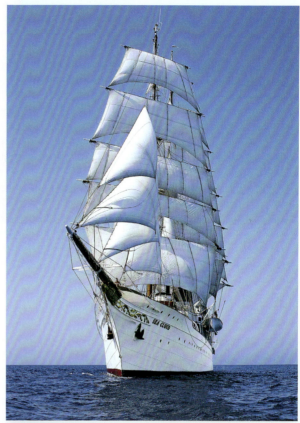

SEGELROMANTIK: die Sea Cloud unter Vollzeug, Blick in eine Eignersuite, Ankunft vor St. Lucia in der Karibik

KURS WEST: Sea Cloud (rechts) und Sea Cloud II auf dem Atlantik

DATEN & FAKTEN SEA CLOUD

BRZ 2.492

Länge 109,50 m

Breite 14,94 m

Indienststellung 1931

Renovierung 2011

Bordspr. Deutsch, Englisch

Passagiere max. 64

Crew-Mitglieder 60

PCR (Pass. pro Crew) 1

PSR (Platzangebot) 39

Passagierdecks 3

Restaurants/Bars 1/2

Kabinen	30 Außenkabinen (9,5–24 m²) plus 2 historische Eignersuiten (34 und 38 m²)
Sport & Wellness	Nutzung des Wassersportequipments wie z. B. Schnorchelausrüstung, Stand-up-Paddles und Towable Tube (wetterabhängig)
Info-/Entertainment	landeskundliche Vorträge und Themenvorträge, Bordpianist
Dresscode	stilvoll-leger
Preis pro Nacht	€ 416 bis € 1.609; Durchschnitt € 857
Info	Sea Cloud Cruises Hamburg, Tel. (040) 30 95 92 50 www.seacloud.de www.seacloud.com

PROFIL

Info-/Entertainment	
Sport & Wellness	
Gastronomie	
Familienfreundlichkeit	
Service	
Routing	

Sea Cloud & Sea Cloud II

Luxuriöse Kreuzfahrten unter Segeln – und Erlebnisreisen mit exklusivem Charme

Glänzendes Messing, flatternde Segel: An Bord dieser Schiffe wird Seefahrerromantik Realität; denn die Zeit auf dem Schiff ist hier das eigentliche Reiseerlebnis. Wer Segelabenteuer ohne Show, Animation und Pool erleben möchte, ist hier genau richtig. Bei allen Reisen ist Zeit eingeplant, um über das Meer zu segeln. Spielen Wind und Wetter mit, werden Schlauchbootfahrten ums Schiff angeboten. Ist es warm genug, kommt bei der **Sea Cloud II** eine Badeplattform zum Einsatz, und das Meer wird zum privaten Pool. Kabinen mit traditionellem Design und moderner Ausstattung und die erstklassige Küche machen die Schiffe zu Geheimtipps. Abends werden Vier-Gänge-Menüs serviert, zum Kapitänsdinner sind es fünf Gänge. Themenbuffets werden auch im Lido-Restaurant auf Deck angeboten. Hier begeistern die Köche mit Spezialitäten wie gegrillter Dorade oder Spanferkel. Das Ausflugsangebot orientiert sich an der kleinen Zahl der Gäste. Bei Themenreisen, zum Beispiel zum Thema „Gärten", wird es entsprechend ergänzt. Qualifizierte Lektoren sind genau wie ein Bordarzt bei allen Reisen dabei.

Fahrgebiete 2020

Sea Cloud: Karibik bis März und im Dez., Mittelmeer im Sommer/Herbst, Kanaren und Transatlantik im Nov. **Sea Cloud II**: Mittelamerika und Kuba im Januar, dann Karibik bis April. Mittelmeer, Nordeuropa und Nordatlantik im Sommer/Herbst, Kanaren und Transatlantik im Dezember. **Sea Cloud Spirit**: Mittelmeer, Kanaren, Karibik, Mittelamerika, US-Ostküste.

SOMMERKREUZFAHRT vor den Küsten Süditaliens

SeaDream Yacht Club

„It's yachting, not cruising": Dieses exklusive Duo bietet Kreuzfahrten auf Kaviarkurs

Kreuzen wie auf der eigenen Yacht, das ist das Konzept des SeaDream Yacht Clubs. Die beiden baugleichen Schiffe des norwegischen Multimillionärs Atle Brynestad bieten eine locker-sportliche Atmosphäre. Aufmerksam achtet die famose Crew auf das Wohl der Gäste, ohne dabei aufdringlich zu wirken. Da die Kabinen keine Balkone haben, findet das Leben zumeist an Deck statt. Hier schmecken die hochwertigen Gerichte gleich doppelt gut, egal ob Kaviar oder vegan – oft sind sie auch nach Gästewünschen individuell zubereitet. Wer möchte, kann in den „Balinese Dream Beds" unterm Sternenhimmel schlafen – eine einmalige Erfahrung. Für Kinder ist das Konzept eher ungeeignet, dafür werden Erwachsene zu Kindern, wenn es an der Marina am Heck Kajaks, Jetski, Segler und Wasserski gratis gibt. Spontane Badestopps gehören ebenso zu den Freiheiten des Kapitäns wie die Leitung eines Radausflugs. Der Abend klingt aus an der Top of the Yacht Bar, im Casino oder bei Livemusik im Salon; der Champagner dazu ist im Preis inkludiert. Schnell kommen auch Alleinreisende mit dem internationalen Publikum ins Gespräch. 2021 bekommen die **SeaDream I** und **SeaDream II** Verstärkung durch die **SeaDream Innovation**, einen eisgängigen Neubau mit Hybridantrieb.

Fahrgebiete 2020

Im Winter Karibik-, im Sommer Mittelmeerreisen. Highlights dabei sind die Fahrten durch den Korinthkanal und die Weinreisen.

DATEN & FAKTEN SEA DREAM I

BRZ 4.300	**Passagiere** max. 112
Länge 105,00 m	**Crew-Mitglieder** 95
Breite 14,33 m	**PCR (Pass. pro Crew)** 1,2
Indienststellung 1984/85	**PSR (Platzangebot)** 38,4
Renovierung 2017	**Passagierdecks** 5
Bordsprache Englisch	**Restaurants/Bars** 2/3

Kabinen	56 Außenkabinen, 1 Admiral-Suite, 1 Eignersuite; Größen: 18–41 m²
Sport & Wellness	Fitnesscenter, Massagen, Dampfbad, Sauna, Golfsimulator, Mountainbikes, Jetski, Kajaks, Wasserski, Schnorchelausrüstung u. v. m.
Info-/Entertainment	Kino unter Sternen, Cocktailpartys, Vorträge auf Transatlantikreisen
Dresscode	„yacht casual" (kein spezieller formeller Dresscode)
Preis pro Nacht	€ 228 bis € 1.013; Durchschnitt € 596
Info	SeaDream Yacht Club E-Mail: info@seadream.com www.seadream.com

PROFIL

Info-/Entertainment	⚓ ⚓ ⚓ ○ ○
Sport & Wellness	⚓ ⚓ ⚓ ⚓ ○
Gastronomie	⚓ ⚓ ⚓ ⚓ ⚓
Familienfreundlichkeit	⚓ ⚓ ○ ○ ○
Service	⚓ ⚓ ⚓ ⚓ ⚓
Routing	⚓ ⚓ ⚓ ⚓ ⚓

NOBLES AMBIENTE und weltweite Routen sind typisch für Silversea. Und zur Begrüßung gibt es Champagner

Silversea Cruises

Unter dem Dach von Royal Caribbean wächst die Marke für Luxus und Expedition weiter

Die 1994 gegründete Reederei hat ihren Sitz in Monaco – und gibt sich so nobel wie jenes. Der überraschende Mehrheitsverkauf an **Royal Caribbean** im Sommer 2018 hat frisches Geld an Bord gebracht. Etwa für die Qualitätsinitiative „Project Invictus", dank derer selbst Kaviar wieder kostenlos erhältlich ist. Die Schiffe bieten erlesenen Luxus und sind klein genug, um auch Häfen abseits des Mainstreams anzulaufen. Man tafelt auf Gourmetniveau, reist ausschließlich in Außenkabinen und -suiten, und im All-inclusive-Konzept strömen Champagner und feine Weine unbegrenzt. Die Klientel ist international – auch auf den Expeditionsschiffen **Silver Explorer** und der 2017 zu diesem Zweck umgebauten **Silver Cloud**. Die **Silver Wind** bekommt im Sommer 2020 ebenfalls Eisklasse. Die **Silver Discoverer** wechselte hingegen zum französischen Anbieter CroisiEurope. Auf den Galapagosinseln löst im Juli 2020 der Neubau **Silver Origin** die in die Jahre gekommene **Silver Galapagos** ab. Der Fokus scheint jedoch aktuell wieder mehr auf der Luxuslinie zu liegen: Die **Silver Shadow** und die **Silver Whisper** wurden 2019 nach dem Vorbild des Luxusflaggschiffs **Silver Muse** renoviert. Die **Silver Spirit** erhielt dieses Upgrade bereits 2018, zusammen mit einer Verlängerung. Und mit der **Silver Moon** und der **Silver Dawn** starten 2020 und 2021 zwei Schwestern der **Silver Muse**. Die **Silver Moon** soll mit mehr lokalen kulinarischen Angeboten punkten. Und ab 2022 sollen mit der **Evolution-Klasse** zwei weitere Luxusschiffe von der Meyer Werft folgen.

Schiff	Baujahr	Passagiere
Silver Explorer	1989/2017	144
Silver Galapagos	1990/2017	100
Silver Cloud	1994/2017	304
Silver Wind	1995/2020	296
Silver Shadow	2000/2019	382
Silver Whisper	2001/2019	382
Silver Spirit	2009/2018	608
Silver Muse	2017	596
Silver Moon	2020	596

ANKUNFT vor Santorin in der Ägäis

Silver Muse & Silver Moon

Das All-inclusive-Schiff bekommt 2020 eine Schwester, die neue Trends setzt

Die **Silver Muse** definierte als kleines Schiff mit großzügigen, butlerbetreuten Suiten neue Standards in der Luxusschifffahrt. Ab August 2020 wird das Konzept auf der **Silver Moon** weitergeführt: Es bleibt bei acht exquisiten Restaurants, aber erstmals bekommt die lokale Küche der angefahrenen Destinationen unter dem Projektnamen „Sea And Land Taste" einen großen Schwerpunkt an Bord. Ihr ist das zweitgrößte Restaurant gewidmet, zusätzlich wird es Kochkurse und kulinarische Ausflüge geben. Aber auch das zuzahlungspflichtige La Dame – eine Kooperation mit Relais & Châteaux – erhält auf der jüngeren Schwester gleich dreimal so viele Sitzplätze. Weitere kleine Unterschiede zwischen den Schwestern: Der Kinderclub auf der Muse wird zur Connoisseur Corner auf der Moon, und die Thermalsuite im Spa soll ohne Zuzahlung zugänglich sein. Auch auf der **Silver Muse** wird übrigens seit dem Einstieg durch Royal Caribbean deutlich in die Gastronomie investiert, allein die Karte der inkludierten Weine umfasst 55 Posten. Für alle Silversea-Schiffe gilt: Die Klientel ist international, mit einem Schwerpunkt bei Briten und Amerikanern, aber auch immer mehr Deutschen.

Fahrgebiete 2020

Zu Jahresbeginn und -ende ist die **Silver Muse** rund um Australien und Neuseeland unterwegs, dazwischen in Asien und Alaska. Die **Silver Moon** verbringt ihre Jungfernsaison im Mittelmeer, bevor sie im November in Richtung Südamerika wechselt.

DATEN & FAKTEN SILVER MUSE

BRZ 40.700	**Crew-Mitglieder** 411
Länge 212,80 m	**PCR (Pass. pro Crew)** 1,45
Breite 27,00 m	**PSR (Platzangebot)** 68,3
Indienststellung 2017	**Passagierdecks** 8
Bordsprache Englisch	**Restaurants** 8
Passagiere 596	**Bars** 6

Kabinen	298 Verandasuiten, alle mit Butlerservice; Größen: 36–183 m²
Sport & Wellness	Sonnendeck mit Pool u. Jacuzzi, Spa mit Akupunktur, Ruheräumen und Außenwhirlpool, Fitnesscenter
Info-/Entertainment	Show Lounge, intern. Künstler, Vorträge, Casino, Videothek, Bibliothek, WLAN kostenlos
Dresscode	casual bis elegant; ein bis zwei festliche Abende pro Reise
Preis pro Nacht	€ 364 bis € 2.733; Durchschnitt € 944
Info	Silversea Cruises, Frankfurt Tel. (069) 222 21 22 83 www.silversea.com

PROFIL

Info-/Entertainment	⚓ ⚓ ⚓ ⚓ ○
Sport & Wellness	⚓ ⚓ ⚓ ⚓ ○
Gastronomie	⚓ ⚓ ⚓ ⚓ ⚓
Familienfreundlichkeit	⚓ ⚓ ○ ○ ○
Service	⚓ ⚓ ⚓ ⚓ ○
Routing	⚓ ⚓ ⚓ ⚓ ⚓

Foto oben: Peggy Günther

SEGELROMANTIK: Kurs Sonne im Mittelmeer, Matrosen auf dem Bugspriet – und das riesige Atrium der Royal Clipper

Star Clippers

Drei Clipper – und bald ein vierter: das größte Angebot für Fans der Segelkreuzfahrt

Star Clippers ist das eindrucksvolle Lebenswerk des Schweden Mikael Krafft. Seine Leidenschaft gilt der Kreuzfahrt unter Segeln: Drei prachtvolle Schiffe, eines davon ein veritabler Fünfmaster, bilden seine Flotte. 2019 sollte sie, nach vielfachen Verzögerungen, um einen weiteren Fünfmaster erweitert werden: Die **Flying Clipper** wurde auf einer Werft in Kroatien gebaut; die Ablieferung jedoch wurde blockiert durch einen anhaltenden Rechtsstreit zwischen Reederei und Werft. Ein endgültiges Lieferdatum ist deshalb bei Redaktionsschluss noch nicht bekannt.

Die Schiffe bieten sportliche Urlaubsabenteuer, Mastklettern inklusive – und eine erstaunlich gute Gastronomie. Die Vision des Eigners, die legendären Clipperschiffe des 19. Jahrhunderts wiederauferstehen zu lassen, lebt von liebevollen maritimen Details ebenso wie von den Routen, welche die Schiffe befahren: Sie liegen in kleinen Häfen abseits des Mainstreams oder auf Reede, die Passagiere gelangen dann mit Tenderbooten an Land. Neben der Karibik und dem Mittelmeer gehört Südostasien zu den bespielten Revieren. Wie schon 2018 ist die **Star Clipper** dort stationiert – neuerdings auch mit Anläufen in Brunei. Gelegentlich stehen auch Event-Formate wie Schlemmerreisen oder Yogakreuzfahrten im Programm. Der Sitz der Firma befindet sich in Monaco.

Schiff	Baujahr	Passagiere
Star Clipper	1991	170
Star Flyer	1992	170
Royal Clipper	2000	227
Flying Clipper	2019	300

NOSTALGIE PUR: unter Segeln durch die Ägäis

Royal Clipper

Fünf Masten, 5.000 Quadratmeter Segelfläche – und tolle Routen in der Karibik und im Mittelmeer

Bis das neue Flaggschiff **Flying Clipper** das Zepter übernehmen kann, ist die Royal Clipper weiter der größte Kreuzfahrtsegler unserer Zeit. Bis zu 227 Passagiere nimmt sie mit und bietet ihnen ein schickes, aber zwangloses Ambiente. Im beeindruckenden dreistöckigen Atrium wird zu Livemusik vom prächtigen Flügel gespeist – auch beim Abendessen ohne Krawattenzwang oder fester Sitzordnung, dafür mit aufmerksamem Service und erstklassiger Qualität. Überflüssige Pfunde können im kleinen Fitnessbereich „Captain Nemo Lounge" abtrainiert werden oder auch beim Wassersport. Die ausklappbare Badeplattform am Heck dient als Heimathafen für Kanu & Co. Auch Schnorchel-Equipment steht den Gästen zur Erforschung der Unterwasserwelt bereit. Wer lieber hoch hinaus will, kann seine Nerven beim Mastklettern testen. Keine Sorge: Es geht nur bis zum ersten Krähennest, und das vollständig gesichert. Wer nicht schwindelfrei ist, lässt einfach von der Sonnenliege oder den drei Pools auf dem Oberdeck aus den Blick in die Masten schweifen. Und der beste Platz an Bord? Im Bugspietnetz liegend genießt man, fast frei schwebend, den Blick auf den Himmel über und das Meer unter sich. Und manchmal surfen Delfine auf der Bugwelle …

Fahrgebiete 2020

Bis April Kleine Antillen ab/bis Barbados, von Mai bis Oktober Mittelmeer, ab/bis Cannes, Civitavecchia oder Venedig; Ende Oktober Rückkehr in die Karibik.

DATEN & FAKTEN

BRZ 5.000	**Passagiere** 227
Länge 134,00 m	**Crew-Mitglieder** 106
Breite 16,00 m	**PCR (Pass. pro Crew)** 2,6
Indienststellung 2000	**PSR (Platzangebot)** 18
Renovierung 2007	**Passagierdecks** 4
Bordsprache Dt., Engl., Frz.	**Restaurants/Bars** 1/2

Kabinen	110 (104 außen, 6 innen), davon 14 Suiten mit Balkon, 2 Eignerkabinen; Größen: ca.10–33 m²
Sport & Wellness	3 Pools, Morgengymnastik, Tauchen, Wasserski, Surfen, Dingi-Segeln, Fitnesscenter
Info-/Entertainment	Nautikkunde, Livemusik, Quiz, Talentshow, Modenschau etc.
Dresscode	kein Dresscode, zum Abendessen im Restaurant lange Hosen
Preis pro Nacht	€ 181 bis € 891; Durchschn. € 453
Info	Star Clippers, Monaco info.monaco@starclippers.com www.starclippers.com Star Clippers Kreuzfahrten Tel. (0511) 72 66 59 13

PROFIL

Info-/Entertainment	⚓⚓⚓
Sport & Wellness	⚓⚓⚓
Gastronomie	⚓⚓⚓⚓
Familienfreundlichkeit	⚓⚓
Service	⚓⚓⚓⚓
Routing	⚓⚓⚓⚓

GEMEINSAM AUF KURS: die Schwesterschiffe im Mittelmeer

DATEN & FAKTEN STAR CLIPPER

BRZ 3.092
Länge 115,50 m
Breite 15,00 m
Indienststellung 1991/92
Renovierung 2014/15
Bordsprache Dt., Engl., Frz.

Passagiere 170
Crew-Mitglieder 74
PCR (Pass. pro Crew) 2,3
PSR (Platzangebot) 18,2
Passagierdecks 4
Restaurants/Bars 1/2

Kabinen	84 (78 außen, 6 innen), davon 8 Suiten, 1 Eignerkabine; Größen: 9–21 m²
Sport & Wellness	2 Pools, Morgengymnastik, Kajak, Wasserski, Surfen, Dingi-Segeln, Schnorcheln, Tauchen
Info-/Entertainment	Nautikkunde, Livemusik, Quiz, Talentshow, Modenschau etc.
Dresscode	kein Dresscode, zum Abendessen im Restaurant lange Hosen
Preis pro Nacht	€ 254 bis € 674; Durchschnitt € 420
Info	Star Clippers, Monaco info.monaco@starclippers.com www.starclippers.com Star Clippers Kreuzfahrten Tel. (0511) 72 66 59 13

PROFIL

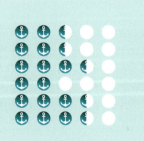

Info-/Entertainment ●●●○○○
Sport & Wellness ●●●○○○
Gastronomie ●●●●◐○
Familienfreundlichkeit ●●○○○○
Service ●●●●◐○
Routing ●●●●◐○

Star Clipper & Star Flyer

Cruisen wie auf alten Clipperschiffen: Wind und Wellen bestimmen den Weg

Kreuzfahrt auf die ganz andere Art: Tief entspannt liegt man im Netz unterm Klüverbaum, tankt Sonne, hört den Wellen zu. Oder klettert – gut gesichert – ins Krähennest, um die Aussicht aus luftiger Höhe zu genießen. Magisch sind auch die Momente des Segelsetzens, wenn die Deckhands in die Masten steigen, Seilwinden knarren und das Tuch sich entfaltet. Da darf das Tagesprogramm gern überschaubar sein: sanfte Morgengymnastik an Deck, vielleicht etwas Wassersport oder eine Massage, ein Besuch in der gemütlichen Bibliothek, abends Livemusik an der Tropical Bar – Open Air natürlich. Kurzum: Das Seglerleben ist extrem entspannt für die internationale Gästeschar dieses wunderbaren Schiffsduos. Schnell kommt man miteinander in Kontakt, tauscht sich über die Faszination des Segelns aus. Dazu gibt es beste Küche, gute Weine und einen zuverlässigen, persönlichen Service. Abends lässt man sich in den maritim gestalteten Kabinen sanft in den Schlaf wiegen. In Südostasien bietet ein unabhängiger Tauchlehrer auf der **Star Clipper** so oft wie möglich Tauchgänge für Anfänger und Fortgeschrittene an. Kein Wunder, dass mehr als die Hälfte der Gäste wiederkommen.

Fahrgebiete 2020

Star Clipper: bis April Thailand und Malaysia ab/bis Phuket, Juni bis Oktober indonesische Inselwelt ab/bis Bali sowie Brunei und Kambodscha. **Star Flyer**: bis April Kleine Antillen ab/bis St. Maarten, im Sommer Mittelmeer auf verschiedenen Routen.

TransOcean Kreuzfahrten

Eine alte Bekannte: TransOcean ist wieder mit zwei Schiffen im deutschen Markt präsent

Die einst als „TransOcean Tours" in Bremen beheimatete Reederei hat unruhige Zeiten hinter sich – die aber gut überstanden sind. Die Übernahme durch den britischen Veranstalter **Cruise & Maritime Voyages** Ende 2014 ermöglichte es nicht nur, den Publikumsliebling **Astor** im deutschen Markt präsent zu halten, neuerdings auch wieder für das ganze Jahr. Seit 2017 sind auch noch drei weitere CMV-Schiffe in der Niederlassung Offenbach zu buchen: die **Magellan**, die **Columbus** und die **Vasco da Gama** (S. 70). So traditionell, wie deren Namen klingen, so klassisch ist ihr Angebot: Sie bieten Reisen rund um den Globus in traditioneller Atmosphäre, mit Cocktailstunde, Tanzabend, Captain's Table etc. – und in der Gesellschaft von meist älterem Publikum. Auf Magellan und Columbus ist die Bordsprache Englisch, die Bordwährung das Britische Pfund; auf Astor und Vasco da Gama spricht man Deutsch. Auf letzteren Zugang ist man besonders stolz: Mit einem zweiten fast ganzjährig im deutschen Markt angebotenen Schiff ist TransOcean wieder eine wahrzunehmende Größe. Auch zwei andere alte Bekannte kreuzen übrigens für CMV (deren Mutter **Global Cruise Lines** aus Piräus ist): die **Astoria** und die **Marco Polo**. Beide sind aber zurzeit nur in Großbritannien buchbar.

Schiff	Baujahr	Passagiere
Magellan	1985	1.452
Astor	1987	578
Columbus	1988	1.550
Vasco da Gama	1993	1.150

KREUZFAHRT KLASSISCH: Columbus auf großer Fahrt, Großfigurenschach auf der Magellan, Suite auf der Astor

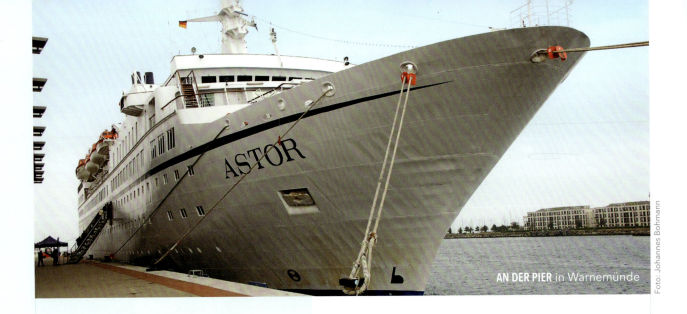

AN DER PIER in Warnemünde

Foto: Johannes Bohmann

DATEN & FAKTEN

BRZ 21.000	**Passagiere** 578
Länge 176,50 m	**Crew-Mitglieder** 282
Breite 23,60 m	**PCR (Pass. pro Crew)** 2,0
Indienststellung 1987	**PSR (Platzangebot)** 36,2
Renovierung 2010	**Passagierdecks** 7
Bordspr. Deutsch, Englisch	**Restaurants/Bars** 4/2

Kabinen	289, davon 198 außen (3 Außensuiten) und 91 innen; Größen: 13–59 m²
Sport & Wellness	Pool, Fitnesscenter, Wellness-Oase (mit Innenpool, Sauna, Dampfbad, Massage, Kosmetik), Sportplatz, Tischtennis, Joggingpfad, Yoga, Gymnastik; Bordhospital mit Dialysestation
Info-/Entertainment	Showprogramme, Tanz, Klassik, Vorträge/Lesungen, Kursangebote
Dresscode	sportlich-leger, Gala-Abende
Preis pro Nacht	€ 116 bis € 1.639; Durchschnitt € 311
Info	TransOcean Kreuzfahrten Offenbach, Tel. (069) 800 87 16 50 www.transocean.de

PROFIL

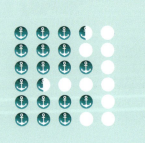

Info-/Entertainment	⚓⚓⚓⚓○○
Sport & Wellness	⚓⚓⚓⚓○○
Gastronomie	⚓⚓⚓⚓○○
Familienfreundlichkeit	⚓⚓○○○○
Service	⚓⚓⚓○○○
Routing	⚓⚓⚓○○○

Astor

Über 30 Jahre alt, immer noch bestens in Form – und jetzt wieder ganz im deutschen Markt

Gemanagt wird die Astor nun schon lange in London und Piräus. Dennoch bleibt sie deutschen Kreuzfahrttraditionen treu. Die Crew-Show, der Kapitänstisch, der Mitternachtssnack – und deutsche Schlager zum Tanz auf dem Achterdeck – gehören dazu. Das passt zum Schiff, das bewundernswert gepflegt ist, mit großzügigen Teakdecks und maritim eingerichteten Kabinen. 2010 wurde es renoviert, u. a. kamen dabei drei große Suiten über der Brücke hinzu. Unverändert blieben der lauschige Captain's Club (mit Tauwerk und Steuerrad sowie einem innen liegenden Raucherbereich!) und die beliebte Hanse Bar. Gespeist wird in zwei Sitzungen im Waldorf Restaurant oder in zwei kleinen Spezialitätenrestaurants, die ohne Zuzahlung buchbar sind. Ein immer gut besuchtes Buffet gibt es im Übersee-Club. Die Preise für Getränke, auch im zubuchbaren Paket, sind moderat. Nach dem Dinner gibt es klassische Shows in der Astor Lounge – und für Gesundheitsbewusste u. a. ein Spa mit Innenpool und einen Sportplatz. Ein USP der Astor: Für Nierenkranke gibt es im Hospital eine Dialysestation. Denn das Publikum ist eher älter – und es schätzt die Routenvielfalt „seiner" Astor ebenso wie die Tatsache, dass alle Reisen in deutschen Häfen beginnen.

Fahrgebiete 2020

Im April/Mai Westeuropa und Baltikum, danach Norwegen, Britische Inseln, Island u. Grönland, im Herbst u. a. Frankreich/England und mehrere Kurzkreuzfahrten, im Dezember Weltreise-Start in Hamburg.

DER NEUE STAR im TransOcean-Programm

Vasco da Gama

Viel Platz, viel Teak, viel Herz: ein klassischer Liner mit geschmackvollem Styling

Im Frühjahr 2019 wurde die nach dem legendären Entdecker benannte Vasco da Gama in Bremerhaven getauft – für TransOcean-Fans ist sie sicher *das* neue Highlight (S. 70). Im Vergleich zur **Astor** ist sie mit Platz für maximal 1.150 Passagiere zwar etwas größer; trotzdem besticht das einst als **Statendam** für die Holland America Line gebaute Schiff mit viel Platz pro Passagier. Weitläufige und vor allem klassisch-schöne Teakdecks, sogar eine frei zugängliche Bugspitze, modern gestylte Bars und Lounges sowie ein Theater über zwei Decks mit circa 600 Sitzplätzen machen die Vasco da Gama zu einem klassischen Kreuzfahrtschiff mit sehr viel Stil. Das Hauptrestaurant heißt The Waterfront, daneben gibt es Venues für mediterrane und asiatische Spezialitäten. Lediglich das The Grill ist zuzahlungspflichtig; dort gibt es, der Name sagt es, vor allem Steaks auf den Teller. Untergebracht werden die Passagiere in 630 Kabinen in 24 Kategorien, von der Penthouse-Suite bis zur Innenkabine. Bemerkenswert: Stolze 100 Kabinen sind für Alleinreisende reserviert! Nachbesserungsbedarf gibt es aber noch bei der Kabineneinrichtung, die noch im ursprünglichen HAL- Look erhalten ist. Aber Abhilfe ist angekündigt – TransOcean schickt seine Flotte regelmäßig in die Werft.

Fahrgebiete 2020

Aus Asien kommend, trifft die Vasco da Gama im Frühjahr in Bremerhaven ein und fährt von dort aus in die Ostsee, danach rund um Irland bis nach Island sowie nach Spitzbergen.

DATEN & FAKTEN

BRZ 55.820	**Passagiere** 1.150
Länge 219,21 m	**Crew-Mitglieder** 557
Breite 30,80 m	**PCR (Pass. pro Crew)** 2,1
Indienststellung 1993	**PSR (Platzangebot)** 48,1
Renovierung 2017	**Passagierdecks** 9
Bordsprache Deutsch	**Restaurants/Bars** 6/10

Kabinen	630 Kabinen, davon 100 zur Einzelnutzung, 148 Kabinen und Suiten mit Balkon, 352 außen, 129 innen; Größen: 13–37 m²
Sport & Wellness	2 Pools, 3 Whirlpools, Fitness- und Wellnesscenter, Sportplatz, Joggingbahn, Bordhospital
Info-/Entertainment	Show Lounge über 2 Decks, Casino, Nightclub, Kino, Bingo, Kursangebote, Bibliothek, Shopping-Galerie
Dresscode	leger bis elegant
Preis pro Nacht	€ 91 bis € 916; Durchschnitt € 234
Info	TransOcean Kreuzfahrten Offenbach, Tel. (069) 800 87 16 50 www.transocean.de

PROFIL

Info-/Entertainment	⚓⚓⚓⚓○
Sport & Wellness	⚓⚓⚓⚓○
Gastronomie	⚓⚓⚓○○
Familienfreundlichkeit	⚓⚓○○○
Service	⚓⚓⚓○○
Routing	⚓⚓⚓⚓○

TUI Cruises

Die „Wohlfühlflotte" vereint mit ihrem Inklusiv-konzept immer mehr Fans hinter sich

Mit schlauen Marketingideen für deutsche Babyboomer positionierte sich das Joint Venture von **TUI** und **Royal Caribbean** 2009 mit der **Mein Schiff 1** (zuvor **Celebrity Galaxy**) und der 2010 folgenden **Mein Schiff 2** (zuvor **Celebrity Mercury**) rasch am Markt. Mittlerweile steht fest, dass die Hamburger die Lücke zwischen klassischem Luxus und legerem Spaßschiff-Feeling treffsicher gefunden haben. Kern des Konzepts ist das „Wohfühl"-Versprechen: Sport & Spa, gastronomische Vielfalt und stilvoll gestaltete Interieurs lösen das ebenso ein wie die „Premium Alles Inklusive"-Angebote: Getränke und Trinkgelder sind im Reisepreis eingeschlossen. Auch der große Saunabereich ist kostenlos. Dazu kommt innovatives Entertainment, u. a. mit Events, die in der deutschen Kreuzfahrt stilbildend waren, von „Rockliner" und „Full Metal Cruise" bis zum „Jeckliner" oder der „Club Cruise". 2014 startete der erste eigene Neubau **Mein Schiff 3**, gefolgt von **Mein Schiff 4, 5** und **6** bis 2017. 2018 wurde mit der etwas größeren (neuen) **Mein Schiff 1** wieder von vorn gezählt, da die alte „**1**" konzernintern nach Großbritannien wechselte, wo sie nun als **Marella Explorer** fährt. Die alte „**2**" bleibt noch bis 2022 erhalten und fährt unter dem Namen **Mein Schiff Herz** außergewöhnliche Routen, die sich im Sommer zu langen Reisen kombinieren lassen. TUI Cruises hat nach eigener Aussage die jüngste und umweltfreundlichste Flotte weltweit: Alle Neubauten sind mit Abgasnachbehandlung unterwegs, auch in Regionen, wo das noch nicht Vorschrift ist. Und die nächsten Neubauten (2024/26) sollen LNG-Schiffe werden.

Schiff	Baujahr	Passagiere
Mein Schiff Herz	1997/2011	1.912/2.390
Mein Schiff 3	2014	2.506/k. A.
Mein Schiff 4	2015	2.506/k. A.
Mein Schiff 5	2016	2.534/k. A.
Mein Schiff 6	2017	2.534/k. A.
Mein Schiff 1	2018	2.948/k. A.
Mein Schiff 2	2019	2.948/k. A.

Fotos unten u. Mitte: Johannes Bohmann

TYPISCH MEIN SCHIFF: Themenreisen auch für Heavy-Metal-Fans, blauer Bug und stilvolle Interieurs

UNVERWECHSELBAR: der blaue Rumpf und seine Beschriftung

Mein Schiff 1 & 2

Das „Sportschiff" und das „Designschiff" –
beide mit „Wohlfühlkonzepten" in Bestform

Die neue **Mein Schiff 1**, im Mai 2018 gestartet, präsentiert das Wohlfühlkonzept von TUI Cruises in Bestform. „Premium Alles Inklusive" ist gesetzt, ebenso die Vielfalt bei Entertainment und Gastronomie – mit Neuheiten wie den Restaurants Fischmarkt (Sushi & Co.), Manufaktur (Kreativküche) oder der Craft-Beer-Bar Ebbe & Flut. Das Studio bzw. Klanghaus heißt nun Schaubühne und zeigt Comedy und Kleinkunst. Den deutlichsten Akzent aber setzen Sport und Wellness. Mit einer überdachten Sportarena, mit einer 438 (!) Meter langen Joggingbahn, die im ansteigenden Bogen ums Heck führt, mit modernsten Geräten im Fitnessclub – und natürlich mit dem längst gesetzten 25-Meter-Pool. Bekannt ist auch der gläserne „Diamant" im Heck mit Kaffee-Lounge und Rundumblick aufs Meer, und die Kabinen überzeugen mit frischen, maritimen Designs und viel Platz. Apropos Design: Das ist die Karte, auf welche die neue **Mein Schiff 2** setzt. Anfang 2019 in Lissabon getauft, ist sie in puncto Architektur, Sportangebot und Gastronomie eine weitgehend identische Schwester der „**1**". Mit ihrem zeitgeistigen, von drei renommierten Designern gestalteten Ambiente aber ist sie eine spannende neue „Mein-Schiff-Welt", die auch Jüngere zu Fans machen will. Man darf gespannt sein.

Fahrgebiete 2020

Mein Schiff 1: bis April Karibik, dann via US-Ostküste zum Sommerhafen Kiel, ab Sept. wieder US-Ostküste und Karibik. **Mein Schiff 2**: bis April Karibik, dann westl. Mittelmeer ab Mallorca, ab Nov. wieder Karibik.

DATEN & FAKTEN MEIN SCHIFF 1

BRZ 111.500	**Crew-Mitglieder** 1.200
Länge 315,70 m	**PCR (Pass. pro Crew)** 2,5
Breite 35,80 m	**PSR (Platzangebot)** 37,4
Indienststellung 2018	**Passagierdecks** 16
Bordsprache Deutsch	**Restaurants** 12
Passagiere 2.894/k. A.	**Bars** 15

Kabinen	1.447, davon 1.300 außen und 1.147 mit Balkon, 30 Suiten, 10 barrierefrei; Größen: 17–113 m²
Sport & Wellness	25-m-Pool, Joggingtrack (438 m), Spa & Meer mit Saunalandschaft, Massagen, Treatments etc., Fitnessclub, Kurse, Personal Trainer, Yoga, Indoor-Sportarena u. v. m.
Info-/Entertainment	Comedy, Stand-up & Kammerspiel in der Schaubühne, Diskothek, kl. Casino, Mal-Atelier, Kinderclub, viele Themenreisen
Dresscode	leger bis sportlich-elegant
Preis pro Nacht	€ 79 bis € 748; Durchschn. € 215
Info	TUI Cruises, Hamburg Tel. (040) 286 67 71 11 www.tuicruises.com

PROFIL

Info-/Entertainment	⚓⚓⚓⚓⚓
Sport & Wellness	⚓⚓⚓⚓⚓
Gastronomie	⚓⚓⚓⚓
Familienfreundlichkeit	⚓⚓⚓⚓
Service	⚓⚓⚓
Routing	⚓⚓⚓

MEIN SCHIFF 4 bei den Hamburg Cruise Days

Foto: Johannes Bohmann

DATEN & FAKTEN MEIN SCHIFF 6

BRZ 99.800	**Crew-Mitglieder** 1.000
Länge 295,00 m	**PCR (Pass. pro Crew)** 25
Breite 35,80 m	**PSR (Platzangebot)** 38,9
Indienststellung 2017	**Passagierdecks** 12
Bordsprache Deutsch	**Restaurants** 12
Passagiere 2.534/k. A.	**Bars** 14

Kabinen	1.267, davon 127 innen, 1.140 außen (963 mit Balkon, 80 Suiten); Größen: 17–54 m²
Sport & Wellness	25-Meter-Pool, „Spa & Meer"-Anwendungen, Saunabereich, Fitnessstudio, Workshops (Pilates, Yoga), Sportplatz, Joggingbahn u. v. m.
Info-/Entertainment	„Holo-Shows" im Studio, Musical, Varieté u. v. m. im Theater, Edutainment & Vorträge, Malatelier, Shops („Neuer Wall"), Themenreisen
Dresscode	leger bis sportlich-elegant
Preis pro Nacht	€ 94 bis € 925; Durchschnitt € 241
Info	TUI Cruises Hamburg, Tel. (040) 600 01 51 11 www.tuicruises.com

PROFIL

Info-/Entertainment	⚓⚓⚓⚓⚓
Sport & Wellness	⚓⚓⚓⚓⚓
Gastronomie	⚓⚓⚓⚓○
Familienfreundlichkeit	⚓⚓⚓⚓○
Service	⚓⚓⚓⚓○
Routing	⚓⚓⚓⚓○

Mein Schiff 3 bis 6

Viel Platz zum Wohlfühlen und gastronomische Vielfalt kennzeichnen die vier Schwestern

Die ersten Neubauten aus dem Hause TUI Cruises starteten zwischen 2014 und 2017 und setzten dabei klare Akzente: Der 25-Meter-Pool war ein Novum in der Kreuzfahrtwelt, ebenso wie der riesige kostenlose Saunabereich mit Meerblick. Von Schiff zu Schiff verfeinerte die Hamburger Reederei das Konzept: Der Innenpool wurde zur Lagune geöffnet, die Arena – Treffpunkt für Ballspiele und Public Viewing – mehr vor Wind und Sonne geschützt. Aus dem Klanghaus – der ersten Philharmonie auf See – auf der **3** und **4** wurde auf der **5** und **6** das Studio mit gemütlicher Atmosphäre, eigener Bar und Hologramm-Shows. Der exklusive Diamant im Heck beherbergt Zuzahlrestaurants: Besonders beliebt ist das legendäre Steakhaus Surf & Turf. Der Italiener La Spezia hat Ende 2018 auf der **3** und **4** das Fine Dining abgelöst, außerdem gibt es hier eine gemütliche Coffee Lounge mit Blick aufs Fahrwasser. Auf der **5** und **6** residiert an dieser prominenten Position der Asiate Hanami by Tim Raue, der aber auf allen vier Schwestern vertreten ist. Wer das „Die ganz große Freiheit"-Paket bucht, kann diese exklusiven Bereiche ohne Zuzahlung nutzen. In den meisten anderen Bereichen des Schiffs greift ohnehin das Erfolgsgeheimnis „Premium Alles Inklusive".

Fahrgebiete 2020

Mein Schiff 3 und 4: Kanaren, Mittelmeer, Nordeuropa und Baltikum. **Mein Schiff 5:** Orient, Adria, lange Weltentdeckerreise nach Asien. **Mein Schiff 6:** Asien, Mittelmeer, Nord- und Ostsee, Orient.

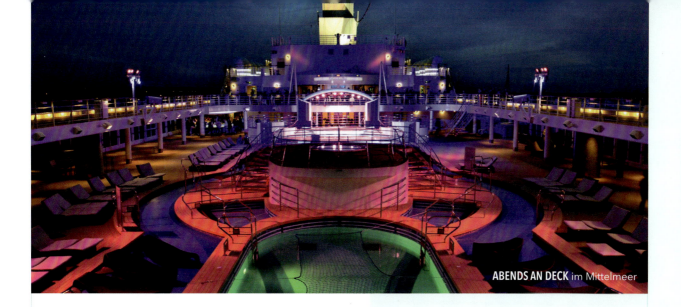

ABENDS AN DECK im Mittelmeer

Mein Schiff Herz (ehem. Mein Schiff 2)

Das kleinste Schiff der Flotte besticht mit viel Charme und Rückzugsraum

Mit dem Start der neuen **Mein Schiff 2** wurde die „alte" Mein Schiff 2 von Florettfechterin Anja Fichtel noch einmal getauft – auf den Namen **Mein Schiff Herz**. Eigentlich sollte sie aussortiert werden, doch das Herzstück der Flotte – ursprünglich ein Umbau der **Celebrity Mercury** – hat einfach zu viele Fans und wechselt daher erst 2022 zur britischen TUI-Schwester **Marella Cruises**. Im Gegensatz zu den jüngeren Flottenmitgliedern hat die Mein Schiff Herz eine Sushi-Bar sowie ein Dinnerzimmer für private Gruppen an Bord. In der Vinothek erlebt man bei Weinverkostungen exklusive Momente, und die Karte des Edel-Italieners La Spezia stammt aus der Feder von Sternekoch Theodor Falser. Kulinarischer Botschafter im Hauptrestaurant Atlantik ist Johann Lafer. Das Angebot im Buffetrestaurant Anckelmannsplatz wird durch GOSCH Sylt und das italienische Bistro La Vela abgerundet. Dazwischen liegt ein loungiger Bereich – je nach Witterung von einem Magrodome überdacht oder unter freiem Himmel. Zwar gibt es keinen 25-Meter-Pool an Bord, dafür aber flache Becken, in denen man sich wunderbar erfrischen kann. Und der Kidsclub hat sogar einen eigenen Pool.

Fahrgebiete 2020

Im Winter fährt das Schiff ab/bis Teneriffa nach Madeira, zu den Kanaren, Kapverden und Azoren. Im Sommer stehen unterschiedliche Mittelmeerrouten auf dem Programm. Ab Dezember 2020 seltene Reisen in Südafrika und Namibia.

DATEN & FAKTEN

BRZ 76.998	**Passagiere** 1.912/2.390
Länge 262,50 m	**Crew-Mitglieder** 780
Breite 32,20 m	**PCR (Pass. pro Crew)** 2,5
Indienststellung 1997	**PSR (Platzangebot)** 40,3
Renovierung 2019	**Passagierdecks** 10
Bordsprache Deutsch	**Restaurants/Bars** 8/10

Kabinen	956, davon 304 innen, 652 außen (376 mit Balkon, 39 Junior-Suiten, 12 Suiten); Größen: 16–49 m²
Sport & Wellness	2 Pools, 3 Whirlpools, 1.700 m² „Spa & Meer" mit Thalasso, Saunen und Anwendungen, Fitnessstudio mit -kursen, Golf-Abschlag
Info-/Entertainment	Abend- und Showprogramme, Diskothek, Livemusik, Malkurse, Bibliothek, Kunstgalerie
Dresscode	leger bis sportlich-elegant
Preis pro Nacht	€ 76 bis € 576; Durchschn. € 215
Info	TUI Cruises Hamburg, Tel. (040) 600 01 51 11 www.tuicruises.com

PROFIL

Info-/Entertainment	⚓⚓⚓⚓○
Sport & Wellness	⚓⚓⚓⚓○
Gastronomie	⚓⚓⚓⚓○
Familienfreundlichkeit	⚓⚓⚓⚓○
Service	⚓⚓⚓○○
Routing	⚓⚓⚓○○

ROUTEN
& REVIERE

Foto: Johannes Bohmann

NORD EUROPA

NORD- UND OSTSEE, ISLAND, SPITZBERGEN UND GRÖNLAND

////////////////////////

Hammerfest

Nord

Tromsø

Lofoten

Akureyri

Island

Reykjavik

Atlantischer Ozean

Faröer

Trondheim

Ålesund   Geiranger

Shetlands

Turku

Hels

Bergen   Oslo   Stockholm   Ålland

Orkneys

Tallinn

Hebriden   Invergordon

Göteborg

Portree   Aberdeen

Riga

Oban

Aalborg

Gotland

Edinburgh   Nordsee   Kopenhagen

Glasgow   (Leith)

Klaipeda

Belfast   Newcastle

Kiel   Travemünde

Danzig   Königsberg

Rostock

Dublin

Bremerhaven   Hamburg

London

Cork

Dover

Southampton   Calais

Kanal-inseln

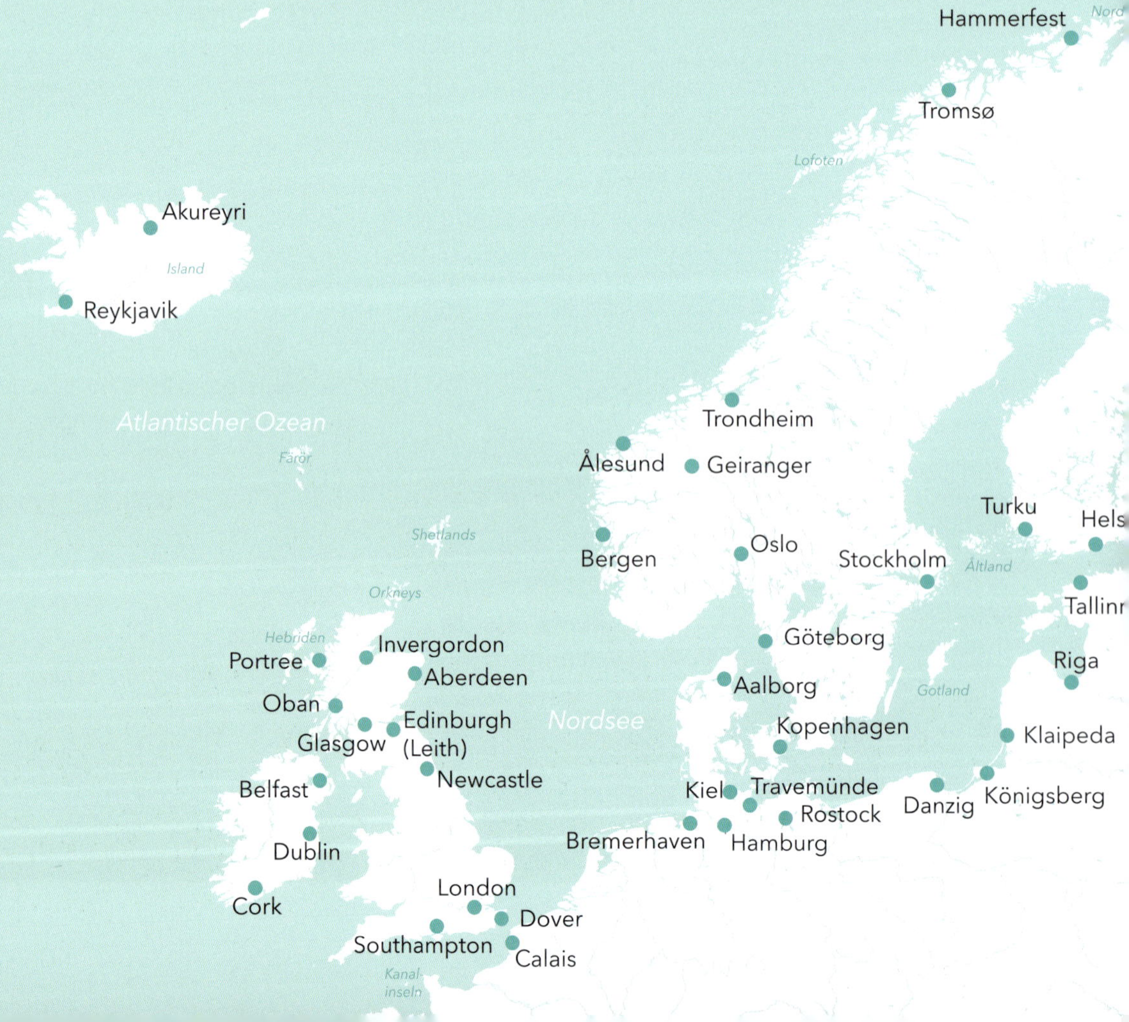

Diese Schiffe kreuzen hier 2020:

AIDAaura, cara & vita **106** /// AIDAmar & sol **107** /// AIDAperla & prima **108** /// Amadea **152** /// Amera **153** /// Anthem of the Seas **167** /// Artania **154** /// Astor **180** /// Azamara Pursuit **110** /// Berlin **126** /// Celebrity Apex **114** /// Costa Fascinosa & Favolosa **118** /// Crystal Symphony **121** /// Deutschland **155** /// Disney Magic **125** /// Europa 2 **131** /// Hamburg **157** /// HANSEATIC nature & inspiration **132** /// Le Champlain & Le Jacques Cartier **159** /// Marina **149** /// Mein Schiff 3, 4 & 6 **184** /// MSC Bellissima **139** /// MSC Preziosa & Splendida **141** /// Nautica **150** /// Nieuw Statendam **134** /// Queen Victoria **124** /// Sea Cloud II **172** /// Seabourn Ovation **170** /// Seven Seas Explorer **164** /// Vasco da Gama **181** /// World Explorer **143** ///

WEST EUROPA

KURS SÜDWEST AB HAMBURG! DIE BESTE REISEZEIT IST IM FRÜHJAHR
//////////////////////////

Nordsee

Amsterdam
Rotterdam
London
Antwerpen
Southampton
Le Havre
Saint-Malo
Paris
Nantes

Atlantischer Ozean

La Coruña
Bilbao
Biarritz
Vigo
Porto
Bordeaux

Lissabon

Mittelmeer

Portimão
Cadiz
Gibraltar
Tanger

Madeira
Funchal

Atlantischer Ozean

Essaouira
Agadir

Puerto de la Cruz
Lanzarote
La Palma
Arrecife
Teneriffa
Fuerteventura
El Hierro
Gran Canaria
Las Palmas
La Gomera

AIDAcara **106** /// AIDAmar & stella **107** /// AIDAnova **109** /// Europa 2 **131** /// Hamburg **157** /// Mein Schiff 3 & 4 **184** /// Mein Schiff Herz **185** /// Queen Victoria **124** /// Sea Cloud & Sea Cloud II **172** /// Star Flyer **178** ///

KANAREN

WOHIN IM WINTER? ZU DEN KANAREN UND NACH MADEIRA – SONNE GARANTIERT
//////////////////////////

Diese Schiffe kreuzen hier 2020:

AIDAbella, mar, stella & sol **107** /// AIDAcara **106** ///
AIDAnova **109** /// Allure of the Seas **165** /// Amera
153 /// Anthem of the Seas **167** /// Azamara Journey,
Quest & Pursuit **110** /// Berlin **126** /// Celebrity Edge
& Apex **114** /// Costa Diadema **117** /// Costa
Favolosa **118** /// Costa Smeralda **119** /// Crystal
Serenity & Symphony **121** /// Disney Magic **125** ///
Europa **130** /// Europa 2 **131** /// Le Bougainville
159 /// Marina **149** /// Mein Schiff 2 **183** /// Mein
Schiff 3, 4 & 6 **184** /// Mein Schiff Herz **185** ///
MSC Bellissima **140** /// MSC Divina, Fantasia &
Splendida **141** /// MSC Seaview **142** /// Nautica
150 /// Norwegian Dawn **145** /// Norwegian Escape
147 /// Queen Victoria **124** /// Regal Princess **162**
/// Riviera **149** /// Royal Clipper **177** /// Sea Cloud &
Sea Cloud II **172** /// SeaDream I & II **173** ///
Seabourn Encore & Ovation **170** /// Seven Seas
Explorer **164** /// Silver Moon **175** /// Sirena **150** ///
Star Flyer **178** /// World Explorer **143** ///

WESTLICHES MITTELMEER

SPANIEN, FRANKREICH, ITALIEN:
EINES DER VIELFÄLTIGSTEN
KREUZFAHRTREVIERE EUROPAS

/////////////////////////

Barcel

Mallorca

València

Ibiza

Palma de
Mallorca

Ibiza

Algier

Triest

Venedig

Savona   Genua
La Spezia

Cannes   Monte Carlo
Nizza

Split

Marseille

Livorno

Dubrovnik

Korsika

Adriatisches
Meer

Ajaccio

Civita-
vecchia

Rom

Bonifacio

Bari

Olbia

Neapel

norca

Maó

Sardinien

Tyrrhenisches Meer

Cagliari

Mittelmeer

Palermo

Messina

Ionisches
Meer

Trapani

Sizilien

Catania

Tunis

Syrakus

Malta

Sousse

Valletta

Diese Schiffe kreuzen hier 2020:

AIDAblu **107** /// AIDAmira **106** /// Amera **153** /// Azamara Pursuit, Journey & Quest **110** /// Berlin **126** /// Celebrity Edge & Apex **114** /// Celestyal Crystal & Olympia **115** /// Costa Diadema **117** /// Crystal Serenity & Symphony **121** /// Disney Magic **125** /// Europa **130** /// Europa 2 **131** /// Le Bougainville **159** /// Marina **149** /// Mein Schiff 5 & 6 **184** /// Mein Schiff Herz **185** /// MSC Splendida **141** /// Nautica **150** /// Norwegian Dawn **145** /// Ocean Majesty **127** /// Queen Mary 2 **123** /// Riviera **149** /// Royal Clipper **177** /// Sea Cloud II **171** /// SeaDream I & II **173** /// Seabourn Encore & Ovation **170** /// Silver Moon **175** /// Sirena **150** /// Star Flyer **178** /// Vasco da Gama **181** ///

ÖSTLICHES MITTELMEER

VENEDIG, ATHEN, ALEXANDRIA:
DIE WIEGE UNSERER ZIVILISATION
LIEGT IM ÖSTLICHEN MITTELMEER

////////////////////////////

Venedig

Split

Dubrov

Civita-
vecchia

Rom

Adriatisches Meer

Bari

Neapel

Tyrrhenisches Meer

Palermo   Messina

Ionische

Trapani

Sizilien

Catania

Syrakus

Valletta
(Malta)

Tripolis

Odessa

Krim

Jalta

Constanza

Schwarzes Meer

Varna

Burgas

Istanbul

rfu

Athen

Ägäis

Kuşadası

Katakolon

Nauplia

Mykonos

Bodrum

Antalya

Santorin

Rhodos

Heraklion

Kreta

Zypern

Mittelmeer

Limassol

Beirut

Haifa

Alexandria

Port Said

Kairo, Gizeh

Port Canaveral

Golf von Mexiko

Fort Lauderdale

Miami

Nassau

Bahamas

Havanna

Kuba

Cienfuegos

Turks & Caicos

Cancún

Cozumel

Cayman Islands

Santiago de Cuba

Haiti

Costa Maya

Montego Bay   Falmouth

Port-au-Prince

Jamaika

Belize City

Kingston

Karibisches Meer

Tegucigalpa

Managua

Cartagena

Maracaibo

San José

Colón

Panama City

Diese Schiffe kreuzen hier 2020:

AIDAdiva & luna **107** /// AIDAperla **108** /// Allure of the Seas **165** /// Amadea **152** /// Anthem of the Seas **167** /// Berlin **126** /// Carnival Horizon & Vista **112** /// Celebrity Edge & Apex **114** /// Costa Favolosa **118** /// Crystal Serenity **121** /// Disney Magic, Dream, Fantasy & Wonder **125** /// Europa **130** /// Europa 2 **131** /// Freedom of the Seas **168** /// Hamburg **157** /// HANSEATIC inspiration **132** /// Harmony of the Seas **166** /// Insignia **150** /// Le Champlain & Le Dumont-d'Urville **159** /// Mein Schiff 1 & 2 **183** /// MSC Divina, Preziosa & Splendida **141** /// MSC Meraviglia **140** /// MSC Seaside **142** /// Nieuw Statendam **134** /// Norwegian Dawn **145** /// Norwegian Encore **146** /// Norwegian Escape **147** /// Oasis of the Seas **166** /// Regal Princess **162** /// Royal Clipper **177** /// Sea Cloud & Sea Cloud II **172** /// SeaDream I & II **173** /// Seven Seas Explorer **164** /// Silver Moon **175** /// Sirena **150** /// Star Flyer **178** /// Symphony of the Seas **166** ///

Samaná

nische
lik
anto
mingo

La Romana

San Juan

St. Thomas
US Virgin Islands

Puerto Rico

Anguilla

Tortola
British Virgin Islands

Antigua

Guadeloupe

Dominica

Martinique

St. Lucia

St. Vincent
Bequia   Barbados

ABC-Inseln

Grenada

Willemstad

Tobago

Caracas

Isla
Margarita

Trinidad

KARIBIK

TÜRKISBLAUES WASSER, WEISSE
STRÄNDE, LEBENSFROHE RHYTHMEN:
DAS MITTELMEER DER AMERIKANER

///////////////////////////

Corner Brook

Neufundland

Quebec

Sydney

Montreal

Nova Scotia

Bar Harbor

Halifax

Huron-see

Toronto

Ontariosee

Niagarafälle

Portland

Atlantischer Ozean

Eriesee

Boston

New York City

Baltimore

Philadelphia

Washington, D.C.

Diese Schiffe kreuzen hier 2020:

AIDAdiva & luna **107** /// Amadea **152** /// Anthem of the Seas **167** /// Artania **154** /// Bremen **129** /// Crystal Symphony & Serenity **121** /// Disney Magic & Wonder **125** /// Europa **130** /// Hamburg **157** /// HANSEATIC nature, inspiration & spirit **132** /// Insignia **148** /// Le Champlain **159** /// Mein Schiff 1 **183** /// MSC Meraviglia **140** /// Norwegian Encore **146** /// Norwegian Escape **147** /// Oasis of the Seas **166** /// Queen Elizabeth & Queen Victoria **124** /// Queen Mary 2 **123** /// Regatta **150** /// Roald Amundsen **137** /// Royal Princess **162** ///

Virginia Beach

Wilmington

Charleston

Savannah

Jacksonville

Cape Canaveral

Fort Lauderdale

Miami

Bahamas

NORD AMERIKA

VON NEW YORK BIS MIAMI – UND OSTKANADA IM INDIAN SUMMER

/////////////////////////////

Caracas

Bogotá

Quito

Guayaquil

Iquitos

Amazonas

Santarém

Manaus

Belém

Fortaleza

Natal

Recife

Callao/Lima

Machu Picchu

La Paz

Brasilia

Salvador

Arica

Antofagasta

Asunción

São Paulo

Wasserfälle von Iguaçu

Rio de Janeiro

Porto Alegre

Valparaiso

Santiago de Chile

Monte Video

Buenos Aires

Atlantischer Ozean

Puerto Montt

Halbinsel Valdes

Puerto Madryn

Chilenische Fjorde

Falkland Inseln

Punta Arenas

Ushuaia

Kap Hoorn

SÜD AMERIKA

AUF DEM AMAZONAS „QUER DURCH": AUCH DAS GEHT HIER

/////////////////////////

Diese Schiffe kreuzen hier 2020:

Amadea **152** /// Amera **153** /// Artania **154** ///
Azamara Pursuit & Quest **110** /// Fram **137** /// Hamburg
157 /// HANSEATIC nature & inspiration **132** ///
Insignia **150** /// Le Champlain & Le Dumont-d'Urville
159 /// Marina **149** /// MSC Fantasia **141** ///
MSC Seaview **142** /// Queen Victoria **124** /// Roald
Amundsen **137** /// Royal Princess **161** /// Sea Cloud
172 /// Sea Spirit **160** /// World Explorer **143** ///

Wladiwostok

Peking

Tianjin

Pusan

Tokyo

Osaka

Fukuoka

Shanghai

Nordpazifik

Hongkong

Chan May

Bangkok

Ho-Chi-Minh-Stadt

Singapur

Jakarta   *Bali*

Darwin

Samc

*Île
de Pins*   *Fiji*

Tonga

Brisbane

Adelaide

Sydney

*Bay of
Islands*

Melbourne

Auckland

Hobart

Christchurch

Anchorage

Inside Passage

Vancouver

Seattle

San Francisco

Los Angeles

San Diego

Honolulu

Hawaii

Cabo San Lucas

Acapulco

Panama-kanal

Galápagos

Lima

Valparaiso

Kap Hoorn

Diese Schiffe kreuzen hier 2020:

Artania **154** /// Bremen **129** /// Crystal Serenity **121** ///
Europa 2 **131** /// Hamburg **157** /// HANSEATIC nature
132 /// Le Lapérouse **159** /// Ovation of the Seas **167** ///
Regatta **150** /// Silver Muse **175** ///

PAZIFISCHER OZEAN

VON L.A. NACH DOWN UNDER, ÜBER HAWAII
NACH SHANGHAI: HIER SIND KREUZFAHRTEN
ECHTE WELTREISEN

///////////////////////////

Suez

Hurghada

Bahrain
Qatar
Abu Dhabi

Dubai

Muskat

Rotes
Meer

Salala

Wadi
Hadramaut

Sana'a

Mukalla

Aden

Arabisches Meer

Mogadischu

Masal
Mara

Nairobi

Mombasa

Seychellen

Sansibar

Daressalam

Komoren

Nosy Be

Antananarivo

Mauritius

Madagaskar

La Réunion

Kruger-
Nationalpark

Maputo

Durban

Weinroute

Kapstadt

Kap-
Halbinsel

Garden Route

Port Elizabeth

Kalkutta

Bagan

Hanoi

Hongkong

Mumbai

Hainan

Elephanta

Alt-Goa

Rangun

Mormugao

Golf von Bengalen

Südchinesisches Meer

Mangalore

Chennai

Bangkok

Mysore

Mahabalipuram

Andamanen

Pattaya

Cochin

Ho-Chi-Minh-Stadt

Kandy

Phuket

Colombo

Brunei

Malediven

Penang

Kuala Lumpur

Sumatra

Singapur

Kalimantan

Padang

Sulawesi

Diese Schiffe kreuzen hier 2020:

AIDAbella & blu **107** /// AIDAprima **108** ///
AIDAvita **106** /// Artania **154** /// Azamara Quest **110** ///
Costa Diadema **117** /// Crystal Serenity **121** /// Crystal
Symphony **121** /// Europa **130** /// Le Bougainville, Le
Jacques Cartier & Le Lapérouse **159** /// Mein Schiff 5 & 6
184 /// MSC Bellissima **140** /// MSC Seaview **142** ///
MSC Splendida **141** /// Nautica **150** /// Quantum of the Seas
167 /// Queen Elizabeth **124** /// Queen Mary 2 **123** ///
Regal Princess **162** /// Seabourn Encore & Ovation **170** ///
Silver Muse **175** /// Star Clipper **178** ///

Jakarta

Semarang

Java

Bali

Denpasar

Indischer Ozean

INDISCHER OZEAN

FÜR FORTGESCHRITTENE: BLAUE WUNDER
VOM KAP DER GUTEN HOFFNUNG BIS ZU
DEN TRAUMSTRÄNDEN BALIS
//////////////////////

Perth

SECHS DEUTSCHE CRUISEPORTS von West nach Ost: Bremerhaven (wo Phoenix Stammgast ist), Hamburg an der Elbe, die Fördestadt Kiel, Lübeck-Travemünde, der Newcomer Wismar und Rostock-Warnemünde

ABFAHRT VOR DER HAUSTÜR

Rostock, Hamburg, Kiel und Bremerhaven sind die vier großen deutschen Kreuzfahrthäfen: Zusammen zählten sie 2018 über 700 Anläufe. Nebenrollen spielen Travemünde und Wismar

Bremerhaven Einst ein wichtiger Hafen für Auswanderer, heute ein modernes Kreuzfahrtterminal: Das Columbus Cruise Center bietet Parkplätze direkt am Terminal; wer per Bahn anreist, kann einen Bus-Shuttle nutzen. Die Stadt lockt mit Attraktionen wie dem Auswandererhaus und dem Klimahaus. Die **Saison 2019** war sehr erfolgreich, mit zwei Schiffstaufen und 114 Anläufen von 17 Schiffen. **Info:** www.cruiseport.de

Hamburg Drei Terminals, die Überseebrücke für kleine Schiffe – und ein weiteres in Planung: An der Elbe setzt man auf die Kreuzfahrt. Das Terminal am Grasbrook (HafenCity) hat U-Bahn-Anbindung, vom Cruise Center Altona aus kann man die Stadt per Hafenfähre erkunden. Für das

2015 südlich der Elbe eröffnete Terminal Steinwerder ist die öffentliche Verkehrsanbindung (noch) nicht optimal. **Saison 2019:** 210 Anläufe von 42 Schiffen. **Info:** www.hamburgcruisecenter.eu

Kiel Mit vier Liegeplätzen ist die Stadt an der Förde für die Schifffahrt bestens gerüstet und Vorreiter beim Landstrom: Fähren werden bereits versorgt, für Kreuzfahrer geht es 2020 los. Praktisch: Vom Hauptbahnhof aus kann man zu Fuß zum Schiff laufen, das Taxi braucht fünf bis zehn Minuten. **Saison 2019:** 178 Anläufe von 33 Schiffen. **Info:** www.portofkiel.com

Lübeck-Travemünde Als Fährhafen ist die Stadt an der Trave eine feste Größe, in der Kreuzfahrt spielt sie nur

eine Nebenrolle, jedoch mit leicht steigender Tendenz. **Saison 2019:** 14 Anläufe von sieben Schiffen. **Info:** www.travemuende-aktuell.de

Wismar Unter Regie Bremerhavens ist Wismar seit 2012 Kreuzfahrthafen. Er soll wachsen; das Terminal wird ausgebaut. **Saison 2019:** sieben Anläufe von sieben Schiffen. **Info:** www.cruiseport.de

Rostock-Warnemünde Offiziell Teil des „Rostock Port", ist Warnemünde für US-Gäste der Hafen Berlins. Dabei ist das Städtchen selbst sehr reizvoll für einen Tagesaufenthalt: Man kann am „Strom" bummeln gehen und bei gutem Wetter am Ostseestrand baden. **Saison 2019:** 199 Anläufe von 41 Schiffen. **Info:** www.rostock-port.de

Kiel ③

⑥ Rostock

Travemünde ④

⑤

Wismar

②

① Hamburg

Bremerhaven

DER PERFEKTE ANKERPLATZ FÜR IHRE ANGEBOTE.

...eutschlands größte Kreuzfahrtmesse!

Buchen Sie jetzt Ihren Stand auf der KREUZFAHRTWELT HAMBURG für den 5. bis 9. Februar 2020 und begeistern Sie unsere rund 80.000 kaufkräftigen Besucher mit Ihren Neuheiten.

Jetzt als Aussteller anmelden auf:
www.kreuzfahrtwelt-hamburg.de

Foto: Johannes Bohmann

FLUSS
REPORTAGEN

Schweizer Qualität an Bord

excellence
Flussgenuss vom Reisebüro Mittelthurgau

Excellence Rhône
Rhône, Saône

Excellence Royal
Seine

Excellence Queen
Rhein, Mosel, Main

Excellence Coral
Elbe, Oder, Havel, Nord-Ostsee-Kanal

Excellence Princess
Donau & Donaudelta, Main, Rhein

Excellence Countess
Rhein, Ijsselmeer, Holland, Belgien

Excellence Baroness
Donau & Donaudelta, Rhein, Main

Excellence Katharina
Wolga, Svir, Newa

Excellence Pearl
Mosel, Neckar, Saar, Benelux

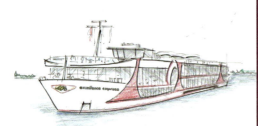

Excellence Empress
Donau & Donaudelta, Main, Rhein

Zukunftsweisend – das weltweit erste Fluss-Passagierschiff mit drastischer Emissions-Reduktion

Als erstes Passagier-Flussschiff der Welt wird die Empress mit einer neu entwickelten SCR-Katalysator-Technik in ihrem Diesel-Antrieb ausgestattet sein. Durch diese reduzieren sich die Schadstoffemissionen, insbesondere die besonders umweltrelevanten Ausstösse von Stickoxid und Feinstaub, um mindestens 75%. Dies ist eine bisher nie erreichte Reduktion umweltbelastender Emissionen in der Passagier-Flussfahrt.

Der neue Luxusliner von Excellen
ab Juni 2020

swiss made

Flussgenuss durch Qualität

Ihr Koffer ist schon auf Ihrer Kabine. Auf dieser Reise werden Sie ihn nur ein einziges Mal auspacken. Doch das hat Zeit. Lehnen Sie sich erst einmal zurück, geniessen Sie den Moment und den Ausblick auf die Kulissen an den Ufern. Schon bald heisst es «Leinen los» für Ihre Reise durch Europa, zu Neuem, Unentdecktem. Dahin, wo der Alltag ganz weit weg ist.

Reisen à la Excellence

An Bord spüren Sie das Besondere von Excellence sofort – in Form architektonischer Grosszügigkeit, edlem Ambiente und gehobener Gastlichkeit. Die Atmosphäre an Bord: stilvoll und doch leger. Genau richtig für Entdeckungen inmitten der schönsten europäischen Flusslandschaften.

Reisebüro Mittelthurgau Fluss- und Kreuzfahrten AG
Oberfeldstrasse 19, CH-8570 Weinfelden (Schweiz)
Tel. +41 71 626 85 85, Fax +41 71 626 85 95
www.mittelthurgau.ch, info@mittelthurgau.ch

REISEBÜRO MITTELTHURGAU
Die Schiffsreisenmacher

IM19_100

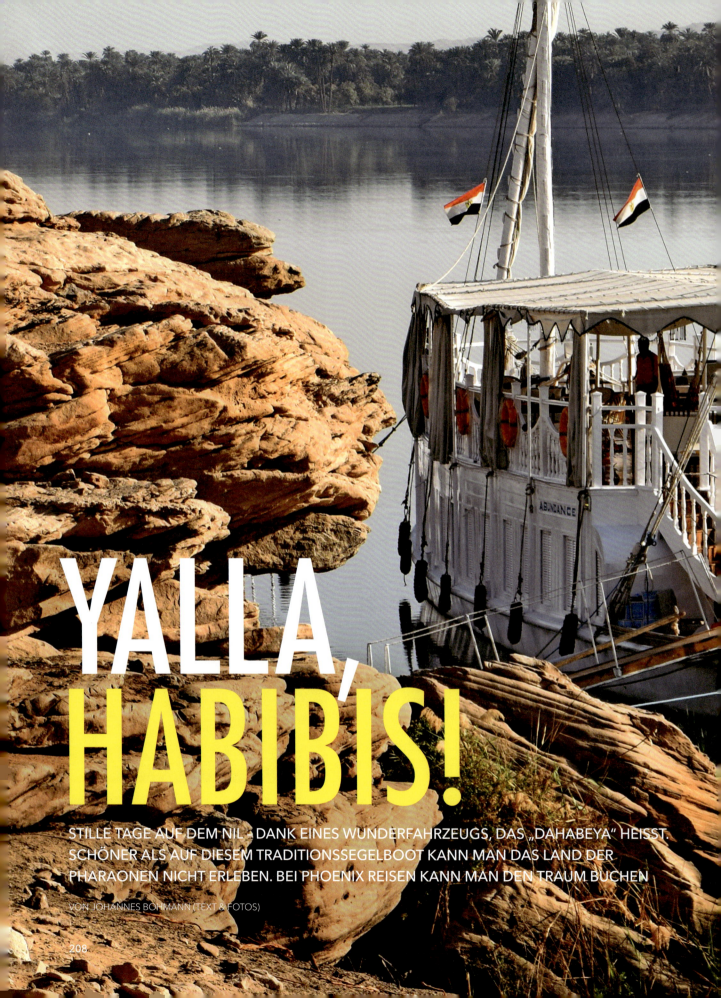

YALLA, HABIB'IS!

STILLE TAGE AUF DEM NIL – DANK EINES WUNDERFAHRZEUGS, DAS „DAHABEYA" HEISST.
SCHÖNER ALS AUF DIESEM TRADITIONSSEGELBOOT KANN MAN DAS LAND DER
PHARAONEN NICHT ERLEBEN. BEI PHOENIX REISEN KANN MAN DEN TRAUM BUCHEN

VON JOHANNES BOHMANN (TEXT & FOTOS)

F

Fatih ist sein Name – und dass das wie „Vati" ausgesprochen wird, kann kein Zufall sein. Er kümmert sich um uns, seine Mini-Reisegruppe, nicht wie ein Reiseleiter, sondern wie ein väterlicher Freund. Er ist stolz, uns sein Land zeigen und erklären zu dürfen. Er freut sich, wenn wir über die Wunderwerke der Kultur am Nil staunen. Und an nichts will er es uns in den kommenden fünf Tagen fehlen lassen.

Am Flughafen Luxor hat Fatih uns empfangen, um uns zum Schiff zu bringen. Spätabends sind wir aus Kairo angereist, der Megametropole, der unser zweitägiges Vorprogramm galt. Die Pyramiden von Gizeh! Die große Moschee! Die Mumien im Museum! Die Stufenpyramide von Sakkara, das älteste erhaltene Bauwerk der Menschheit – viereinhalbtausend Jahre oder mehr. Aber auch der 24 Stunden im Dauerstau rauschende Verkehr prägt sich ein. Und die vielen Straßenkontrollen: Wir besuchen ein Land, das von Militärs regiert wird, mit eiserner Hand. Das den Tourismus aber braucht: Für die Menschen am Nil ist er überlebenswichtig.

Und wie groß die Gastfreundschaft der Ägypter ist, werden wir erleben. Für die Kinder, elf und 14 Jahre alt, ist es ein Märchen aus Tausendundeiner Nacht – sie sind das erste Mal im Orient! Für mich ist es ein Déjà-vu: Vor 30 Jahren war ich schon einmal hier, auf einem jener klassischen Nilschiffe, die wir in den nächsten Tagen ständig vorbeizie-

LANGSAM dahingleiten und einfach nur schauen: Entschleunigung auf der Dahabeya

hen sehen – heimlich jubelnd, dass wir es besser haben, denn wir reisen auf einer Dahabeya. Ein Name, dessen Zauber für immer in unserem Gedächtnis bleiben wird. Wie Fatihs „Yalla, Habibis!", „Kommt, Kinder!" Kein einziges Mal muss er sie zweimal bitten. Folgsamer waren die Kinder nie.

Ein Schiff unter hohen Segeln, mit Mahagonidecks und gemütlichen Kabinen für bis zu zwölf Gäste ist die Dahabeya. „Abundance" heißt die unsrige – eine von vielen Dutzenden, die es auf dem Nil gibt. Sie vorbeiziehen zu sehen ist eine Augenweide. Aber selbst an Deck zu sitzen, dem Plätschern des Wassers zu lauschen, dem Mann am Ruder bei seinen Manövern zuzuschauen, vom Hummus, dem Mangosalat und all den anderen Köstlichkeiten zu kosten, die Adam, der Koch, für uns zaubert: ein Märchen. Und an den Ufern: Scherenschnitte, die das Märchen rahmen. Die

Kronen der Palmen, kleine Lehmbauten in den Dörfern, Fischer, die ihre Netze auswerfen … Und über dem grünen Band, das den Nil säumt, die Sandberge der Sahara, die gleich dahinter beginnt.

In Wadi Shet, einem Ort, der in kaum einem Reiseführer zu finden sein dürfte, erleben wir die Wüste hautnah. Das Schiff steuert auf das Ufer zu. Rabia, der Bootsmann mit den Lederhänden, springt ins Gras, rammt einen Pflock in den Boden, vertäut das Boot – und plötzlich steht ein Esel da, und die Kinder klettern hinauf. Durch Gemüsegärten und Blumenfelder steuern sie einen Palmenhain an – ein fast biblisches Bild. Trotten durch ein Dorf, lachende Kinder folgen und pflücken den fremden Mädchen Mangos vom Baum. Die Sonne hat mittlerweile fast den Horizont erreicht und taucht alles in Gold. Wir lassen die Palmen hinter uns, klettern Dünen hinauf. Dort: ein Schakal auf einer Kuppe!

VORPROGRAMM in Kairo: Pyramiden und Sphinx muss man gesehen haben – und ist dort garantiert nicht allein …

FATIH ODER VATI?
Für die Kinder – hier beim Spaziergang auf einer Nilinsel – ist der Reiseleiter der Größte

WELCOME, FRIENDS:
Die Ägypter, ob Erwachsene oder Kinder, sind auf die Schätze ihrer uralten Kultur sichtlich stolz

SÄULENKOLOSSE: Fotosession im Karnak-Tempel von Luxor, wo die Reise endet

Und hinter einer Wegbiegung Gerippe von verendeten Rindern im Sand. Von Wölfen gerissen, vermutet Fatih. Wirklich Wölfe? Ja, die Wüste ist kein Spielplatz. Sie bedeckt 96 Prozent der Fläche Ägyptens – nur im Niltal und in einigen wenigen Oasen leben Menschen.

Das Schiff bleibt noch über Nacht an diesem Ort. Denn frühmorgens um sechs, vor der Hitze des Tages, wollen wir noch mit Fatih durch antike Steinbrüche kraxeln – ohne einem einzigen anderen Touristen zu begegnen. Denn auch das ist ein Vorteil der Dahabeya: Sie kreuzt gegen den Strom der Massen. Beim Besuch der Tempel von Edfu, Kom Ombo und Assuan erleben wir es: Wir sind immer vor oder nach den Massenankünften des Tages dort. Und so hat Fatih Zeit, sein Wissen über Götter, Gräber und Mythen auszubreiten – nur einen Bruchteil davon kann man auf-

nehmen in der kurzen Zeit. Immerhin, die Kinder können schon bald eine Handvoll Hieroglyphen entziffern und die eine oder andere Kartusche „lesen".

Aber was am tiefsten haften bleiben wird – es sind die stillen Momente. Voran die Langsamkeit der Fahrt, auch wenn wegen fehlenden Windes leider kaum gesegelt wird – ein kleines „Tugboat" zieht uns voran. Und: die Herzlichkeit der Crew! Mohammed, der Captain, der uns verrät, dass seine Frau eine Deutsche ist. Rabia, der Bootsmann, der neben Lederhänden auch ein riesengroßes Herz für Kinder hat. Abdullah, der Mann am Ruder, der per Übersetzungs-App mit uns kommuniziert. Sie alle zusammen, die uns ein Abendessen unter Sternen bescheren: Tisch und Stühle haben sie ans Ufer gebracht! Dazu eine Lichterkette! Und Adams dampfende Terrinen und Töpfe …

Der Abschied vom Fluss und diesem Schiff vor Assuan – er fällt entsprechend schwer. Ein kleines Fest haben wir am Abend noch gefeiert, mit Tanz und Musik von exotischen Trommeln und Flöten. Am Morgen dann ein letztes Winken vom Ufer aus, und die Rückreise im Kleinbus gen Luxor beginnt. „Yalla, Habibis!" Nur dieses eine Mal wären wir Fatih am liebsten nicht gefolgt … ///

ZUM ABSCHIED versammeln sich alle, auch die vom mitfahrenden Tugboat … und ihre jüngsten Passagiere

TRAUMSTART: Direkt neben der Anlegestelle ankern restaurierte Portwein-Transportschiffe. Auf der anderen Seite des Douro lockt Portos Altstadt

FLUSS DER
GENÜSSE

BISLANG FUHREN DIE SCHIFFE VON A-ROSA AUF RHEIN, MAIN, MOSEL, DONAU, SEINE UND RHÔNE. SEIT 2019 GEHÖRT NUN AUCH DER DOURO IN PORTUGAL ZUR RUNDE: VON PORTO AUS FÄHRT DIE A-ROSA ALVA IM WOCHENRHYTHMUS HINAUF BIS AN DIE GRENZE ZU SPANIEN. THOMAS WEISS (TEXT & FOTOS) HAT SICH AUF DEN WEG GEMACHT

ZEITREISE IN PORTO: In der Altstadt stehen spektakuläre Bauten wie der Börsenpalast mit seinem neomaurischen Salon. Die Straßenbahnlinie 1 führt zum Atlantik

R

Rhein, Donau, Seine: Die meisten Flüsse, auf denen sich Kreuzfahrtschiffe tummeln, sind ziemliche Angeber. Der Rhein wird in Legenden besungen und protzt mit dem Rheinfall. Um die Donau gruppierte sich einst ein ganzes Kaiserreich. Und die Seine gibt sich als Lebensader von Paris mondän. Aber der Douro? Er ist der wohl bescheidenste Fluss, den je ein A-ROSA-Schiff befahren hat. Und wie es immer so ist: Hinter der Bescheidenheit verbergen sich einige große Talente! Talente, die seit April 2019 die nagel- bzw. schweißnahtneue A-ROSA Alva erlebbar macht. Der 897 Kilometer lange Fluss entspringt in Spanien auf 2.080 Meter Höhe. Uns interessieren jedoch vor allem die letzten 112 Kilometer zwischen der spanischen Grenze und der Küstenstadt Porto. Sie werden von der Alva befahren.

In Porto, dem Startpunkt der Reise, enthüllt sich gleich das erste versteckte Talent des Douro: Für einen so unbekannten Fluss ist er ziemlich polyglott, verbindet er doch zwei einstige Weltreiche, das portugiesische und das spanische. Wie reich Portugal einst war, sehen wir schon von der Anlegestelle der Alva aus: Über den alten Fischer- und Handelshäusern am Kai ragen Paläste und spektakuläre Kirchen-

bauten auf. Wer früh anreist, was hier unbedingt empfehlenswert ist, stellt sein Gepäck im Schiff ab und wandert los, den Kai entlang vorbei an den historischen Transportschiffen. Sie brachten einst in Holzfässern den Portwein aus den Weinanbaugebieten des Douro nach Porto. Heute dienen die schön restaurierten Schiffe als Ausflugsboote und werben dezent mit ihren Flaggen und Schriftzügen für berühmte Portweinmarken. Die teilweise englischen Namen sind kein Zufall: Noch ein drittes ehemaliges Weltreich kommt hier ins Spiel. Die Briten pflegten lange intensive Beziehungen zu Portugal, auch als eine Art Gegenpart zum damaligen Erzrivalen Spanien. Und so genossen sie gern den auch auf langen Schiffsreisen gut haltbaren „Port".

Beim weiteren Spaziergang kommt auch Frankreichs einstige Größe ins Spiel: Wir gehen über die gewaltige Ponte Dom Luís I, 1886 von Gustave Eiffels Pariser Ingenieuren geplant und errichtet. Unten kann sie von Fußgängern und Autofahrern genutzt werden; die obere Ebene verbindet die höher gelegenen Stadtteile Portos. Nun liegen die Schätze von Portugals wichtigster Industrie- und Handelsstadt vor uns. Sollen wir uns auf die gewaltigen, mit Gold aus den ehemaligen

AUF DEM DOURO:
Die A-ROSA Alva, hier am Anleger von Barca d'Alva, ist das kleinste Schiff der A-ROSA-Flotte. Einer der Ausflüge bringt die Gäste zu einem der wichtigsten Pilgerorte Spaniens, der Himmelstreppe von Lamego. 686 Stufen führen hinauf zur Kirche Santuário de Nossa Senhora dos Remédios

Kolonien verzierten Kirchen konzentrieren? Oder den Reichtum der Stadt im alten Börsenpalast oder dem mit Fliesen verzierten Bahnhof bestaunen? Wir entscheiden uns für eine Harry-Potter-Tour und besuchen die Orte, die J.K. Rowling inspirierten, als sie hier lebte und ihr erstes Buch schrieb.

Zuerst geht es dabei in die vielleicht schönste Buchhandlung der Welt, die Livraria Lello. In dem denkmalgeschützten Haus mäandert eine wunderschöne Holzwendeltreppe in den ersten Stock. Eine Inspiration für die Bibliothek von Hogwarts? In jedem Fall ist Harry Potter eine Ausstellung samt von der Decke hängendem Nimbus 2000 gewidmet. Um der Fan-Massen Herr zu werden, verlangt die Buchhandlung ein Eintrittsgeld (unbedingt vorher online reservieren!), das jedoch auf Einkäufe angerechnet wird. Für uns wird es eine Fado-Schallplatte.

Weiter geht's zu einem legendären Genusstempel, dem Café Majestic, 1921 im Stil des Art nouveau eröffnet. Hier schmeckt der Galão –und auch Potter-Fans kommen wieder

Auf Harry Potters Spuren in Porto! J.K. Rowling lebte hier, als sie ihr erstes Buch schrieb

auf ihre Kosten. Rowling schrieb die ersten Kapitel ihres ersten Abenteuers in dem wunderschönen Traditionscafé.

Bevor wir am nächsten Tag von Porto ablegen, zuckeln wir noch mit der historischen Tram Nr. 1 zur Atlantikmündung, einst durchfahren von Weltentdeckern wie Vasco da Gama oder Ferdinand Magellan. Als die Alva dann unter der Ponte Dom Luís I den Douro hinauffährt und wir noch einen Blick auf Porto werfen, reift in uns das Urteil, dass A-ROSA mit der Douro-Tour einen Treffer gelandet hat. Nach dem Kultur-Flash der Stadt braucht man einige Tage Erholung, um alle Eindrücke zu verarbeiten. Und diese Ruhe bietet der sanft dahingleitende Fluss perfekt. Egal, ob von den Panoramafenstern unserer Kabine, dem lichten Restaurant oder dem Sonnendeck: Die begrünten Ufer und Weinberge sind immer nah und haben eine entspannende Wirkung.

Bei manchen Kreuzfahrten jagt ein Städte-Highlight das nächste – hier aber ist die Fahrt perfekt dosiert. Am Anfang und am Ende locken kulturelle Schwergewichte: Porto und

WENN SICH ZWEI WELTREICHE TREFFEN: Bevor es wieder zurück auf dem Douro Richtung Porto geht, führt eine Busfahrt über die Grenze zur spanischen Universitätsstadt Salamanca mit ihrer Kathedrale (oben). Die Stadt ist ein historisches Juwel – und die im Programm enthaltene Flamenco-Show kein Touristen-Nepp, sondern sehenswert

das spanische Salamanca. Die Ausflüge an den Tagen dazwischen, etwa zum Pilgerort Lamego mit seiner Himmelstreppe, haben zwar auch ihren Reiz. Das Gefühl, ein Highlight verpasst zu haben, kommt aber nicht auf, wenn man mal an Bord bleibt oder den Tag mit einem Spaziergang verbringt.

Eine schöne Überraschung ist das Abendessen auf einem Weingut. Alle Passagiere sind zu ihm eingeladen, angenehme Pflicht statt des regulären Essens an Bord. Per Bus geht es zum Alto Douro, dem ältesten herkunftsgeschützten Weinanbaugebiet der Welt (gegründet 1756). Auf 600 Meter Höhe steht die Quinta de Avessada. Nach einer skurrilen Führung durch den Besitzer, der Mr.-Bean-Talente beweist, lockt das Abendessen mit Musik, Blick auf die Weinstöcke und natürlich gutem Portwein.

Je mehr wir uns dem Scheitelpunkt der Reise nähern, desto klarer wird uns: Der Douro ist ein Fluss zum Verlieben. Und die kleine Alva mit ihren nur 63 Kabinen ist perfekt auf seine engen Felspassagen zugeschnitten. Ihr Bug ist begehbar, und eine schöne Lounge führt von der Bar auf Deck 2 zum vorderen Teil – unser Lieblingsort auf dieser Fahrt.

> *Portweinprobe auf der Quinta – mitsamt skurriler Führung durch den Besitzer*

Fast fällt es uns schwer, uns noch mal loszureißen von der fließenden Entspannung. Aber die Bustour ins spanische Salamanca ist Pflicht! Die Stadt ist seit 1988 UNESCO-Weltkulturerbe; mit Sevilla oder Granada kann sie locker mithalten. Die Römer hinterließen eine noch heute begehbare Brücke, die Mauren fühlten sich hier wohl, bis christliche Heere die Stadt im 11. Jahrhundert zurückeroberten. Der geführte Rundgang zeigt Höhepunkte wie die Universität, an der schon Cervantes studierte, sowie die alte und neue Kathedrale. Und dank zweier reifer, aber hochbegabter Tänzerinnen und einer Sängerin ahnen wir bei einer Flamenco-Show zum Mittagessen ein wenig von der emotionalen Tiefe dieses ganz anderen spanischen Kulturguts.

Mit Eindrücken vollgepackt, fallen wir ins Bett und genießen die entspannte Atmosphäre auf der Alva. Aufgrund der Engstellen des Flusses verbieten sich Nachtfahrten – kein Manöver, keine Schleuse stört deshalb nach Sonnenuntergang die Ruhe an Bord. Der Douro, auch hierin zeigt er sein Talent: Er ist ein Kultur- und Genussexperte, dem auch die ruhigen Momente wichtig sind.

///

D

Da glaubt man, das Land, in dem man lebt, zu kennen – und kennt es doch nicht. Miltenberg, Wertheim, Würzburg, Bamberg, Nürnberg: Das ganze Frankenland, ich gestehe es zu meiner Schande, ist eine *Terra incognita* für mich. Aber das soll die schmucke Amadeus Queen von Amadeus Flusskreuzfahrten nun ändern. 2018 für maximal 160 Passagiere gebaut, präsentiert sie sich lichtdurchflutet, großzügig und elegant – mit tollem Service, exzellenter Gastronomie und sogar mit einem kleinen Innenpool hinten im Heck.

Sie ist auf einem langen Törn von Amsterdam nach Budapest unterwegs, mit nur wenigen deutschen Gästen. Die Mehrheit der Passagiere ist aus den USA, aus Australien, aus Japan oder aus Israel angereist. Für sie ist die Fahrt „across the old continent" ein großes Abenteuer, eine Weltreise fast. Ich werde – leider – nur das Mittelstück dieser Reise miterleben, die Fahrt vom Rhein über den Main und ein kurzes Stück

HEIMATKUNDE

VOM RHEIN ZUR DONAU: DAS GEHT ÜBER DEN MAIN. UND AN DEM LIEGEN
ORTE, STÄDTE, LANDSCHAFTEN, DIE ZU ENTDECKEN GENAUSO LOHNT WIE
MANCH FERNE ZIELE AN ANDEREN ENDEN DER WELT

VON JOHANNES BOHMANN (TEXT & FOTOS)

MAIN-PERLEN: Würzburg (vorherige Seite), Bamberg (oben), Miltenberg (Mitte) und Wertheim sind die Ziele am Fluss – eines schöner als das andere

über den Main-Donau-Kanal bis nach Nürnberg. In Köln steige ich zu.

Und schon am ersten Morgen an Bord beginnt die Reise in die Romantik, die den von weit her Angereisten versprochen wurde. Die Loreley zieht vorbei – der steile Fels und die wenig aufregende Bronzefigur am Ufer darunter. „Ich weiß nicht, was soll es bedeuten …" – wer kann mit Heinrich Heines Gedicht, das das Tagesprogramm schmückt, etwas anfangen? Egal, die Kameras klicken.

Wie auch in den Gassen von Oberwesel, dem der Vormittagsspaziergang gilt. Vom Rundweg längs der mittelalterlichen Stadtmauer aus hat man den besten Blick auf das noch im Sonntagvormittag träumende Städtchen. Bis eine Blaskapelle es weckt: Sie zieht die Hauptstraße hinauf, festlich Gekleidete folgen ihr: Es ist „Weißer Sonntag", der Tag der Erstkommunion. Wir sind im Rheinland, und da wird das Katholische noch im Alltag gelebt.

STADTTOR, Kirchturm, Fachwerkgiebel: Am Main ziehen Dörfer vorbei, die aus der Zeit gefallen zu sein scheinen

Zurück an Bord, wird Cruise Director Christian nun nicht mehr vom Mikrofon loskommen: Wir fahren den Mittelrhein hinauf, und alle fünf bis zehn Minuten weist Christian, munter zwischen Deutsch und Englisch wechselnd, auf die „Sights" am Ufer hin. Zuerst die im Strom „schwimmende" Bilderbuchburg Pfalzgrafenstein. Dann

700 JAHRE ALT ist die Inselburg Pfalzgrafenstein – eine von Dutzenden, die man auf der Fahrt auf dem Mittelrhein passiert

Burg Stahleck über Bacharach, das Christian zufolge dem Weingott Bacchus seinen Namen verdankt. Weiter mit Schloss Fürstenberg gegenüber dem pittoresken Lorch. Dann Sooneck, Reichenstein, Rheinstein, der Mäuseturm vor Bingen … Und als Wiesbaden und Mainz auftauchen, darf Christian sein Mikro endlich beiseitelegen – und wir biegen ab in den Main.

Und um den geht es mir ja eigentlich. Um das „Quer-durch-Deutschlands-Mitte", um den „Link" zwischen den großen Schwestern Donau und Rhein, der durch den Bau des Main-Donau-Kanals von 1960 bis 1992 entstand. Zweimal im Jahr, im Frühjahr und im Herbst, wenn sie die Reviere wechseln, durchmessen fast alle Flusskreuzer, die Mitteleuropa befahren, seither diese Wasserstraße. Dass es sich bei ihr um eine „kleine Schwester" handelt, wird

Nicht ohne zuerst Miltenbergs fachwerkstrotzender, endloser Hauptstraße einen Besuch abgestattet zu haben: eine der vielen schönen Entdeckungen dieser Reise. Und auch nicht ohne mich bei Christian noch einmal versichert zu haben, ob es den viel gelobten Main-Radweg auch wirklich durchgängig gibt. Gibt es! Und zwar bestens beschildert, perfekt in Schuss und konsequent in Flussnähe verlaufend – Radwanderers Traum. Freudenberg, Collenberg, Dorfprozelten, Stadtprozelten und Faulbach heißen meine Etappen, ein Dorf schläfriger als das andere – aber jedes auf seine Weise hübsch. Wildgänse rasten unter Weiden, Erlen, Eichen. Fischreiher schrecken auf, wenn ich versuche, sie zu fotografieren. Milchkaffeebraune Kühe liegen im sattgrünen Gras, säugen ihre Kälbchen. Doch schon Frühling? Der eisige Schauer, der mei-

das auch einmal so erklärt!) – und natürlich zur Fürstbischöflichen Residenz. Nach Tiepolos legendären Fresken im Treppenhaus und im Kaisersaal verdrehen wir uns dort die Hälse – Weltkunst in der Provinz. Und im residenzeigenen Weinkeller kosten wir Müller-Thurgau, Riesling und Silvaner – Letzteren natürlich vom berühmten Weinberg „Würzburger Stein". Ein Tropfen, an dem sich schon Goethe gern berauscht haben soll. Und zwar am liebsten täglich.

Und dann beginnt der Mai in Bamberg. Am Tag der Arbeit hat dieses Juwel von einer Stadt zwar geschlossen – dafür aber arbeitet ganz Bamberg sich am Bier ab, für das es so bekannt ist wie Würzburg für seinen Wein. In den Gassen der Altstadt stehen alle fröhlich schwatzend beieinander, mit dem Glas oder der Flasche in der Hand. An einer der Brücken über die Regnitz wird der Gerstensaft gleich direkt aus dem Fenster verkauft: „Brückenbier" steht darüber auf einem Schild – klar, dass ich eines kaufe, ein typisches „Rauchbier" natürlich, und mich unters Volk mische und schaue. Ein fröhliches Volk sind sie, die Franken.

Und mit ihren Gästen, ob aus Wisconsin, Yokohama oder Sydney, sind sie im Handumdrehen im Gespräch. Und mit mir Fischkopp von der Elbe auch. Der wieder einmal staunt, dass man für die schönsten Entdeckungen manchmal einfach nur um die nächste Ecke schauen muss. ///

> **„Am Tag der Arbeit hat die Stadt geschlossen. Dafür arbeitet ganz Bamberg sich am Bier ab, für das es so bekannt ist wie Würzburg für den Wein."**

schon bald nach der Einfahrt klar: Die Ufer sind auf dem Main, anders als auf dem Rhein, oft zum Greifen nah! Aber die Brücken sind auch niedriger und die Schleusen zahlreich (34 werden es insgesamt bis Nürnberg sein!) – ergo wird das Sonnendeck mit eingefahrenem Ruderhaus und zusammengeklapptem Mobiliar für die nächsten Tage meistens gesperrt bleiben. Schade, denke ich, während wir die im Abendlicht glitzernde Skyline von Frankfurt passieren. Jetzt oben zu sitzen, mit einem Schoppen in der Hand … Aber es ist ja noch April.

Und deshalb frisch am Tag darauf, als ich in Miltenberg eines der Bordfahrräder ausleihe, um die 35 Kilometer nach Wertheim vorauszuradeln.

ne letzten Kilometer bis Wertheim verhagelt, sagt leider: Noch ist April.

Doch Würzburg, unser „Hafen" am nächsten Tag, macht es wieder gut. Klara, die hier Psychologie studiert, führt uns unter strahlendem Frühlingsblau durch die Stadt. Zu drei von den insgesamt 43 katholischen – plus drei protestantischen – Kirchen, die es hier gibt. Zum Relief im Rathaus, das das am 16. März 1945 zu 90 Prozent sinnlos zerstörte Würzburg zeigt. Zum Gedenkstein für Walther von der Vogelweide im Lusamgärtchen, auf dem Liebeskummergeplagte Blumen niederlegen. Zum Relief an der Marienkapelle, das zeigt, dass die Muttergottes das Jesuskind „unbefleckt" durchs Ohr(!) empfing (Papst Ratzinger, richtig, hat

MAL UMSTEIGEN aufs Bordfahrrad! Der Main-Radweg führt direkt am Ufer entlang – und bringt den Fluss noch näher

Foto: Johannes Bohmann

1AVista Reisen **226** ///
Amadeus Flusskreuzfahrten **228** ///
A-ROSA Flussschiff **230** ///
CroisiEurope/Anton Götten Reisen **233** ///
Crystal River Cruises **236** ///
DCS Touristik **237** ///
Lernidee Erlebnisreisen **238** ///
nicko cruises Flussreisen **239** ///
Phoenix Reisen **242** ///
Plantours Kreuzfahrten **245** ///
Reisebüro Mittelthurgau **248** ///
SE-Tours **250** ///
Thurgau Travel **251** ///
Viva Cruises **252** ///
Werner-Tours **253** ///

SCHIFFS
PORTRÄTS
SÜSSWASSER

SEGELTÖRNS in der Adria gehören ebenso zu 1AVista wie Flussreisen mit Hund. Heimatstadt und -hafen ist Köln

1AVista Reisen

Ein neues Schiff für den Rhein – und weiterhin die Kreuzfahrten für Hundeliebhaber

Die Kölner Flussexperten, bekannt für ihr All-inclusive-Konzept, starten 2020 mit dem Neubau **VistaSky** durch; er soll im Vier-Sterne-plus-Bereich schwimmen. In der gehobenen Mittelklasse kommt zudem die **VistaSerenity** frisch renoviert zum Einsatz. Weiter unter 1AVista-Flagge fahren **VistaClassica**, **VistaFidelio** und natürlich das Flaggschiff **VistaStar**; die **VistaFlamenco** hingegen verlässt die Flotte. Eine ausgefallene Idee ist eine neue Route von Köln nach Paris, zu erleben mit der kleinen **Fluvius**. Bei den beliebten Hundekreuzfahrten kommen die **Poseidon** auf dem Rhein und auf der Donau die **Normandie** zum Einsatz. In Russland geht 2020 die **VistaKatharina** in Fahrt; ihre 90 Passagiere dürfen sich auf ein umfangreich renoviertes Schiff mit französischen Balkonen freuen. Mit dem First-Class-Schiff **Mekong Prestige II** ist Asien vertreten, und für den Nil wurden Schiffe der Landeskategorie Fünf Sterne unter Vertrag genommen. Europäische Inselparadiese bietet Kroatien; hier kann man auf Motorseglern ungetrübte Badefreuden erleben.

Schiff	Baujahr	Passagiere
VistaKatharina	1973/2020	90
VistaFidelio	1995/2012	146
VistaClassica	1990/2018	110
Fluvius	2001/2018	44
VistaSerenity	2006/2019	192
Mekong Prestige II	2013	64
VistaStar	2018	197
VistaSky	2020	181

NOCH EIN COMPUTERBILD: die VistaSky auf dem Rhein

VistaSky

Der 110-Meter-Neubau von 1AVista Reisen soll kulinarische Akzente setzen

Ein Hauptrestaurant – und als Alternative das Steakrestaurant VistaGrill im Heck: Mit erweiterter Gastronomie, bereitgestellt von dem Caterer Riverman, startet die VistaSky im März 2020. Das Steakhouse ist zuzahlpflichtig, bei Reisen ab sieben Nächten aber gibt es einen Gutschein für den Besuch. Die Kabinen liegen sämtlich außen und verfügen auf zwei Decks über französische Balkone. Neben lichtdurchfluteten Gesellschaftsräumen hat der Neubau eine Sauna mit Aussicht. Zum großzügigen Sonnendeck führen ein Lift und ein Treppenlift. Dort spielt man Shuffleboard oder übt Golfen auf dem Putting Green; Leihfahrräder (für Reisen ab Passau) vervollständigen das Sportangebot. Das Schiff wurde in den Niederlanden gebaut, wohin auch einige seiner Reisen führen werden. Vielfältig ist das Gesamtprogramm des neuen Kreuzers: Neben Holland und Flandern bietet er klassische Rheinkreuzfahrten ab/bis Köln nach Basel, die Mainfahrt vom Rhein zur Donau, Donaureisen auch bis ins Delta – und einen bunten Strauß an Festtagsreisen, vom „Christmas Shopping" in Holland über Weihnachtsmärkte am Rhein bis zu, last but not least, einer winterlichen Schnupperreise unter dem Motto „Kölsche Weihnacht".

Fahrgebiete 2020
Z. B. Donau von Passau zum Schwarzen Meer und zurück (14 Nächte); von Passau bis Budapest und zurück über Regensburg nach Köln (11 Nächte); „Christmas Shopping" in Holland (3 Nächte).

DATEN & FAKTEN

Länge 110,00 m	**Crew-Mitglieder** 44
Breite 11,45 m	**Bordsprache** Deutsch
Tiefgang k. A.	**Passagierdecks** 3+SD
Indienststellung 2020	**Restaurants** 2
Passagiere max. 181	**Bars** 1

Kabinen	92 Außenkabinen, auf Mittel- und Oberdeck mit frz. Balkonen; Größe: ca. 13–14,5 m²
Sport & Wellness	Sonnendeck mit Putting Green und Shuffleboard, Sauna, Leihfahrräder, Lift / Treppenlift
Info-/Entertainment	Themenabende mit Livemusik, Quizveranstaltungen und Vorträge, Bücherecke
Dresscode	leger bis sportlich-elegant
Preis pro Nacht	ca. € 89 bis € 210
Info	1AVista Reisen Köln, Tel. (0221) 99 80 08 00 www.1avista.de

PROFIL

Kabinen/Raumangebot
Ausflüge/Programm
Gastronomie
Service

Aktuell noch nicht bewertet

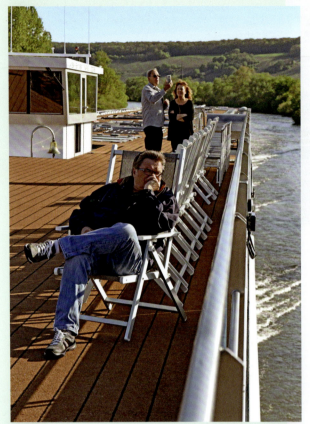

Foto oben: Johannes Bohmann

DIE NEUEN AMADEUS-SCHIFFE überzeugen mit großzügigen Kabinen und Suiten – und sogar einem kleinen Innenpool

Amadeus Flusskreuzfahrten

Die eleganten und luxuriösen Flussschiffe aus Österreich erfüllen gehobene Ansprüche

Seit fünf Jahren vermarktet die Amadeus Flusskreuzfahrten GmbH von ihrem Münchner Büro aus die Schiffe des österreichischen Familienunternehmens **Lüftner Cruises**. Die Reederei betreibt ihre Flotte in Eigenregie und ist im Premium-Segment angesiedelt. Das zeigt sich ab Baujahr 2013 an den Schiffen der **Silver Line**: Sie haben Kabinen mit absenkbaren Panorama-Fensterfronten und Suiten mit begehbaren Balkonen; zusätzliches Highlight auf der **Amadeus Queen** (2018; Reportage S.220) ist ein Innenpool in der Lounge Amadeus Club im Heck. 13 Schiffe sind derzeit auf klassischen Rhein-, Main- und Donaurouten zwischen Amsterdam und dem Schwarzen Meer unterwegs. Auf Rhône und Saône fährt zudem die 2017 getaufte **Amadeus Provence**; ihr Hingucker ist ein Infinity-Pool auf dem Sonnendeck. Und Nummer 15 befindet sich im Bau: Unter dem Namen **Amadeus Imperial** startet sie im Frühjahr 2020 – ob mit oder ohne Pool, war noch nicht zu erfahren. Die Schiffe werden international vermarktet, weshalb auf vielen Reisen mehrsprachige Reiseleiter an Bord sind.

Schiff	Baujahr	Passagiere
Amadeus	1997	146
Amadeus Rhapsody	1998	142
Amadeus Classic	2001	144
Amadeus Symphony	2003	144
Amadeus Royal	2005	142
Amadeus Diamond	2009	146
Amadeus Elegant	2010	150
Amadeus Brilliant	2011	150
Amadeus Silver	2013	180
Amadeus Silver II	2015	168
Amadeus Silver III	2016	168
Amadeus Provence	2017	140
Amadeus Queen	2018	162
Amadeus Star	2019	164
Amadeus Imperial	2020	168

Foto: Johannes Bohmann

AUF DEM MAIN – hier in Bamberg

Amadeus Queen

Luxuriöser Flusskreuzer mit großzügigen Balkonkabinen und Innenpool

Mit der Silver Line hat die Innsbrucker Reederei **Lüftner Cruises** das Flusskreuzfahrterlebnis neu definiert: Ihre Suiten mit begehbaren Außenbalkonen sind eine Rarität im hiesigen Flussreisemarkt. Aber auch in den großzügigen Kabinen, die „nur" über eine absenkbare Fensterfront verfügen, erlebt der Gast die vorbeiziehenden Flusspanoramen hautnah. Die Amadeus Queen führt diese Premiumentwicklung noch ein Stück weiter und wartet als neues Highlight mit einem kleinen Indoor-Pool auf, dessen Dach sich bei schönem Wetter auch öffnen lässt. Er liegt direkt hinter dem gemütlichen Amadeus Club, der am Abend auch für Vorträge und Kinovorführungen genutzt wird. Ansonsten findet die Bordunterhaltung in der großen Panoramalounge statt, in der man durch bodentiefe Fenster nach draußen schaut; die windgeschützte River Terrace schließt sich am Bug an. Im großzügig gestalteten Restaurant, in dem eine exzellente Gastronomie gepflegt wird, finden alle Gäste gleichzeitig Platz. Auf dem Sonnendeck warten Shuffleboard und Großfigurenschach sowie überdachte Bereiche zum Relaxen. Und ein kleiner Fitnessraum, ein Friseurstudio und Massagen im Vital-Club stehen ebenfalls zur Verfügung.

Fahrgebiete 2020

Im Frühjahr Tulpenkreuzfahrt ab/bis Amsterdam, danach in 15 Tagen quer durch Europa bis nach Budapest; im Sommer klassische (Passau bis Budapest) und lange Donaureisen bis ins Delta; im Advent eine Festtagsreise zwischen Wien und Nürnberg.

DATEN & FAKTEN

Länge 135,00 m	**Crew-Mitglieder** 46
Breite 11,40 m	**Bordsprache** Deutsch, Englisch
Tiefgang 1,45 m	**Passagierdecks** 3+SD
Indienststellung 2018	**Bars** 3
Passagiere 162	**Restaurants** 1

Kabinen	81, davon 12 Suiten mit 26,4 m² und 69 Kabinen mit 16–17,5 m²; 51 mit absenkbarer Panorama-Fensterfront und 12 mit begehbarem Balkon
Sport & Wellness	Massage, Friseur, Frühsport auf dem Sonnendeck, Fitnessraum mit mehreren Kardiogeräten
Info-/Entertainment	Livemusik, abendliche Unterhaltungsprogramme, Crew-Show, TV und Video
Dresscode	sportlich-leger bis elegant
Preis pro Nacht	€ 135 bis € 45; Durchschnitt ca. € 323
Info	Amadeus Flusskreuzfahrten München, Tel. (089) 87 80 64 97 www.amadeus-flusskreuzfahrten.de

PROFIL

Kabinen/Raumangebot	⚓ ⚓ ⚓ ⚓ ⚓
Ausflüge/Programm	⚓ ⚓ ⚓ ⚓ ○
Gastronomie	⚓ ⚓ ⚓ ⚓ ◐
Service	⚓ ⚓ ⚓ ⚓ ◐

BEI DER TAUFE der A-ROSA Alva in Porto; Lektorin Elke Heidenreich und das neue E-Motion-Schiff für den Rhein

A-ROSA Flussschiff GmbH

Wohlfühlen auf dem Fluss, auch für jüngere Gäste. Und seit 2019 auch auf dem Douro

A-ROSA aus Rostock, seit 2018 im Mehrheitsbesitz des britischen Investors Duke Street, verfolgt ein besonderes Geschäftsmodell: Zwölf Schiffe wurden eigens für die Reederei gebaut – und um deren Betrieb kümmert sie sich selbst. Auch die Crews aller Schiffe werden eigenständig von Rostock aus angeheuert, eine Aufgabe, die sonst oft von Dienstleistern übernommen wird. Alles aus einer Hand also: Damit konnte A-ROSA sich als führende deutsche Flussreisenmarke etablieren. Sicher auch weil man sich bemüht, wegzukommen vom mitunter verstaubten Image der Flusskreuzfahrt. Deshalb spricht man von „Städte-, Erlebnis- und Naturreisen", setzt auf Buffetgastronomie mit Live-Cooking, holt prominente Gäste ins Entertainment-Programm – und setzt auf eine neue Zielgruppe: Familien mit Kindern. **A-ROSA Silva** und **A-ROSA Flora** (2012/14) erhielten deshalb neben neuen Suiten auch Familienkabinen; Kinder fahren dort kostenlos mit und bekommen teils sogar eine eigene Kabine. Das gilt zu Ferienzeiten auch auf der neuen **A-ROSA Alva** (S. 214), die seit Frühjahr 2019 den schönsten Fluss Portugals befährt – wie auch auf der **A-ROSA Viva**, die 2017 vom Rhein auf die Seine verlegt wurde. Als technologischer Durchbruch wird das Schiff angekündigt, das die Lücke auf dem Rhein im Frühjahr 2021 schließen soll: Der noch namenlose Neubau wird das weltweit erste E-Motion-Flussschiff sein. Das heißt: Es fährt im Umfeld der angesteuerten Städte so gut wie emissions- und lautlos.

Schiff	Baujahr	Passagiere
A-ROSA Bella	2002	242
A-ROSA Donna	2002	242
A-ROSA Mia	2003	242
A-ROSA Riva	2004	242
A-ROSA Luna	2005	174
A-ROSA Stella	2005	174
A-ROSA Aqua	2009	202
A-ROSA Viva	2010	202
A-ROSA Brava	2011	202
A-ROSA Silva	2012	186
A-ROSA Flora	2014	183
A-ROSA Alva	2019	126

DIE A-ROSA SILVA fährt auf dem Rhein bis Amsterdam, hier im Bild, und auf der Donau

A-ROSA Flora & A-ROSA Silva

Kinder willkommen: familienfreundliche Erlebnisschiffe mit Junior- und Balkonsuiten

A-ROSA hat es sich schon vor Jahren zum Ziel gesetzt, jüngere Gäste auf den Fluss zu holen, vor allem Familien mit Kindern. Das Betreuungsprogramm in den Ferien wird deshalb weiter ausgebaut. Kinder bis 15 Jahre reisen dabei umsonst, wenn ihre Eltern den Tarif „Premium alles inklusive" buchen – ein Angebot, das sich mit seinen vielen Zusatzleistungen ohnehin durchgesetzt hat. Im Gegensatz zu den älteren A-ROSAs haben Silva und Flora großzügig gestaltete Junior- und Balkonsuiten, die Flora sogar zwei Familienkabinen. Stilvoll sind die Spezialitätenabende in der Weinwirtschaft: Gegen Zuzahlung kann man sich hier mit vier Gängen verwöhnen lassen, die von einem sehr guten Service an den Tisch gebracht werden – eine schöne Abwechslung zum regulären Buffetbetrieb. Die Bar ist dank all-inclusive deutlich länger geöffnet als auf anderen Flusskreuzern. Beeindruckend ist auch das Wellnessangebot von A-ROSA: Die Schiffe bieten ein Sanarium mit Ruheraum, Beautybehandlungen, ein Fitnessstudio und auf dem Sonnendeck einen größeren Pool; außerdem gibt es Fahrräder an Bord. Kreativ geht man auch mit den Landprogrammen um: Durch Overnights in den Metropolen will man eine Alternative zur klassischen Städtereise bieten.

Fahrgebiete 2020

Die **A-ROSA Flora** ist ab/bis Köln auf Rhein und Mosel unterwegs (4, 5 oder 7 Nächte); eine 9-Nächte-Reise verbindet beide Flüsse. Die **A-ROSA Silva** fährt auf Rhein und Donau (4 bis 11 Nächte).

DATEN & FAKTEN A-ROSA FLORA

Länge 135,00 m	**Crew-Mitglieder** 50
Breite 11,40 m	**Bordsprache** Deutsch
Tiefgang 1,60 m	**Passagierdecks** 2,5 + SD
Indienststellung 2012	**Bars** 3
Passagiere 183	**Restaurants** 3

Kabinen	83 Außenkabinen (14,5 m²), 4 Juniorsuiten (21 m²), 2 Balkonsuiten (29 m²)
Sport & Wellness	Spa mit Massage/Beauty und Sanarium, Fitnesscenter, Pool, Putting Green, Shuffleboard, Großschach, Nordic Walking, Kurse, Trekkingbikes für Ausflüge
Info-/Entertainment	Shows, Künstlergruppen, Spiele; Themenreisen für Gourmets, Kinderprogramm in den Ferien
Dresscode	sportlich-leger
Preis pro Nacht	€ 117 bis € 289; Durchschnitt ca. € 232
Info	A-ROSA Flussschiff GmbH Rostock, Tel. (0381) 202 60 01 www.a-rosa.de

PROFIL

Kabinen/Raumangebot	⚓ ⚓ ⚓ ⚓ ⚓
Ausflüge/Programm	⚓ ⚓ ⚓ ⚓ ○
Gastronomie	⚓ ⚓ ⚓ ⚓ ○
Service	⚓ ⚓ ⚓ ⚓ ◐

VOR DER ALTSTADTKULISSE von Porto

DATEN & FAKTEN

Länge 79,80 m	**Crew-Mitglieder** 35
Breite 11,40 m	**Bordsprache** Deutsch
Tiefgang 1,40 m	**Passagierdecks** 3+SD
Indienststellung 2018	**Bars** 1
Passagiere 126	**Restaurants** 1

Kabinen	63 Außenkabinen, davon 47 mit versenkbaren Panoramafenstern, und 2 Suiten; Größen: 12–29 m²
Sport & Wellness	Pool auf dem Sonnendeck, Fitnessraum, Spa mit Beauty-Anwendungen, Massagen, Ruheraum und finnischer Sauna
Info-/Entertainment	Tanzfläche/Bühne, WLAN, Gratis-Filmangebot im Entertainmentsystem in jeder Kabine
Dresscode	sportlich-leger
Preis pro Nacht	€ 285 bis € 712 inkl. Flügen
Info	A-ROSA Flussschiff GmbH Rostock, Tel. (0381) 202 60 01 www.a-rosa.de

PROFIL

Kabinen/Raumangebot	⚓⚓⚓⚓○
Ausflüge/Programm	⚓⚓⚓⚓○
Gastronomie	⚓⚓⚓⚓○
Service	⚓⚓⚓⚓○

A-ROSA Alva

Perfekter Neuzugang für Liebhaber von Genuss- und Kulturreisen

Die alte Hafenstadt Porto, die Universitätsstadt Salamanca und ein Abendessen auf einem Weingut: Das sind die Höhepunkte dieses neuen Reiseangebots von A-ROSA auf dem portugiesischen Douro. Der Geschichte des einstigen portugiesischen Weltreichs begegnet man dabei vor allem am Anfang und am Ende der Reise, dann liegt die Alva je noch eine Nacht in Porto direkt gegenüber der Altstadt, die fußläufig erreichbar ist. Das Schiff wurde im April 2019 von Yvonne Catterfeld in Porto getauft. Es ist das zwölfte – und zurzeit kleinste – der Reederei und wurde nicht wie sonst bei Neptun in Warnemünde, sondern auf der West-Sea-Werft nahe Porto gebaut. Die Ausstattung ist hochwertig, die Kabinen sind dank elektrisch versenkbarer Panoramafenster lichtdurchflutet. Der erste Lift überhaupt an Bord eines A-ROSA-Schiffs verbindet die Decks. Das Sportangebot ist mit Mini-Fitnessraum, Sauna und Spa überschaubar, der flache Pool dient eher der Optik. Dafür wird sich voll auf das Thema Genuss konzentriert, was sich in der guten Qualität des Essens an Bord äußert. Frühstück und Mittagessen gibt es als Buffet, abends wird der Hauptgang serviert.

Fahrgebiete 2020

Standard ist die 7-Nächte-Reise ab/bis Porto über Porto Antigo, Régua und Barca d'Alva (Salamanca) nach Vega Terron; Abfahrt jeweils am Mittwoch. Wer Portugal umfassender kennenlernen will, wählt die 3-Tage-Verlängerung mit Bustour nach Aveiro, Coimbra und Lissabon.

CroisiEurope

Innovative Schiffskonzepte, Monopol bei vielen Destinationen und All-inclusive-Konzept

Mit aktuell 42 Schiffen – größtenteils im Eigenbesitz und firmenintern klassifiziert im Vier- und Fünf-Sterne-Bereich – ist CroisiEurope der Marktführer für Flusskreuzfahrten im europäischen Raum. Entsprechend vielfältig präsentiert sich das Angebot: Es reicht von Klassikern wie Rhein, Donau, Douro und Rhône über exotische Flüsse in Asien bis hin zu kleinen Péniches auf französischen Kanälen. Auf der Loire (wo die Straßburger, wie auf der Elbe, den Schaufelantrieb wiederentdeckt haben), auf der Gironde, auf dem Po und auf dem Guadalquivir in Südspanien ist man zudem (noch) Alleinanbieter mit je einem Schiff. Erfolgreich sind auch Motoryacht-Kreuzfahrten vor den Küsten Kroatiens und ein Afrika-Abenteuer auf dem Karibasee in Simbabwe. Und da Erfolg mutig macht, folgt nun auch der Schritt aufs offene Meer: Seit Herbst 2019 ist mit der einstigen **Silver Discoverer** ein Hochseeschiff im Programm, unter dem Namen **La Belle des Océans**.

In Deutschland wird das gesamte Programm vom Busreiseveranstalter **Anton Götten Reisen** in Saarbrücken verkauft. Im Reisepreis inkludiert sind bei CroisiEurope nicht nur die Getränke zu den Mahlzeiten und an der Bar, sondern auch etliche Ausflüge und der WLAN-Zugang. Aufgrund der großen Flottenstärke nachfolgend ein Überblick über die jüngsten bzw. zuletzt renovierten Schiffe:

Schiff	Baujahr	Passagiere
Elbe Princesse	2016	80
France	2016 ren.	156
Symphonie	2016 ren.	110
Miguel Torga	2017	132
Indochine II	2017	60
Elbe Princesse II	2018	88
African Dream	2018	16
Renoir	2018 ren.	108
Seine	2018 ren.	108
Van Gogh	2018 ren.	108
Amalia Rodrigues	2019	122
Mistral	2019 ren.	156
Victor Hugo	2019 ren.	90

BIG PLAYER in Frankreich: auf Rhône, Gironde und Seine – aber auch auf der Loire und schmalen Kanälen

FLUSSTÖRN FÜR FEINSCHMECKER: Kurs auf Bordeaux

Foto: Katja Gartz

DATEN & FAKTEN

Länge 110,00 m
Breite 11,00 m
Tiefgang k.A.
Indienststellung 2013
Passagiere 174

Crew-Mitglieder 25
Bordsprache Dt., Engl., Frz.
Passagierdecks 3+SD
Restaurants 1
Bars 2

Kabinen	87 Kabinen, auf Ober- und Mitteldeck mit zu öffnendem Panoramafenster, auf dem unteren Deck mit Bullaugen; Größen: ca. 12 m²
Sport & Wellness	Sonnendeck mit Liegestühlen
Info-/Entertainment	Restaurant, Salon mit Bar, Panoramabar, Aufzug, kleiner Bordshop & kostenfreies Wi-Fi
Dresscode	leger
Preis pro Nacht	ca. € 169 bis € 174; Durchschnitt ca. € 170
Info	CroisiEurope / Anton Götten Reisen, Saarbrücken Tel. (0681) 303 25 55 www.croisieurope.de

PROFIL

Kabinen/Raumangebot	⚓⚓⚓⚓○
Ausflüge/Programm	⚓⚓⚓⚓○
Gastronomie	⚓⚓⚓⚓○
Service	⚓⚓⚓⚓○

Cyrano de Bergerac

Bordeaux per Schiff: über die Gironde und die Dordogne durch die berühmte Weinregion

Während in Bordeaux am Ufer der Garonne Austern geschlürft werden, gehen die Passagiere an Bord der Cyrano de Bergerac. Die Stadt mit ihren prächtigen Gebäuden gibt der ganzen Region ihren Namen. Kurz vor dem Atlantik gelegen und durchzogen von imposanten Flüssen, lässt sich das wohl berühmteste Weinanbaugebiet der Welt mit dem Schiff besonders gut entdecken. Von der Stadt geht es gen Norden ins Médoc. Hier stehen die berühmten Schlösser, auf deren Weingütern besonders exklusive Tropfen hergestellt werden, wie Château Lafite und Mouton Rothschild. Bei einer Verkostung erzählen Winzer von ihrer Leidenschaft. Das romantische Dorf Bourg eröffnet eine einzigartige Aussicht auf die Flusslandschaft: Hier fließt die Dordogne in die Garonne, die als Gironde in den Atlantik übergeht – der größte Mündungstrichter Europas. Auf täglichen Landgängen und Ausflügen erkundet man die Weinregion; einer der schönsten Orte ist Saint-Émilion mit seinen steilen Gassen. Die Cyrano de Bergerac bietet neben gemütlichen Kabinen eine ausgezeichnete Küche und einen sehr sympathischen und professionellen Service. CroisiEurope zählt seit vielen Jahren zu den führenden Anbietern für Flusskreuzfahrten in Südwestfrankreich.

Fahrgebiete 2020

Die Cyrano de Bergerac befährt die Weinregion von April bis Ende Oktober sowie über Weihnachten und Silvester. Bestandteil der Reise ist auch eine Stadtführung in Bordeaux.

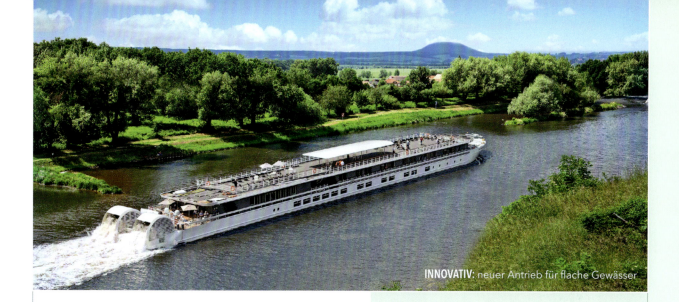

INNOVATIV: neuer Antrieb für flache Gewässer

Elbe Princesse I & II

Stylishe Spezialanfertigung mit französischem Savoir-vivre für Elbe und Moldau

Für die Elbe hat CroisiEurope den Antrieb für Flusskreuzfahrtschiffe neu erfunden, wie zuvor schon für die Loire: Entwickelt nach historischem Vorbild, können die beiden Elbe-Princesse-Schwestern mit geringem Tiefgang dank der beiden Schaufelräder am Heck auch bei Niedrigwasser fahren. Angenehmer Nebeneffekt ist das einzigartige Fahrgefühl durch die sanften Schwingungen, die von den Schaufelrädern ausgehen. Die neue Bauweise ermöglicht den Flussschiffen während der ganzen Sommersaison eine attraktive Route von Berlin aus über Havel, Elbe und Moldau bis Prag, mit Stationen in Wittenberg, Meißen und Dresden. Außen schnittig, innen schick: Das Design der Kabinen und öffentlichen Bereiche ist schnörkellos und modern, ohne unterkühlt zu wirken. Die Lounge bietet bodentiefe Fenster und kleine, flexible Sitzgruppen für gesellige Treffen. Ein weiterer Pluspunkt: Die Gäste schlemmen wie Gott in Frankreich und genießen einen sehr persönlichen Service. Und dank des All-inclusive-Konzepts sind die Getränke an der Bar und im Restaurant sowie WLAN-Verbindung und Landausflüge bereits im Reisepreis inbegriffen. Der langjährige deutsche Vertriebspartner Anton Götten Reisen aus Saarbrücken sorgt außerdem auf Wunsch für eine bequeme Busanreise.

Fahrgebiete 2020
Berlin-Spandau bis Prag und retour, mit inkludierten Ausflügen, u. a. zum Schloss Sanssouci, in die Meißner Porzellanmanufaktur und zur Festung Königstein.

DATEN & FAKTEN ELBE PRINCESSE II

Länge 101,42 m
Breite 10,63 m
Tiefgang 0,80 m
Indienststellung 2018
Passagiere 88

Crew-Mitglieder 31
Bordsprache Deutsch, Frz.
Passagierdecks 2+SD
Bars 1
Restaurants 1

Kabinen	45 Außenkabinen mit Klimaanlage, Safe, Minibar, Telefon, Radio, TV, Schreibtisch, Föhn; Größe: ca. 15 m²
Sport & Wellness	Sonnendeck (teilüberdacht) mit Liegestühlen
Info-/Entertainment	musikalische Unterhaltung, Tanzfläche, Crew-Show, WLAN kostenlos, Audio-Kommunikationssystem auf Ausflügen
Dresscode	leger bis sportlich-elegant
Preis pro Nacht	€ 246 bis € 283
Info	CroisiEurope/ Anton Götten Reisen, Saarbrücken Tel. (0681) 303 25 55 www.croisieurope.de

PROFIL

Kabinen/Raumangebot	⚓⚓⚓⚓○
Ausflüge/Programm	⚓⚓⚓⚓◑
Gastronomie	⚓⚓⚓⚓◑
Service	⚓⚓⚓⚓○

NEUER LUXUS auf dem Fluss: Top-Gastronomie, Wellness vom Feinsten – und elegante Schiffe wie die Crystal Bach

Crystal River Cruises

Der US-Luxusveranstalter beschäftigt die jüngste und wohl luxuriöseste Flussflotte Europas

Für Crystal Cruises bricht 2020 ein neues Zeitalter auf dem Fluss an. Die Luxusreederei verabschiedet sich von der **Mozart**, die 2016 erst den Einstieg in die Flusskreuzfahrt ermöglichte. Das einst luxuriöseste Donauschiff aus dem Hause Deilmann bleibt aber weiterhin für die Muttergesellschaft Genting Hong Kong im Einsatz. Dank der vier Neubauten von den MV Werften, die übrigens auch zur Unternehmensgruppe gehören, hat Crystal Cruises nun die jüngste Flotte auf den europäischen Flüssen im Einsatz. Das Feeling der Hochseeschiffe (S. 121) mit deren All-inclusive-Konzept samt Butlerservice wurde erfolgreich auf die kleinen Kreuzer transportiert. Auf 135 Meter Länge sind gerade mal 53 Suiten untergebracht, also nur etwa die Hälfte der sonst üblichen Kabinen. 68 Crewmitglieder kümmern sich um die Gäste. Außerdem regiert modernste Technik in den Suiten, die alle über einen französischen Balkon verfügen: Per iPad kann man Klima und Licht regulieren oder Reservierungen tätigen. Exzellent sind die Speisen, umfangreich ist das Getränkeangebot. Mehrere Restaurants und freie Sitzplatzwahl gehören selbstverständlich dazu. Das Spa begeistert mit einem riesigen Innenpool unter Glas. Weitere Highlights sind Ausflugsevents in eigenen Bussen mit Privatkonzerten oder Champagnerexkursionen mit dem schiffseigenen Schnellboot. Die vier Schwestern kreuzen auf Rhein, Main, Mosel und Donau. Alle Details gibt es unter **www.crystalcruises.com**.

Schiff	Baujahr	Passagiere
Crystal Bach	2017	106
Crystal Mahler	2017	106
Crystal Debussy	2018	106
Crystal Ravel	2018	106

DCS Touristik

Interessanter Flottenmix von der Donau bis zum Nil – und mit einem Neubau auch in Russland

Der rührige Veranstalter aus dem fränkischen Nagel setzt weiterhin auf sein Flaggschiff, den Donau-Platzhirsch **DCS Amethyst**. Das komfortable Vier-Sterne-Schiff verkehrt auf unterschiedlich langen Routen und ist auch Weihnachten und Silvester auf der Donau unterwegs. Auf dem Rhein fehlt leider immer noch ein vergleichbares Schiff. Die dort eingesetzte **Alemannia** ist mittlerweile 48 Jahre alt und überlebt durch ihre freundliche osteuropäische bzw. ägyptische Servicecrew und ansprechende Küchenleistungen. Gelegentliche Vollcharter von Einheiten aus der Travelmarvel-Flotte, wie etwa der Twincruiser **Diamond**, sorgen für ein gehobenes Niveau auf dem Rhein. Aber auch auf dem Nil ist DCS vertreten; dort sorgt die **Steigenberger Legacy** für luxuriöse Flusserlebnisse. Und ein sehr interessantes Schiff bieten die Franken ihren Gästen jetzt in russischen Gewässern an. Die **Mustai Karim** ist ein Neubau aus dem Jahr 2019, mit beeindruckenden 141 Meter Länge und 16,82 Meter Breite sowie einer Gesamtkapazität von 338 Gästen.

Schiff	Baujahr	Passagiere
Alemannia	1971, 2019 ren.	184
DCS Amethyst	2004	178
Diamond	2007	170
Steigenberger Legacy	2010	152
Mustai Karim	2019	338

PROGRAMMVIELFALT: der Oldie Alemannia (u.), darüber die DCS Amethyst in DCS-Grün, oben das Fahrgebiet Nil

Foto unten: Marc Tragbar

Foto oben: Johannes Bohmann

FERNE ZIELE: Lernidee fährt mit eigenen Schiffen in Russland, Asien und seit 2019 auch auf dem Amazonas

Lernidee Erlebnisreisen

Pantanal oder Sambesi? Die Berliner haben immer wieder neue, exotische Schiffsideen

Ausgefallene Ziele, kleine Reisegruppen und viele Hintergrundinformationen zu Land und Leuten – so lautet das Erfolgsrezept von Lernidee Erlebnisreisen aus Berlin. Gründer Hans Engberding hatte sich nach ersten Verkaufserfolgen mit legendären Zugreisen wie der Transsibirischen Eisenbahn auch als Pionier in exotischen Flussrevieren einen Namen gemacht: Er erschloss den oberen Mekong nahe dem Goldenen Dreieck mit unter Eigenregie gebauten Boutiqueschiffen. Auch heute entdeckt er so gut wie jedes Jahr neue, exotische Schiffsrouten. Einer der jüngsten Coups sind Hausboot-Safaris im brasilianischen Pantanal, der Heimat des Jaguars. Aber auch Klassiker wie der schwedische Göta-Kanal oder die schottischen Lochs gehören zum Portfolio. Und selbstverständlich werden auch in Russland Flusskreuzfahrten angeboten. Daneben hat Lernidee auch ausgewählte Expeditionsschiffe und Yachten im Programm. Zu den neuen Hochsee-Destinationen zählen Madagaskar und der Bissagos-Archipel. Außerdem gibt es eine kombinierte Yacht- und Flussreise von Israel (Ashdod) über Ägypten (Kairo, Luxor, Mosesberg) bis zur Felsenstadt Petra in Jordanien. Nachfolgend eine Auswahl der Flussschiffe für 2020:

Schiff	Baujahr	Passagiere
Mikhail Svetlov	1985	124
Lord of the Glens	1989	52
Anahí	2006	16
Jayavarman	2009	54
Volga Dream	2011 ren.	212
Spirit of Chartwell	2012 ren.	28
Diana	2012 ren.	45
Umbozha	2013	28
Anawrahta	2015	46
Mekong Sun	2016 ren.	28
Mekong Pearl	2017	28
Peralta	2017 ren.	20
Ganga Vilas	2020	36

nicko cruises Schiffsreisen

Der Stuttgarter Veranstalter baut unter neuem Eigner sein Portfolio kontinuierlich aus

Seit dem Neustart unter dem portugiesischen Investor **Mystic Invest** 2015 hat nicko cruises sein Portfolio mächtig aufgestockt. Inzwischen fahren sogar zwei Hochseeschiffe für den Stuttgarter Veranstalter (S. 143). Sein Fluss-Portfolio teilt er in drei Gruppen auf: „classic", „modern" und „boutique". Zur letzten Kategorie gehören noch Flussschiff-Juwele der einstigen Reederei Peter Deilmann aus Neustadt.

Der Katalog für das Jahr 2020 enthält 30 Schiffe. Nach der **nickoVISION** auf der Donau kommt nun mit der etwas kleineren **nickoSPIRIT** auch auf Rhein, Main und Mosel ein eigener Neubau in Fahrt. Sie bietet zudem neue Routen ab/bis Frankfurt an – bis nach Luxemburg, Frankreich oder ins Ijsselmeer. Die **Belvedere** verstärkt die Donauflotte, neu im Programm ist auch die **Thurgau Saxonia** zwischen Berlin und Stralsund. Ein neues Routen-Highlight ist die 14-tägige Russlandkreuzfahrt mit der **Fedin** von Moskau bis Astrachan am Kaspischen Meer. In China punktet nicko cruises mit dem Neubau **Century Glory**. Nachfolgend eine Auswahl der Schiffe in der Flotte:

Schiff	Baujahr	Passagiere
Bijou du Rhône	2001	150
Casanova	2001	96
Frederic Chopin	2002	80
Douro Prince	2002	46
Bolero	2003	180
Heidelberg	2004	110
Bellissima	2004	132
Douro Cruiser	2005	130
Rhein Melodie	2005	196
Dalmatia	2012	32
nickoVISION	2018	220
nickoSPIRIT	2020	170

MODERNE ELEGANZ auf der nickoVISION, Küstenkreuzfahrt mit der Dalmatia in Kroatien, die Jaz Royale auf dem Nil

GROSSE FENSTERFRONTEN garantieren beste Aussichten

DATEN & FAKTEN

Länge 135,00 m

Breite 11,45 m

Tiefgang 2,10 m

Indienststellung 2018

Passagiere 220

Crew-Mitglieder 54

Bordsprache Deutsch

Passagierdecks 3+SD

Restaurants 3

Bars 2

Kabinen	110 Außenkabinen, Größe: 14 m², davon 91 mit französischem Balkon
Sport & Wellness	Sonnendeck mit Pool und Putting Green, Wellnessbereich mit Sauna, Dampfbad, Fitnessraum
Info-/Entertainment	Bordmusiker, Spiele, Bibliothek
Dresscode	sportlich-leger bis elegant
Preis pro Nacht	€ 137 bis € 267; Durchschnitt € 199
Info	nicko cruises Schiffsreisen Stuttgart Tel. (0711) 24 89 80 44 www.nicko-cruises.de

PROFIL

Kabinen/Raumangebot	⚓ ⚓ ⚓ ⚓ ◗
Ausflüge/Programm	⚓ ⚓ ⚓ ⚓ ○
Gastronomie	⚓ ⚓ ⚓ ⚓ ⚓
Service	⚓ ⚓ ⚓ ⚓ ⚓

nickoVISION

Drei Restaurants, offene Tischzeiten und das moderne Ambiente sind zukunftsweisend

Große Glasflächen und fließende Übergänge zwischen Panoramasalon, Bar und Hauptrestaurant bringen fast Hochsee-Feeling auf den Fluss. Das speziell für nicko cruises entwickelte Scylla-Design zeigt sehr viel Liebe zum Detail. Als Alternative zum Hauptrestaurant lockt morgens und abends das intimere Spezialitäten-restaurant Manhattan im Stil eines New Yorker Jazz-clubs; abends wird um Anmeldung gebeten, das Menü wechselt alle drei Tage. Mario's Grill serviert mittags Burger, Nudeln und Pizza und abends Entrecote und Lachssteak. Dank offener Tischzeiten können die Passagiere ihren Urlaub individueller und spontaner gestalten. Zudem dürfen ein Wellnessbereich mit Sauna und Dampfbad und ein kleiner Fitnessbereich nicht fehlen. Zusätzlich gibt es auf dem Sonnendeck einen kleinen Pool, ein Putting Green und zwei Hängematten. Die 14 Quadratmeter großen Kabinen haben auf den oberen Decks französische Balkone über die gesamte Breite. Wertige Materialien und indirekte Beleuchtung sorgen auch hier für Wohlfühlatmosphäre. Individuellere Ausflugskonzepte machen das Rundumpaket für jüngere Gäste perfekt.

Fahrgebiete 2020

Die nickoVISION ist von März bis Dezember auf der Donau unterwegs. Neben dem 8-tägigen Klassiker zwischen Passau und Budapest sind auch 15-tägige Reisen zum Schwarzen Meer und zurück sowie 5-tägige Adventskreuzfahrten geplant. Neu sind die beiden 11- und 13-tägigen Reisen von Passau nach Düsseldorf und zurück.

SIEBEN PASSAGIERDECKS bieten viel Raum zum Erleben und Genießen

Century Glory

Der luxuriöse Neubau für den Jangtse wird von nicko cruises in eine China-Rundreise integriert

Erst im September 2019 gestartet, zählt die Century Glory zu den jüngsten, größten und gleichzeitig luxuriösesten Schiffen auf dem Jangtse. Schon beim Betreten beeindruckt die großzügige Lobby über mehrere Decks. Neben dem Hauptrestaurant gibt es noch ein VIP-Restaurant, das man gegen Zuzahlung besuchen kann. Vom Observation Café mit Außenterrasse im Heck des Schiffs öffnet sich ein Panoramablick auf die vorüberziehende Landschaft. Ein großzügiger Wellnessbereich lädt zum Saunieren und Entspannen ein, gegen Zuzahlung werden auch Massagen angeboten. Wer aktiv bleiben möchte, besucht das Fitnessstudio oder nutzt den Joggingtrack auf dem Sonnendeck, das sich auf zwei Decks mit über 1.000 Quadratmetern erstreckt. Die Deluxe-Kabinen, die nicko cruises ausschließlich anbietet, haben einen Privatbalkon und sind mit Klimaanlage ausgestattet, die getrennten Betten können auch zusammengestellt werden. Kostenloses WLAN und ärztliche Betreuung an Bord sowie eine durchgängig deutschsprachige Reiseleitung während der gesamten Rundreise gehören ebenfalls zum Standard.

Fahrgebiete 2020

Die 5-tägige Jangtse-Kreuzfahrt beinhaltet Ausflüge zum Drei-Schluchten-Damm und zur Pagode Shibaozhai. Mit Flügen, Vor- und Nachprogramm in Shanghai und Peking sowie dem Tagesausflug zur Terrakotta-Armee wird eine 15-tägige Rundreise daraus. Sie findet zwischen April und Dezember statt.

DATEN & FAKTEN

Länge 149,10 m	**Crew-Mitglieder** 180
Breite 21,20 m	**Bordsprache** Chin., Engl.
Tiefgang 3,00 m	**Passagierdecks** 8
Indienststellung 2019	**Restaurants** 2
Passagiere 516	**Bars** 2

Kabinen	236 Suiten und Balkonkabinen; Größe der von nicko cruises verkauften Deluxe-Kabinen: 26 m²
Sport & Wellness	Wellnessbereich mit Sauna und Massage, Fitnesscenter, Sonnendeck mit Joggingstrecke
Info-/Entertainment	abendliche Shows im Theater, Teezeremonie, Vorträge
Dresscode	sportlich-leger bis elegant
Preis pro Nacht	aktuell noch keine Angaben
Info	nicko cruises Schiffsreisen Stuttgart Tel. (0711) 24 89 80 44 www.nicko-cruises.de

PROFIL

Kabinen/Raumangebot
Ausflüge/Programm
Gastronomie
Service

Aktuell noch nicht bewertet

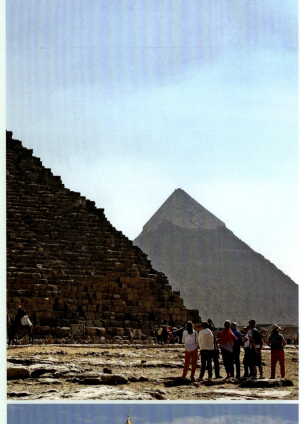

AUF DEM NIL, der Wolga oder dem Rhein: Phoenix ist auf allen Flüssen der Welt zu Hause – außer auf dem Mississippi

Fotos oben u. Mitte: Johannes Bohmann

Phoenix Reisen

Bonner Familienunternehmen mit Herz und rekordverdächtigem Flussschiff-Portfolio

Die Schiffe des inhabergeführten Veranstalters Phoenix Reisen aus Bonn sind fast alle gechartert. Im wohl umfangreichsten Angebot auf dem deutschsprachigen Markt sind auch exotische Ziele wie der Amazonaszufluss Rio Negro oder der Brahmaputra in Bangladesch und Indien zu finden; nur der Mississippi fehlt. Außerdem ist Phoenix ein Experte für Ägypten (mit eigenem Orient-Flugreisenkatalog; s. auch S. 208 ff.) und Russland. Wie auf den Phoenix-Hochseeschiffen (S. 151 ff.) kann man auch auf dem Fluss von einer herzlichen Bordatmosphäre und moderaten Nebenkosten ausgehen; in Russland und einigen weiteren Destinationen sind auch Ausflugspakete inkludiert. 2020 hat Phoenix Reisen über 40 Flussschiffe im Programm, aus Platzgründen werden unten nur die jüngsten aufgeführt. Wie 2019 kommen auch 2020 auf Rhein und Donau wieder zwei Neubauten hinzu, genannt **Annika** und **Andrea**; die kleine **Saxonia** verlässt dafür die Flotte. Komplett renoviert wurde die in Russland kreuzende **Aleksandra**. Und ein ganz besonderer Neuzugang ist die **Viola**: ein Schiff speziell für Passagiere mit eingeschränkter Mobilität (S. 28).

Schiff	Baujahr	Passagiere
Alina	2011	216
Amelia	2012	216
Ariana	2012	158
A-Silver	2013	180
Rajmahal	2014	40
Anesha	2015	180
Asara	2017	190
Alena	2018	190
Charaidew II	2018	34
Adora	2019	190
Anna Katharina	2019	180
Princess	2019	40
Annika	2020	180
Andrea	2020	190
Viola	2020	122

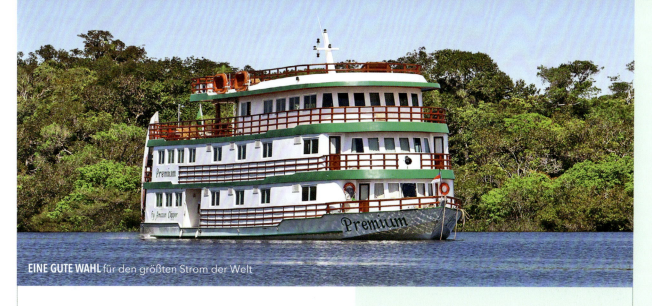

EINE GUTE WAHL für den größten Strom der Welt

Amazon Clipper Premium

Abenteuer Brasilien – mit einem komfortablen Schiff, das sich seit vielen Jahren bewährt

Unter den kleinen Amazonas-Schiffen gilt sie schon lange als sichere Empfehlung: Die Amazon Clipper Premium ist die komfortablere Schwester der kleineren Amazon Clipper. Beide gehören der Reederei Amazon Clipper Cruises des Deutsch-Brasilianers Carlos Probst. Sein Team hat langjährige Erfahrung auf dem Amazonas und dem Rio Negro. Speziell für den Einsatz in den flachen Flussgewässern wurde die Premium, die schon seit etlichen Jahren für Phoenix in Fahrt ist, konstruiert. Das Schiff ist kompakt – und dennoch geräumig. Speiseraum, Lounge und Bar sind im Tropenstil eingerichtet, auf dem Sonnendeck gibt es einen kleinen Whirlpool, und die 16 Zweibettkabinen haben Fenster, die man öffnen kann, wenn man die tropische Hitze denn aushält und nicht lieber die Klimaanlage arbeiten lässt. Denn auf Hitze und hohe Luftfeuchtigkeit muss man sich einstellen im Amazonas-Urwald; leichte Baumwollkleidung und Sonnenschutz dürfen deshalb im Gepäck nicht fehlen. Gegessen wird landestypisch und meist vom Buffet; Mineralwasser sowie Tee und Kaffee sind kostenlos. Die Atmosphäre an Bord ist sehr leger; bei maximal 32 Passagieren lernt man sich schnell kennen. Die Ausflüge werden in deutscher und/oder englischer Sprache begleitet; Vorträge über Flora und Fauna bereiten fundiert auf sie vor. Bordwährungen sind der Real, der US-Dollar und der Euro.

Fahrgebiete 2020

12 Nächte mit 9 Nächten Flussfahrt ab Manaus zu den Nebenflüssen Rio Negro, Rio Ariaú und Rio Aturia sowie Vor-/Nachprogramm für Iguaçu, Brasilia und Rio.

DATEN & FAKTEN

Länge 32,00 m	**Passagiere** 32
Breite 9,00 m	**Crew-Mitglieder** 8–10
Tiefgang 1,20 m	**Bordsprache** Deutsch, Englisch
Indienststellung 2005	**Passagierdecks** 3+SD
letzte Renovierung 2018	**Restaurants/Bars** 1/1

Kabinen	16 Zweibett-Außenkabinen mit Dusche/WC, Klimaanlage, Safe und Fenster zum Öffnen; Größen: 14–15,75 m²
Sport & Wellness	Sonnendeck mit Whirlpool und Liegestühlen
Info-/Entertainment	Bar, kleine Bibliothek, Vorträge über Flora und Fauna, Ausflüge mit örtlichem Expeditionsteam
Dresscode	leger
Preis pro Nacht	€ 366 bis € 516 inklusive aller Flüge
Info	Phoenix Reisen Bonn, Tel. (0228) 926 00 www.phoenixreisen.com

PROFIL

Kabinen/Raumangebot	⚓⚓⚓⚓○
Ausflüge/Programm	⚓⚓⚓⚓○
Gastronomie	⚓⚓⚓⚓○
Service	⚓⚓⚓⚓○

DAS NEUE SCHIFF VON PHOENIX auf dem Rhein in Köln

DATEN & FAKTEN

Länge 135,00 m	**Crew-Mitglieder** 40
Breite 11,40 m	**Bordsprache** Deutsch
Tiefgang 1,50 m	**Passagierdecks** 3+SD
Indienststellung 2019	**Restaurants** 1
Passagiere 180	**Bars** 2

Kabinen	90, davon 74 mit französischem Balkon; Größen: 17–18,5 m²
Sport & Wellness	Sonnendeck mit kleinem Pool, Shuffleboard und Minigolf, Fitness, Sauna, Dampfbad, Friseur
Info-/Entertainment	Brett- und Kartenspiele, Tanzabend mit Livemusik, WLAN gegen Gebühr
Dresscode	sportlich-leger, elegant am Kapitänsabend
Preis pro Nacht	€ 107 bis € 203; Durchschnitt € 173
Info	Phoenix Reisen Bonn, Tel. (0228) 9260-55 www.phoenixreisen.com

PROFIL

Kabinen/Raumangebot
Ausflüge/Programm
Gastronomie
Service

Aktuell noch nicht bewertet

Anna Katharina

Ein bewährtes Scylla-Konzept mit viel Platz für die Passagiere wurde neu aufgelegt

Als Schwesterschiff der 2015 in Dienst gestellten **Anesha** fährt die Anna Katharina ebenfalls auf Rhein und Donau. Sie wurde im Juni 2019 von der gleichnamigen Nichte des Firmengründers Hans Zurnieden getauft. Der Flottenneuzugang stammt von der Schweizer Scylla-Reederei und gehört in die Kategorie der Premium-Schiffe: Die meisten der großzügigen Kabinen haben einen französischen Balkon, alle sind mit einer Nespresso-Kaffeemaschine ausgestattet. Praktisch: Die Betten lassen sich wahlweise als Doppel- oder Einzelbetten stellen. Im Panoramarestaurant Vier Jahreszeiten finden alle Passagiere gleichzeitig Platz; sie werden dabei in gewohnter sea-chefs-Qualität versorgt. Wenn das Wetter mitspielt, verwandelt sich die elegante Heckbar mit Außenbereich in ein zusätzliches À-la-carte-Restaurant. Auf der Aussichtsterrasse unterhalb der Brücke kommt man den angesteuerten Reisezielen besonders nah. Aber auch der Rest des Sonnendecks wirkt mit Minigolf, Shuffleboard, Pool, Liegestühlen und überdachten Sitzgruppen sehr einladend. Wer mag, kann sich im kleinen Fitnessraum überschüssige Kalorien abtrainieren – und entspannt danach in der Sauna oder im Dampfbad.

Fahrgebiete 2020

Das Schiff fährt von April bis Oktober 2020 ausschließlich 16-tägige Reisen ins Donaudelta ab/bis Passau. Neben den Stopps der klassischen Donaukreuzfahrt lernen die Passagiere Kroatien, Serbien, Rumänien und Moldawien kennen.

Plantours Kreuzfahrten

Der Bremer Veranstalter zeigt mit dem ersten eigenen Neubau ein Herz für Alleinreisende

Vielfältige Routen jenseits des Massentourismus: Was für das Hochseeschiff **Hamburg** von Plantours Kreuzfahrten gilt (S. 157), trifft auch auf die Flussflotte zu. Und: 2020 stellt der Bremer Veranstalter erstmals einen eigenen Neubau in Dienst! Die **Lady Diletta** fährt nicht nur mit acht Balkonsuiten, sondern auch mit zehn Einzelkabinen über Rhein, Main, Mosel und die niederländischen sowie belgischen Kanäle. Auf der Weihnachtsreise nach Straßburg sind sogar noch mehr Einzelkabinen auf dem Vier-Sterne-plus-Schiff buchbar. Weiterhin im Programm ist die **Elegant Lady** auf dem Rhein, der Donau und deren Nebenflüssen; sie bietet 2020 eine neue Route auf dem Ijsselmeer und nach Amsterdam an. Ein Novum für die **Sans Souci** sind die Elbe- und Moldaufahrten ab/bis Dresden. Für seine langen Russlandreisen bringt Plantours wieder die **Andrey Rublev** in Fahrt. Und für die beliebten Silvesterreisen setzen die Bremer weiterhin auf vier Luxusschiffe, die einen eleganten Rahmen für die festlichen Gala-Dinners bieten: Die Gäste der **Oscar Wilde** und der **Inspire** erleben das Feuerwerk in Amsterdam, **Emily Brontë** und **Grace** liegen zum Jahreswechsel in Antwerpen. – Gut zu wissen: In Russland und auf der langen Donaudeltareise der Elegant Lady ist ein Bordarzt mit von der Partie.

Schiff	Baujahr	Passagiere
Andrey Rublev	1981	250
Sans Souci	2000	81
Elegant Lady	2003	126
Rousse Prestige	2004	151
Inspire	2013	142
Grace	2016	142
Emily Brontë	2017	176
Oscar Wilde	2017	176
Lady Diletta	2020	172

PLANTOURS-KLASSIKER sind Elegant Lady und Rousse Prestige. Unten: Balkonkabine auf dem Neubau

NOCH EINE COMPUTERZEICHNUNG: der Neubau von Plantours

DATEN & FAKTEN

Länge 135,00 m

Breite 11,45 m

Tiefgang 1,60 m

Indienststellung 2020

Passagiere 172

Crew-Mitglieder 45

Bordsprache Deutsch

Passagierdecks 3+SD

Restaurants 2

Bars 1

Kabinen	91 Außenkabinen, davon 8 mit Balkon, 63 mit französischem Balkon, der Rest mit nicht zu öffnendem Fenster; Größen: ca. 11,5–21 m²
Sport & Wellness	Sonnendeck, kleiner Fitnessbereich
Info-/Entertainment	TV, Tanzmusik
Dresscode	leger bis sportlich-elegant, festliches Gala-Dinner
Preis pro Nacht	ca. € 183 bis € 263; Durchschnitt € 219
Info	Plantours Kreuzfahrten Bremen, Tel. (0421) 17 36 90 www.plantours-partner.de

PROFIL

Kabinen/Raumangebot
Ausflüge/Programm
Gastronomie
Service

Aktuell noch nicht bewertet

Lady Diletta

Premium-Neubau mit zehn Einzelkabinen – ein Novum in der Flusskreuzfahrtbranche

Wenn die Lady Diletta im Mai 2020 in Fahrt kommt, ist sie das erste Flussschiff mit einer nennenswerten Zahl von Kabinen für Alleinreisende. Die zehn Einzelkabinen liegen zwar auf dem untersten Deck, sind aber trotzdem 11,5 Quadratmeter groß. Der Bremer Veranstalter verortet den Neubau im Vier-Sterne-plus-Segment, nicht zuletzt wegen der zwölf großzügig geschnittenen Suiten und Juniorsuiten, acht haben einen eigenen Balkon. Neben dem Tiepolo-Restaurant auf dem Rialto-Deck hat das Schiff noch die Tintoretto-Lounge mit Bar unter einer Glaskuppel auf dem San-Marco-Deck zu bieten. Außerdem gibt es auf dieser Ebene im Heck des Schiffs eine weitere Lounge, die auch als Restaurant fungieren kann. Einmal pro Reise findet ein festliches Gala-Dinner statt, außerdem profitieren die Passagiere von einem optionalen Getränkepaket, das vorab buchbar ist. Bereedert wird der Neubau – wie alle Schiffe von Plantours – von der in Venedig beheimateten Ligabue Group. Die jüngste Tochter des Eigners wurde daher auch zur Namenspatin.

Fahrgebiete 2020

Die Premierensaison beginnt mit drei Schnupperreisen nach Amsterdam. Die erste beginnt in Köln, danach wird Düsseldorf zum Heimathafen. Es folgen größtenteils einwöchige Touren durch Holland und Flandern sowie im Mittelrheintal zur Mosel. Auch in der Adventszeit bleibt das Schiff auf dem Rhein, zu Weihnachten gibt es zusätzliche Einzelkabinen.

EIN STAMMFAHRGEBIET ist die Elbe

Sans Souci

Das kleine Flussjuwel feiert 2020 sein zehnjähriges Jubiläum bei Plantours Kreuzfahrten

Liebevoll kümmert sich der Eigner und Kapitän Peter Grunewald um sein sommerliches Zuhause – die Sans Souci. Den Großteil der Saison steuert er das Flussschiff mit dem nachtblauen Rumpf auf den Wasserwegen im Osten Deutschlands höchstpersönlich und präsentiert den Passagieren die Schönheiten seiner Heimat. Im Winter investiert er regelmäßig in sein geliebtes Schiff. So wurden vor der Saison 2019 die mit gerade einmal zwölf Quadratmetern zwar kleinen, aber gemütlichen Kabinen renoviert und mit Hotelbetten ausgestattet; außerdem gibt es auf dem oberen Deck nun französische Balkone. Das zierliche Schiff passt nicht nur unter niedrigen Brücken hindurch und in alle wichtigen Schleusen, es ist auch seetauglich. Und so fährt Grunewald auch mal bis nach Rügen oder ins Ijsselmeer. Langweilig wird sein Routenplan dank neuer Touren jedenfalls nie. 2020 stehen beispielsweise Elbe und Moldau bis Prag ab/bis Dresden auf dem Programm. Außerdem feiert das Schiff sein zehnjähriges Jubiläum im Einsatz für Plantours Kreuzfahrten – und besucht wieder die Kieler Woche, den Hamburger Hafengeburtstag und die Sail Bremerhaven.

Fahrgebiete 2020

Das Schiff kreuzt auf zahlreichen kleinen Wasserstraßen zwischen Amsterdam und Breslau. Die meisten Reisen dauern 8 Tage, ein Highlight ist die neue Route von Amsterdam über Groningen, Bremen, Minden und Hannover bis nach Hamburg.

DATEN & FAKTEN

Länge 82,00 m
Breite 9,50 m
Tiefgang 1,30 m
Indienststellung 2000
Renovierung 2018/19

Passagiere max. 81
Crew-Mitglieder 25
Bordsprache Deutsch
Passagierdecks 2 + SD
Bars/Restaurants 1/1

Kabinen	41 Außenkabinen, davon 21 mit französischem Balkon, der Rest mit nicht zu öffnendem Panoramafenster; Größe: ca. 12 m²
Sport & Wellness	Sonnendeck, Putting Green, kleiner Fitnessbereich
Info-/Entertainment	Bibliothek, TV, Tanzmusik
Dresscode	leger bis sportlich-elegant
Preis pro Nacht	ca. € 185 bis € 267; Durchschnitt € 212
Info	Plantours Kreuzfahrten Bremen, Tel. (0421) 17 36 90 www.plantours-partner.de

PROFIL

Kabinen/Raumangebot	⚓ ⚓ ⚓ ○ ○
Ausflüge/Programm	⚓ ⚓ ⚓ ◐ ○
Gastronomie	⚓ ⚓ ⚓ ◐ ○
Service	⚓ ⚓ ⚓ ⚓ ○

ELEGANTE SCHIFFE für gehobene Ansprüche. Unten: bei der Taufe der Excellence Queen im Mai 2019

Reisebüro Mittelthurgau

Exzellente Schweizer Qualität auf einer Flotte von zehn eigenen Schiffen

Das auf Flussfahrten spezialisierte Reisebüro Mittelthurgau gehört zur **Twerenbold Reisen Gruppe**. Seit 2005 baut der Schweizer Veranstalter eine eigene Premium-Flussflotte auf, teils aus Neubauten und teils aus Umbauten bestehender Einheiten. Für das Innendesign ist Nazly Twerenbold, die Witwe des ehemaligen Firmenchefs Werner Twerenbold, verantwortlich. Das Familienunternehmen befindet sich inzwischen bereits in der vierten Generation. Ein Geheimtipp für Genießer ist das „Excellence Gourmetfestival", das seit 2013 alljährlich im Herbst zahlreiche Spitzenköche für Kurzreisen auf die Schiffe holt. Im Juni 2020 startet der jüngste Flottenneuzugang **Excellence Empress** auf Rhein, Main und Donau. Die Schwester von **Excellence Countess** und **Excellence Princess** wartet mit einem Swimmingpool auf dem Sonnendeck auf. Außerdem wird die „Kaiserin der Donau" das erste Flussschiff mit einem Abgasreinigungssystem, das Stickoxide und Feinstaub filtert. Gleichzeitig verlassen zwei ältere Schiffe die Flotte, nämlich die **Excellence Allegra** und die **Excellence Melodia**. Neben den Excellence-Schiffen hat das Reisebüro Mittelthurgau auch zahlreiche Schiffe anderer Veranstalter im Programm. Nachfolgend nur die eigenen Flusskreuzer:

Schiff	Baujahr	Passagiere
Excellence Coral	1998	87
Excellence Rhône	2006	142
Excellence Baroness	2007	150
Excellence Royal	2010	144
Excellence Queen	2011	142
Excellence Princess	2014	186
Excellence Katharina	2015 ren.	182
Excellence Pearl	2017 ren.	82
Excellence Countess	2019	178
Excellence Empress	2020	178

EXCELLENCE COUNTESS: das zehnte Schiff der Excellence-Flotte

Excellence Countess

Das zehnte Schiff des Schweizer Veranstalters
hat noch mehr Suiten an Bord

Viel Raum zum Genießen in behaglichem Ambiente
bietet die Excellence Countess auf ihren Reisen zwischen Basel und Amsterdam. Das Skylight sorgt für
Licht in der Lounge mit großen Fensterflächen, und
die Juniorsuiten sind größer als auf so manchem
Hochseekreuzer. Für den außergewöhnlichen Abend
steht gegen Zuzahlung im Heck ein exquisites
À-la-carte-Restaurant zur Verfügung. Apropos Genuss: Die Küche auf den Excellence-Schiffen ist viel
gelobt, und die Käseauswahl wird der Schweizer Flag-
ge am Heck gerecht. Zum Glück gibt es für den Kampf
gegen die Kalorienzufuhr auch einen kleinen Fitnessraum an Bord. Die Lounge am Heck mit Blick aufs
Fahrwasser dürfte schnell zum Lieblingsort der Gäste
werden, die Aussichtsterrasse am Bug wurde im Vergleich zu den Vorgängerschiffen vergrößert. Selbstverständlich verfügen die Kabinen auf den oberen
Decks über französische Balkone. Schöne Idee: Wenn
es genügend Interessenten gibt, wird am Heck ein
Light Lunch serviert. Die jüngere Schwester **Excellence Empress** startet im Juni sogar mit einem Pool
auf dem Sonnendeck, einem Sushi-Bistro und einer
Abgasnachbehandlung – vorbildlich!

Fahrgebiete 2020
Die Excellence Countess fährt innerhalb von 9 Tagen
ab/bis Basel nach Amsterdam. Zu Saisonbeginn und
Ende gibt es eine 5-tägige Schnuppertour in die Pfalz
und ins Elsass.

DATEN & FAKTEN

Länge 135,00 m
Breite 11,45 m
Tiefgang 1,55 m
Indienststellung 2019
Passagiere 178

Crew-Mitglieder 46
Bordsprache Deutsch
Passagierdecks 3 + SD
Bars 2
Restaurants 2

Kabinen	65 Außenkabinen und 24 Junior-suiten, davon 65 mit frz. Balkon; Größen: 13, 16 und 20 m²
Sport & Wellness	Sonnendeck mit Golf-Putting-Green und beheiztem Whirlpool, Fitnessbereich, Sauna
Info-/Entertainment	musikalische Unterhaltung, Bord-spiele, Quizabende, Tanzmusik
Dresscode	leger bis sportlich-elegant
Preis pro Nacht	ab ca. sfr 178 (inkl. An-/Abreise mit firmeneigenen Bussen)
Info	Reisebüro Mittelthurgau Weinfelden, Schweiz Tel. +41 (71) 626 85 85 www.mittelthurgau.ch

PROFIL

Kabinen/Raumangebot ⚓⚓⚓⚓◖
Ausflüge/Programm ⚓⚓⚓⚓○
Gastronomie ⚓⚓⚓⚓⚓
Service ⚓⚓⚓⚓◖

KLEIN UND SPORTLICH: Die „Rad & Schiff"-Reisen von SE-Tours finden auch auf Oldtimern statt

SE-Tours: Rad & Schiff

Europas größter Spezialveranstalter für sportliche Flusskreuzfahrten

Seit mehr als 20 Jahren bietet der Bremerhavener Veranstalter SE-Tours (**www.se-tours.de/de**) auf kleinen Flusskreuzfahrtschiffen eine Spezialität an: kombinierte Rad- und Schiffsreisen auf den Flüssen, Kanälen und teilweise auch den Seen Europas. 2020 sind 17 Einheiten, darunter auch kleine Segler in den Niederlanden, exklusiv für den umtriebigen Veranstalter unterwegs. Ein Flottenneuzugang ist die **Marylou**, sie kreuzt im Spreewald und durch Berlin. Auch **La Belle Fleur** ist für den Main-Donau-Kanal neu im Programm. Die **Olympia** fährt im Jahr 2020 erstmals zwischen Mainz und Straßburg sowie Köln und zwischen Köln und Rotterdam. Daneben werden aber auch klassische Flusskreuzfahrten angeboten – etwa an Bord der **Normandie** und der **Arlene II**. Auch in diesem Segment gibt es eine Flottenerweiterung: Die **SE-Manon** fährt auf Rhein, Main und Donau. Nachfolgend eine Liste der Schiffe aus dem „Rad & Schiff"-Programm:

Schiff	Baujahr	Passagiere
Marylou	1953	16
Patria	1979	68
La Belle Fleur	1992	19
Mecklenburg	1998	22
Wapen fan Fryslan	2003 ren.	24–36
Mare fan Fryslan	2006 ren.	27–40
Leafde fan Fryslan	k. A.	25–30
Felicitas	2006 ren.	20
Princess	2010 ren.	49
Serena	2010 ren.	99
Normandie	2011 ren.	100
Sir Winston	2013 ren.	68
Allure	2014 ren.	20
Florentina	2014 ren.	86
Olympia	2015/16 ren.	94
Fluvius	2017/18 ren.	44
Arlene II	2018/19 ren.	98

Thurgau Travel

Eigene Schiffe auf Irrawaddy und Chindwin
sind der USP des Schweizer Veranstalters

Der zweite große Player auf dem Schweizer Flussreisenmarkt macht mit ausgefallenen Destinationen von sich reden. So war Thurgau Travel (im Internet unter: **www.thurgautravel.ch**) der erste Anbieter auf dem unteren Mekong und zeigt in Myanmar durch mittlerweile drei eigene Schiffe Präsenz. Rund 40 Schiffe umfasst das gesamte Programm; auch Klassiker wie das Luxusschiff **Thurgau Ultra** (ehemals **Premicon Queen**) oder der 2017 hinzugekommene Twin-Cruiser **Thurgau Silence** auf Rhein und Donau gehören dazu. Aber wirklich herausfordernd wird es für den Veranstalter erst da, wo die anderen nicht mehr hinkommen. So fährt zum Beispiel die **Thurgau Karelia** nun auf der Strecke Moskau–Weißes Meer–St. Petersburg, und die **Thurgau Ganga Vilas** ist zwischen Kalkutta und Varanasi in Indien unterwegs. Außerdem wurde die **Remix** auf Ob und Irtysch in Sibirien wieder ins Programm aufgenommen. Auch die Küstenkreuzfahrt in den Gewässern Kroatiens war eine Idee des Firmengründers Hans Kaufmann. Nachfolgend eine Auswahl der jüngsten Schiffe:

Schiff	Baujahr	Passagiere
Thurgau Florentina	1980/2012	86
Thurgau Rhône	2004/2013	154
Thurgau Silence	2006	194
Thurgau Ultra	2008	120
Thurgau Exotic I	2009	20
Thurgau Prestige	2009	124
Thurgau Exotic II	2012	26
Antonio Bellucci	2012	140
Edelweiss	2013	180
Thurgau Exotic III	2017	32
Thurgau Adriatica	2018	36
Thurgau Ganga Vilas	2020	36

FLUSSREISEN MIT STIL – in Europa wie auch in Asien.
Unten: Blick ins Restaurant der Thurgau Silence

JUNGE FLUSSKREUZFAHRT: All-inclusive-Angebote, Flagg-schiff VIVA TIARA und moderne Kabine der Swiss Crown

VIVA Cruises

Der junge Veranstalter mit All-inclusive-Konzept fährt 2020 exklusiv mit der VIVA TIARA

„Enjoy the moment" – unter diesem Motto vermarktete VIVA Cruises (**www.viva-cruises.com**) seit Ende 2018 Schiffe der Schweizer **Scylla Reederei**. Die ehemalige **Swiss Tiara** fährt 2020 nach einer Modernisierung unter dem Namen **VIVA TIARA** exklusiv für den Düsseldorfer Veranstalter. Insgesamt sind zehn Schiffe auf Rhein, Donau, Mosel, Seine, Rhône und Elbe sowie zu den Ostseeinseln unterwegs. Zu den neuen Routen zählen Donaudeltafahrten sowie Reisen ab/bis Wien nach Belgrad, ab/bis Dresden nach Prag und ab/bis Paris nach Caudebec. Das Angebot richtet sich nicht nur an deutschsprachige Passagiere, auch Gäste aus den Beneluxstaaten und Skandinavien sollen sich am legeren Lifestyle erfreuen. Freie Tischplatzwahl, lange Essenszeiten und ein All-inclusive-Konzept mit großer Getränkekarte und WLAN sprechen eine Zielgruppe ab 50 Jahren an. Auch die Trinkgelder sind in der Saison 2020 erstmals im Reisepreis enthalten. Die Flotte ist bunt gemixt, vom kleinen Liebhaberschiff bis hin zu jungen Luxuskreuzern. Auf einigen Schiffen gibt es neben dem Hauptrestaurant auch ein Bistro als lockere kulinarische Alternative. Auch beim Ausflugsprogramm zeigt sich VIVA Cruises modern: Die Passagiere können sich noch bis kurz vor Ankunft im Hafen über ein Onlineportal für Ausflüge entscheiden, sofern sie nicht vorab auf der Webseite gebucht haben. Neu im Landprogramm sind mehr kulinarische und aktive Angebote wie Winetastings, Fahrradausflüge und Kickbike-Touren.

Schiff	Baujahr	Passagiere
Swiss Emerald	2006	104
Treasures	2011	104
Lord Byron	2012	148
Junker Jörg	2012 ren.	112
Inspire	2013	142
Swiss Ruby	2013 ren.	88
Esprit	2014 ren.	104
Jane Austen	2015	148
Swiss Crown	2018 ren.	140
VIVA TIARA	2020 ren.	153

Werner-Tours

Zwei neue Fluss-Cruiser ersetzen das
langjährige Flaggschiff Sonata

Das Braunschweiger Familienunternehmen ist bereits
seit 40 Jahren als Reiseveranstalter auf dem deutschen
Markt aktiv. Frühzeitig erkannte Firmengründer Axel
Werner den Kreuzfahrtenboom und nahm das Ur-
laubssegment ins Programm auf. Das erste Vollchar-
terschiff war die **Elegant Lady**. Nach ihrem Einsatz
bei der TUI fuhr die **Sonata** fünf Jahre lang exklusiv
für Werner-Tours. Der Twin-Cruiser punktet mit
einer Trennung zwischen Passagierkabinen und An-
triebseinheit, die eine besonders leise Fahrt ermöglicht. Zum Jahr 2020 hat die Geschäftsführung einen
Ausbau der Flotte beschlossen: Der Twin-Cruiser
Sapphire ersetzt die Sonata, im Programm sind Reisen nach Holland, auf dem Rhein und der Donau und
neu eine Saisonabschlussfahrt auf Rhein, Main und
Mosel. Zusätzlich kommt die **Royal Emerald** in die
Flotte, mit begehbaren Balkonen in allen Kabinen auf
dem Mittel- und Oberdeck. Sie kreuzt ebenfalls durch
die Niederlande und Flandern sowie auf dem Mittelrhein und bis ins Donaudelta. Beide Schiffe wurden
erst 2018 renoviert. In weiteren Fahrgebieten, etwa in
Frankreich sowie auf Elbe und Oder, bucht Werner-
Tours bei CroisiEurope ein. Die An- und Abreise er-
folgt bequem mit der eigenen Reisebusflotte und ist
bereits im Reisepreis inkludiert. Auch ein Taxi-Haus-
tür-Service ist auf Wunsch zubuchbar.

Schiff	Baujahr	Passagiere
WT Sapphire	2006	164
Royal Emerald	2008	171

Fotos: Niederländisches Fremdenverkehrsamt (o.), Werner Tours (M.), Martin Skopal Wachau Photo (u.)

MODERN UNTERWEGS, etwa in den Niederlanden – mit den
neuen Schiffen Royal Emerald (Mitte) und WT Sapphire

Passau
Engelhartszell
Linz
Traun
Dürnstein
Krems
Melk
Wien
Morava
Bratislava
Donau
Budapest
Kalocsa
Donau
Mohács
Drau
Theiß
Novi Sad
Belgrad
Save

DONAU

VIELFÄLTIG: AUF DER REISE VON PASSAU BIS
INS DELTA AM SCHWARZEN MEER DURCHQUERT
MAN AUF DER DONAU ACHT LÄNDER

/////////////////////////

Adriatisches Meer

Pruth

Donau

Ialomiţa

Donau

Alt

Donau

Donau

Orşova

Turnu Severin

Vidin

Nikopol

Rousse

Olteniţa

Bukarest

Hârşova

Tulcea

Donau-
delta

Sulina

Constanta

*Schwarzes
Meer*

Diese Schiffe fahren hier 2020:

A-Silver **242** /// Amadeus Brilliant, Classic, Elegant, Rhapsody, Silver & Symphony **228** ///
Amadeus Queen **229** /// Andrea **242** /// Anesha **242** /// **Anna Katharina** **244** /// Annika **242**
/// **A-ROSA Silva** **231** /// A-ROSA Bella, Donna, Mia & Riva **230** /// Asara **242** /// Bellissima
239 /// Belvedere **239** /// Bolero **239** /// Crystal Bach, Debussy, Mahler & Ravel **236** ///
DCS Amethyst **237** /// Elegant Lady **245** /// Excellence Baroness, Empress & Princess **248** ///
Heidelberg **239** /// **nickoVISION** **240** /// Normandie **226** /// Rousse Prestige **245** /// Royal
Emerald **253** /// Swiss Tiara **252** /// Symphonie **233** /// Thurgau Silence & Ultra **251** ///
VistaFidelio **226** /// **VistaSky** **226** /// Viva Tiara **252** /// WT Sapphire **253** ///

Hervorhebung: mit Porträt und Bewertung

Nordsee

Bremen

Meppen

Zwölle

Amsterdam

Den Haag

Utrecht

Arnheim

Münster

Rotterdam

Waal

Maas

Rhein

Venlo

Duisburg

Düsseldorf

Brügge

Antwerpen

Roermond

Gent

Die Schelde

Maastricht

Brüssel

Lüttich

Ijsselmeer

Markermeer

Ijssel

Ems

Weser

Rhein

RHEIN & RHEINDELTA

AUCH NECKAR, MOSEL UND MAIN ZÄHLEN
ZUM FAHRGEBIET RHEIN. UND VON HOLLAND
AUS GEHT ES ÜBER SCHELDE UND MAAS BIS
NACH ANTWERPEN, GENT UND BRÜSSEL

/////////////////////////

Diese Schiffe fahren hier 2020:

Alemannia **237** /// Alina **242** /// Amadeus
Brilliant, Royal & Symphony **228** /// **Amadeus
Queen 229** /// Amadeus Silver I, II & III **228**
/// Andrea **242** /// Anesha **242** /// **Anna
Katharina 244** /// Annika **242** /// A-ROSA
Aqua & Brava **230** /// **A-ROSA Flora & Silva
231** /// Asara **242** /// Casanova **239** ///
Crystal Bach, Debussy, Mahler & Ravel **236**
/// Elegant Lady **245** /// Emily Brontë **245**
/// **Excellence Countess 249** /// Excellence
Coral, Empress, Pearl & Queen **248** /// France
233 /// Grace **245** /// Heidelberg **239**
/// Inspire **245, 252** /// **Lady Diletta 246**
/// nickoSPIRIT **239** /// Oscar Wilde **245**
/// Poseidon **226** /// Rhein Melodie **239** ///
Royal Emerald **253** /// **Sans Souci 247** ///
Swiss Crown **252** /// Thurgau Silence **251** ///
Thurgau Ultra **251** /// Viola **242** /// **VistaSky
226** /// VistaStar **226** /// Viva Tiara **252** ///
WT Sapphire **253** ///

Hervorhebung: mit Porträt und Bewertung

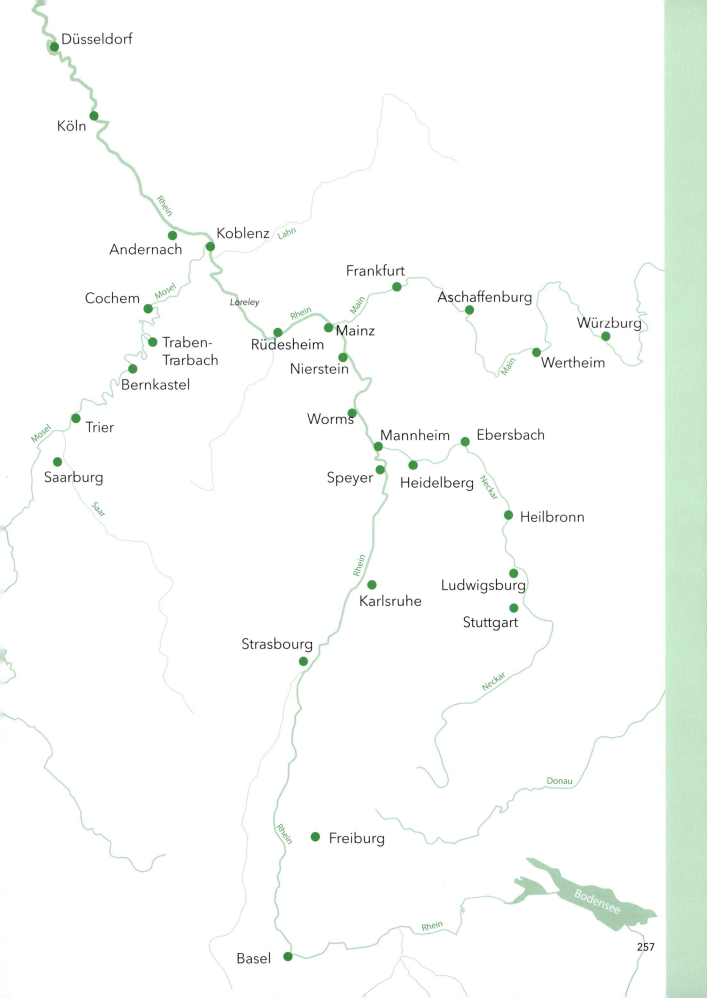

Düsseldorf

Köln

Rhein

Andernach

Koblenz   *Lahn*

Mosel

Cochem

Frankfurt

Aschaffenburg

Main

Würzburg

Loreley   *Rhein*

Traben-
Trarbach

Rüdesheim   Mainz

Wertheim

Main

Bernkastel

Nierstein

Mosel

Trier

Worms

Mannheim   Ebersbach

Saarburg

Speyer   Heidelberg

Saar

Neckar

Heilbronn

Rhein

Ludwigsburg

Karlsruhe

Stuttgart

Neckar

Strasbourg

Rhein

Freiburg

Donau

Bodensee

Rhein

Basel   *Rhein*

257

Hidden-
see

Zingst

Rügen

Ostsee

Stralsund

Greifswald

Usedom

Szczecin

Uckermark

Hamburg

Lauenburg

Lunow

Dömitz

Eberswalde

Hitzacker

Havelberg

Berlin

Tangermünde

Potsdam

Brandenburg

Magdeburg

Wittenberg

Wörlitzer
Park

Dessau

Torgau

Meißen

Bad Schandau

Dresden

Elbsandstein-
gebirge

Litoměřice

Prag

ELBE, HAVEL & ODER

HAMBURG, BERLIN, DRESDEN, PRAG –
ODER ÜBER HAVEL UND ODER BIS
HINAUS IN DIE OSTSEE: KULTUR UND
NATUR IN ALL IHRER VIELFALT ERLEBEN

/////////////////////////

Diese Schiffe fahren hier 2020:

Elbe Princesse I & II 235 ///
Excellence Pearl **248** /// Frederic
Chopin **239** /// **Junker Jörg 252**
/// Marylou **250** /// **Sans Souci
247** /// Thurgau Saxonia **239** ///

Hervorhebung: mit Porträt und Bewertung

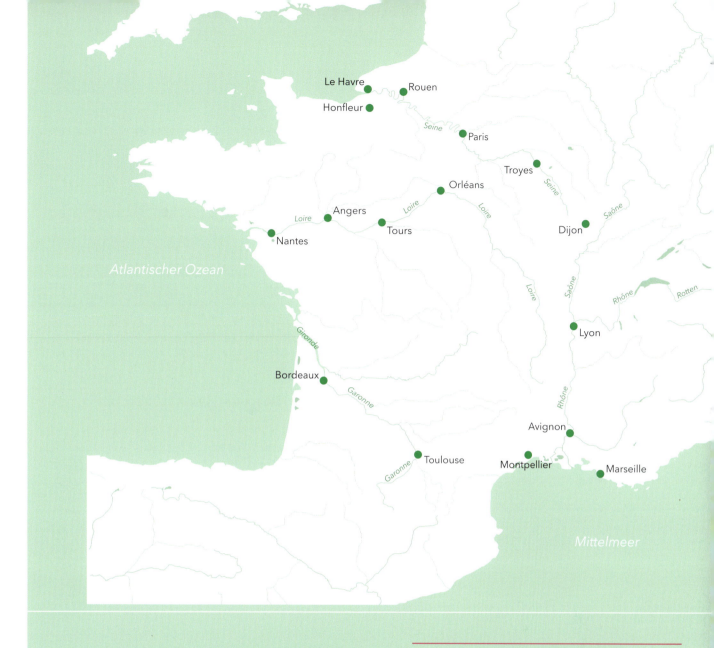

Le Havre · Rouen
Honfleur
Seine
Paris
Troyes
Seine
Orléans
Saône
Angers · *Loire* · Tours
Loire · Dijon
Nantes
Loire
Atlantischer Ozean
Saône · *Saône* · *Rhône* · *Rotten*
Gironde
Lyon
Bordeaux
Garonne · *Loire*
Rhône
Avignon
Garonne · Toulouse · Montpellier · Marseille
Mittelmeer

FRANKREICH

RHÔNE UND SAÔNE SOWIE DIE SEINE SIND DIE
KLASSIKER. ABER AUCH AUF DER GIRONDE UND
AUF DER LOIRE SIND FLUSSREISEN MÖGLICH

//////////////////////////////

Diese Schiffe fahren hier 2020:

Amadeus Provence (Rhône) **228** ///
A-ROSA Luna & Stella (Rhône) **230**
/// A-ROSA Viva (Seine) **230** ///
Bijou du Rhône (Rhône) **239** ///
Cyrano de Bergerac 234 /// Excellence
Rhône (Rhône) **248** /// Excellence Royal
(Seine) **248** /// Jane Austen **252** ///
Mistral (Rhône) **233** /// Renoir (Seine)
233 /// Van Gogh (Rhône) **233** ///
Victor Hugo (Rhône) **233** ///

Hervorhebung: mit Porträt und Bewertung

259

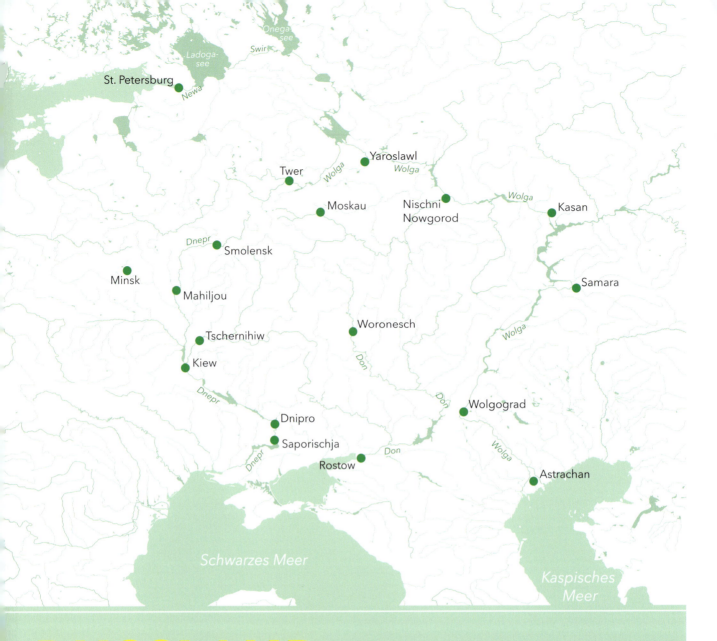

RUSSLAND & UKRAINE

AUF WOLGA UND NEWA VON MOSKAU NACH ST. PETERSBURG – DAS IST DER KLASSIKER. ABER AUCH DER DNEPR WIRD WIEDER BEFAHREN

///////////////////////////

Diese Schiffe fahren hier 2020:

Aleksandra **242** /// Andrey Rublev **245** /// Excellence Katharina **248** /// Fedin **239** /// Mikhail Svetlov **238** /// Mustai Karim **237** /// Remix **251** /// VistaKatharina **226** /// Volga Dream **238** ///

New Delhi
Kanpur
Patna
Guwahati
Dhaka
Kalkutta
Naypyidaw
Rangun
Bangkok
Phnom Penh
Ho-Chi-Minh-Stadt
Vientiane
Paksa
Mandalay
Yibin
Chongking
Yichang
Wuhan
Shanghai
Hongkong
Yushu

Jangtse
Yarlung Zangbo
Ganges
Brahmaputra
Ganges
Irrawaddy
Mekong
Jangtse
Jangtse
Jangtse
Mekong
Irrawaddy
Mekong

Golf von Bengalen
Südchinesisches Meer
Golf von Thailand

ASIEN

MEKONG, IRRAWADDY UND JANGTSE SIND DIE GROSSEN FLUSSREVIERE ASIENS. ES GIBT ABER NOCH MEHR ZU ENTDECKEN

/////////////////////////

Diese Schiffe fahren hier 2020:

Century Glory (Jangtse) **241** ///
Charaidew II (Ganges) **242** ///
Ganga Vilas (Ganges) **238, 251** ///
Mekong Pearl (Mekong) **238** ///
Mekong Prestige II (Mekong) **226** ///
Mekong Sun (Mekong) **238** ///
Rajmahal (Ganges) **242** ///
Thurgau Exotic I, II & III
(Irrawaddy) **251** ///

Hervorhebung: mit Porträt und Bewertung

REGISTER

SEESCHIFFE

AIDAaura 105, 106
AIDAbella 105, 107
AIDAblu 105, 107
AIDAcara 54–55, 105, 106
AIDAdiva 12, 105, 107
AIDAluna 105, 107
AIDAmar 105, 107
AIDAmira 105, 106
AIDAnova 11, 14, 26, 54–58, 85, 101, 105, 109
AIDAperla 11, 85, 86, 105, 108
AIDAprima 11, 20, 85, 105, 108
AIDAsol 105, 107
AIDAstella 105, 107
AIDAvita 105, 106
Albatros 18, 151
Allure of the Seas 165
Amadea 151, 152
Amera 151, 153
Amsterdam 133
Anthem of the Seas 165, 167
Artania 151, 154
Astor 18, 179, 180
Augusta Victoria 12

Azamara Journey 110
Azamara Pursuit 110
Azamara Quest 11, 64–69, 110
Berlin 126
Bremen 128, 129
Brilliance of the Seas 165
Caribbean Princess 161
Carnival Breeze 111
Carnival Dream 111
Carnival Freedom 111
Carnival Horizon 11, 111, 112
Carnival Magic 111
Carnival Panorama 111, 112
Carnival Radiance 111
Carnival Splendor 111
Carnival Sunrise 111
Carnival Triumph 111
Carnival Vista 111, 112
Celebrity Apex 98, 113, 114
Celebrity Constellation 113
Celebrity Eclipse 113
Celebrity Edge 11, 113, 114
Celebrity Equinox 113
Celebrity Flora 113
Celebrity Infinity 113
Celebrity Millennium 113
Celebrity Reflection 113
Celebrity Silhouette 113
Celebrity Solstice 113
Celebrity Summit 113
Celebrity Xpedition 113
Celebrity Xperience 113
Celebrity Xploration 113
Celestyal Crystal 115
Celestyal Olympia 115
Columbus 179
Coral Princess 161
Costa Deliziosa 116
Costa Diadema 116, 117
Costa Fascinosa 116, 118

Costa Favolosa 116, 118
Costa Firenze 98
Costa Fortuna 116
Costa Luminosa 116
Costa Magica 116
Costa Mediterranea 115
Costa neoRiviera 106
Costa neoRomantica 116
Costa Pacifica 116
Costa Smeralda 86, 90, 101, 116
Costa Venezia 90, 116
Costa Victoria 116
Crown Princess 161
Crystal Endeavor 24, 100, 120
Crystal Esprit 120
Crystal Serenity 16, 120, 121
Crystal Symphony 11, 120, 121
Deutschland 151, 152, 155
Diamond Princess 161
Disney Dream 125
Disney Fantasy 125
Disney Magic 125
Disney Wish 125
Disney Wonder 125
Emerald Princess 161
Enchanted Princess 98, 161
Eurodam 133
Europa 18, 128, 130, 131
Europa 2 11, 86, 128, 130, 131
Finnmarken 135
Flying Clipper 176, 177
Fram 135, 137
Freedom of the Seas 165, 168
Fridtjof Nansen 98,135, 137
Golden Princess 161
Grand Princess 161
Hamburg 11, 34–40, 157, 245
Hanseatic inspiration 128, 132
Hanseatic nature 11, 48–52, 128, 132
Hanseatic spirit 128, 132
Hanseatic Renaissance s. Sea Spirit
Harmony of the Seas 165, 166
Hondius 24
Independence of the Seas 165, 168

Insignia 18, 148, 150
Iona 101
Island Princess 161
Janssonius 24
Jewel of the Seas 165
Kong Harald 135
Koningsdam 133
L'Austral 158
La Belle des Océans 101, 233
Le Bellot 98, 158
Le Boréal 158
Le Bougainville 158, 159
Le Champlain 158, 159
Le Commandant Charcot 24
Le Dumont-d'Urville 158, 159
Le Jacques Cartier 98, 158
Le Lapérouse 11, 158, 159
Le Lyrial 158
Le Ponant 158
Le Soléal 158
Liberty of the Seas 165, 168
Lofoten 135
Maasdam 133
Magellan 179
Majestic Princess 161
Mardi Gras 99, 111
Marina 11, 148, 149
Mariner of the Seas 165
Mein Schiff 1 11, 182, 183
Mein Schiff 2 11, 42–45, 182, 183
Mein Schiff 3 182, 184
Mein Schiff 4 182, 184
Mein Schiff 5 182, 184
Mein Schiff 6 182, 184
Mein Schiff Herz 182, 185
Midnatsol 135, 137
MSC Armonia 139
MSC Bellissima 11, 139, 140
MSC Divina 139, 141
MSC Fantasia 139, 141
MSC Grandiosa 139
MSC Lirica 139
MSC Magnifica 139
MSC Meraviglia 139, 140
MSC Musica 139
MSC Opera 139
MSC Orchestra 139

MSC Poesia 139
MSC Preziosa 139, 141
MSC Seaside 139, 142
MSC Seaview 139, 142
MSC Sinfonia 139
MSC Splendida 139, 141
MSC Virtuosa 98
Nautica 148, 150
Navigator of the Seas 165
Nieuw Amsterdam 132
Nieuw Statendam 11, 133, 134
Noordam 133
Nordkapp 135
Nordlys 135
Nordnorge 135
Nordstjernen 135
Norwegian Bliss 144,146
Norwegian Breakaway 144, 147
Norwegian Dawn 144, 145
Norwegian Encore 26, 44, 146
Norwegian Epic 144
Norwegian Escape 11, 144, 147
Norwegian Gem 144
Norwegian Getaway 144, 147
Norwegian Jade 144
Norwegian Jewel 144
Norwegian Joy 144, 146
Norwegian Pearl 11, 78–82, 144
Norwegian Sky 144
Norwegian Spirit 144
Norwegian Star 144
Norwegian Sun 144
Oasis of the Seas 165, 166
Ocean Diamond 138
Ocean Majesty 127
Oosterdam 133
Odyssey of the Seas 98, 165
Ovation of the Seas 165, 167
Pacific Princess 161
Paul Gauguin 158
Polarlys 135
Pride of America 144
Prinsendam s. Amera
Quantum of the Seas 165, 167
Queen Elizabeth 122, 124
Queen Elizabeth 2 16
Queen Mary 2 18, 122, 123

Queen Victoria 18, 122, 124
Regal Princess 11, 161, 162
Regatta 148, 150
Richard With 135
Riviera 148, 149
Roald Amundsen 30, 86, 135, 137
Rotterdam 133
Royal Clipper 176, 177
Royal Princess 161, 162
Ruby Princess 161
Sapphire Princess 161
Scarlet Lady 100
Scenic Eclipse 24
Sea Cloud 11, 171, 172
Sea Cloud II 171, 172
Sea Cloud Spirit 99, 171
Sea Princess 161
Sea Spirit 160
Seabourn Encore 169, 170
Seabourn Odyssey 169
Seabourn Ovation 11, 169, 170
Seabourn Quest 169
Seabourn Sojourn 169
Seabourn Venture 169
SeaDream I & II 173
Serenade of the Seas 165
Seven Seas Explorer 11, 163, 164
Seven Seas Mariner 163
Seven Seas Navigator 163
Seven Seas Splendor 101, 164
Seven Seas Voyager 163
Silver Cloud 174
Silver Discoverer 101
Silver Explorer 174
Silver Galapagos 174
Silver Moon 98, 174, 175
Silver Muse 11, 174, 175
Silver Origin 100
Silver Shadow 174
Silver Spirit 174
Silver Whisper 174
Silver Wind 174
Sirena 148, 150
Sky Princess 161, 162
Song of Norway 165
Sovereign of the Seas 165
Spectrum of the Seas 12, 26, 165

Spitsbergen 135, 136, 137
Star Clipper 176, 178
Star Flyer 176, 178
Star Princess 161
Statendam s. Vasco da Gama
Sun Princess 161
Symphony of the Seas 11, 165, 166
The Word 16
Trollfjord 135
Ultramarine 24
Vasco da Gama 70–74, 179, 181
Veendam 133
Vesterålen 135
Vistamar 156
Volendam 133
Westerdam 133
World Explorer 143
World Voyager 98
Zaandam 133
Zuiderdam 133

FLUSSSCHIFFE

A-Silver 242
Adora 242
African Dream 233
Aleksandra 242
Alemannia 237
Alena 242
Alina 242
Allure 250
Amadeus 228
Amadeus Brilliant 228
Amadeus Classic 228
Amadeus Diamond 228
Amadeus Elegant 228
Amadeus Imperial 226
Amadeus Provence 228
Amadeus Queen 11, 220–223, 228, 229
Amadeus Rhapsody 228
Amadeus Royal 228
Amadeus Silver I, II & III 228
Amadeus Star 228
Amadeus Symphony 228
Amalia Rodrigues 233

Anawrahta 238
Amazon Clipper Premium 243
Amelia 242
Anahi 238
Andrea 242
Andrey Rublev 245
Anesha 242
Anna Katharina 242, 244
Annika 242
Antonio Bellucci 251
Ariana 242
Arlene II 250
A-ROSA Aqua 230
A-ROSA Alva 11, 214–218, 230, 232
A-ROSA Bella 230
A-ROSA Brava 228, 230
A-ROSA Donna 230
A-ROSA Flora 230, 231
A-ROSA Luna 230
A-ROSA Mia 230
A-ROSA Riva 230
A-ROSA Silva 230, 231
A-ROSA Stella 230
A-ROSA Viva 230
Asara 242
Bellissima 239
Belvedere 239
Bijou du Rhône 239
Bolero 239
Casanova 239
Century Glory 239, 241
Charaidew II 242
Crystal Bach 236
Crystal Debussy 236
Crystal Mahler 236
Crystal Ravel 236
Cyrano de Bergerac 234
Dahabeya 11, 204–205, 208–212
DCS Amethyst 237
Dalmatia 239
Diamond 237
Diana 238
Douro Cruiser 239
Douro Prince 239
Edelweiss 251
Elbe Princesse I & II 233, 235
Elegant Lady 245, 253
Emily Brontë 245
Esprit 252

Excellence Allegra 248
Excellence Coral 248
Excellence Baroness 248
Excellence Countess 11, 248, 249
Excellence Empress 248
Excellence Katharina 248
Excellence Melodia 248
Excellence Pearl 248
Excellence Princess 248
Excellence Queen 248
Excellence Rhône 248
Excellence Royal 248
Felicitas 250
Florentina 250
Fluvius 250
France 233
Frédéric Chopin 239
Ganga Vilas 238
Grace 245
Heidelberg 239
Indochine II 233
Inspire 245, 252
Jane Austen 252
Jayavarman 238
Junker Jörg 252
La Belle Fleur 250
Lady Dilettta 245, 246
Leafde fan Fryslân 250
Lord Byron 252
Lord of the Glens 238
Mare fan Fryslân 250
Marylou 250
Mecklenburg 250
Mekong Pearl 238
Mekong Prestige II 226
Mekong Sun 238
Mikhail Svetlov 238
Miguel Torga 233
Mistral 233
Mustai Karim 237
nickoSPIRIT 239
nickoVISION 239, 240
Normandie 226, 250
Olympia 250
Oscar Wilde 245
Patria 250
Peralta 238
Poseidon 226
Princess 242, 250
Rajmahal 242

Remix 251
Renoir 233
Rhein Melodie 239
Rousse Prestige 245
Royal Emerald 253
Sapphire 253
Sans Souci 245, 247
Saxonia 242
SE-Manon 250
Seine 233
Serena 250
Sir Winston 250
Sonata 253
Spirit of Chartwell 238
Steigenberger Legacy 237
Swiss Crown 252
Swiss Ruby 252
Swiss Tiara 252
Symphonie 233
Thurgau Adriatica 251
Thurgau Exotic I, II & III 251
Thurgau Florentina 251
Thurgau Ganga Vilas 251
Thurgau Karelia 251
Thurgau Prestige 251
Thurgau Rhône 251
Thurgau Saxonia 239
Thurgau Silence 251
Thurgau Ultra 251
Treasures 252
Umbozha 238
Van Gogh 233
Victor Hugo 233
Viloa 28, 242
VistaClassica 226
VistaFidelio 226
VistaFlamenco 226
VistaKatharina 226
VistaSerenity 226
VistaSky 226, 227
VistaStar 226
VIVA TIARA 252
Volga Dream 238
Wapen fan Fryslân 250
WT Sapphire 253

REEDEREIEN & VERANSTALTER

1AVista Reisen 226-227
AIDA Cruises 11, 20, 26, 30, 54-58, 84-86, 89, 90, 96, 105-109
Amadeus Flusskreuzfahrten 11, 220-223, 228-229
Anton Götten Reisen s. CroisiEurope
A-ROSA Flussschiff 11, 30, 214-218, 230-232
Azamara Club Cruises 11, 64-69, 110
Carnival Corporation 85, 96, 116, 122
Carnival Cruise Line 11, 99, 111-112
Celebrity Cruises 11, 26, 98, 113-114
Celestyal Cruises 115
Color Line 89, 90
Costa Kreuzfahrten 85, 86, 90, 98, 116-119
CroisiEurope 101, 233-235
Cruise & Maritime Voyages 179
Crystal Cruises 16, 24, 100, 120-121
Crystal River Cruises 236
Cunard Line 18, 20, 60-62, 122-124
DCS Touristik 237
Disney Cruise Line 22, 26, 125
Dream Cruises 101
FTI Cruises 126
G Adventures 100
Götten Reisen s. CroisiEurope
Hansa Touristik 127
Hapag-Lloyd Cruises 11, 18, 48-52, 86, 128-132
Holland America Line 11, 22, 133-134
Hurtigruten 30, 86, 98, 135-137
Iceland ProCruises 138
Lernidee Erlebnisreisen 238
Lindblad Expeditions 101
Lüftner Cruises 220-223, 228-229

MSC Cruises 20, 22, 97, 98, 139-142
nicko cruises 98, 143, 239-241
Norwegian Cruise Line 11, 20, 22, 26, 78-82, 97, 144-147
Oceania Cruises 11, 18, 97, 148-150
Oceanwide Expeditions 24
P&O Australia 96
P&O Cruises 101
Paul Gauguin Cruises 158
Phoenix Reisen 11, 18, 28, 151-155, 208-212, 242-244
Plantours Kreuzfahrten 11, 34-40, 156-157, 245-247
PONANT 11, 24, 98, 158-159
Poseidon Expeditions 160
Princess Cruises 11, 98, 161-162
Pullmantur Cruises 96
Quark Expeditions 24, 101
Regent Seven Seas Cruises 11, 97, 101, 163-164
Reisebüro Mittelthurgau 11, 248-249
Ritz-Carlton Yacht Collection 98
Royal Caribbean Cruises 96, 165, 174
Royal Caribbean International 11, 20, 26, 85, 86, 96-97, 98, 165-168
Saga Cruises 26, 101
Scenic Cruises 24
SE-Tours 250
Sea Cloud Cruises 11, 99, 171-172
Seabourn Cruise Line 11, 62, 169-170
SeaDream Yacht Club 173
Silversea Cruises 11, 97, 98, 100, 101, 174-175
Star Clippers 1776-178
Thurgau Travel 251
TransOcean Kreuzfahrten 18, 70-76, 179-181
TUI Cruises 11, 20, 42-46, 85, 96-97, 182-185
Viva Cruises 252
Virgin Voyages 100
Werner-Tours 253

IMPRESSUM

VERLAG

PLANET C GMBH
Ernst-Merck-Straße 12–14, 20099 Hamburg
Tel. +49 (0)40 69 65 95-0
Fax +49 (0)40 69 65 95-399
E-Mail: info@planetc.co
Internet: www.kreuzfahrtguide.com

GESCHÄFTSFÜHRUNG Andrea Wasmuth
(Vorsitzende), Jan Leiskau
**GESAMTLEITUNG ANZEIGEN UND
MARKETING** Sebastian Schurz
MEDIA SERVICE Andreas Schröder-Heinisch,
Brigid O'Connor
KEY ACCOUNT MANAGEMENT Katrin Kessler

DRUCK Druckstudio GmbH, Düsseldorf

VERTRIEB
GeoCenter T & M Touristik
Medienservice GmbH
Kurze Straße 40
70794 Filderstadt
Tel. +49 (0)711 78 19 46-10

IPS Pressevertrieb GmbH
Am Sandtorkai 74
20457 Hamburg
Tel. +49 (0)40 378 45-0

FOTONACHWEIS
Wir bedanken uns für die freundliche Genehmigung zum Abdruck der Fotos aus den Archiven der Reedereien, Veranstalter und Fremdenverkehrsämter. Von ihnen oder aus dem Verlagsarchiv stammen, soweit nicht anders vermerkt, alle Fotos in diesem Band.

Die für die Recherche erforderlichen Reisen, die in dieser Ausgabe geschildert werden, fanden statt mit freundlicher Unterstützung der Reedereien und Veranstalter.

1. AUFLAGE 2019
ISBN 978-3-937596-66-2
PRESSECODE 73486

Uwe Bahn, Johannes Bohmann
KREUZFAHRT GUIDE 2020
© 2019 planet c GmbH, Hamburg

AUTOREN
Uwe Bahn, Dr. Johannes Bohmann
(Hauptautoren), Christoph Assies,
Frank Behling, Katja Gartz, Peggy Günther,
Thomas P. Illes, Christian Kolb, Franz
Neumeier, Marc Tragbar, Thomas Weiss,
Roland Wildberg

REDAKTION Dr. Johannes Bohmann
(Leitung), Christian Oldendorf (Bildredaktion)
GRAFIK Silke Friedrich, Svenja Peters
LITHO TiMe GmbH, Mülheim an der Ruhr
SCHLUSSREDAKTION Lektornet
(www.lektornet.de), Heike Heijnk
KARTEN www.gecko-graphics.de